JN097131

内村鑑三聖書注解全集

第十五巻

例言

一、本巻は『ガリラヤの道』および『十字架の道』の二書からなる。

一、本巻は共観福音書にもとづく著者のキリスト伝であるから他の諸巻、特に第八、第九および第十の各巻とあわせて読まるべきものである。

一、本文および引用の聖句には書きかえが加えられた。

一、各書の終わりの年月、誌名および「初版」は、その書が発表された年月および掲載誌名、ならびにその書の初版が発行された年月を示す。

一、本巻には巻末に解説をつけた。

目次

ガリラヤの道

十字架の道

ガリラヤの道

ヘルモンの山をうつして水鏡
みおしえきよしガリラヤの湖(うみ)

鑑三

序詞

人は何びとといえどもキリスト伝を書くことはできない。キリストご自身のみ、よくキリスト伝を書くことができる。そして彼はすでに聖霊をくだしてこれを書かしめたもうた。マタイ伝、マルコ伝、ルカ伝、ヨハネ伝がそれである。後世に成りしいかなるキリスト伝といえども、これらの最初の伝記に改良を加うることができない。われらは新たにキリスト伝を編まんと欲して、ただ単に最初のキリスト伝に注釈を加うるまでである。

この書はキリスト伝の一部にして、キリストのガリラヤ伝道の記事である。史家カイムのいわゆる「ガリラヤの春期(はるどき)」の記事である。ガリラヤ湖面にいまだ十字架の影はうつらず、ヘルモンの嶺より恩恵の露があつくそのほとりをうるおせし時の記録である。四福音書の本文に、著者の観察と黙想と体験とを加えたるものである。こんこんとして流れて尽きざる生命の泉に読者を導くための手引きにすぎずといえども、なさざるにまさる試みであると思い、これを世に提供したるしだいである。

神の祝福のこれに伴わんことを祈る。

一九二五年七月十六日

内村鑑三

一　福音の始め

マルコ伝一章一節

いずれの著書においても最もたいせつなるは巻頭第一

の言である。それは問題の提出であり、その解答の予告であり、その精神の発表であり、その全部の縮写でなくてはならない。大著述の特徴は、その深き、重き、短き巻頭の一言においてある。

そしてこの点において聖書六十六巻はいずれも大著作の模範である。創世記第一章一節は創世記の縮写であって、同時にまた全聖書の預言である。ゆえにユダヤ人はこの書を呼ぶに、その巻頭第一のことば、バレシース(「始めに」の意味)をもってする。出エジプト記、民数記等みな同じである。新約聖書に至っては、マタイ伝第一章一節は全篇を予表し、有名なるルカ伝の序文は、著者のイエス伝のいかなるものかを紹介して余すところなし。ヨハネ伝巻頭の一言に至っては、その深さと広さとは、全宇宙とその大きさを共にするということができる。もし聖書の大意を知らんと欲せば、各書巻頭第一の語を研究するにしかず。聖書が神のことばなる証拠の一を、この点においてもまた見ることができる。

「神の子イエス・キリストの福音の始め」これがマルコ伝巻頭第一のことばである。原語においては、冠詞を合わせてわずかに七言、四福音書中、最も簡単なる緒言である。しかしながら、簡単ではあるが意味深長にして、簡潔なるマルコ伝に最もふさわしき緒言である。マルコ伝全体はこの短き一言の内にこもれりということができる。

原語の順序に従えば、「始め、福音、イエス・キリスト、神の子」である。いずれも重いことばである。「始め」「始めに神、天地を造りたまえり」と創世記一章一節はいう。「始めにことばあり。ことばは神と共にあり。ことばはすなわち神なり」とヨハネ伝一章一節はいう。「始め」は、実に重い、意味の深いことばである。「始め」は、新しい始めである。いまだかつて在ったことのないものが在り始めたということである。万物に始めがあったといい、福音に始めがあったという。ことばそのものが有神論的である。無神論または近代流行の唯物的進化論に「始め」なるものはない。彼らはいう、「物として原因なきはなし。宇宙は原因結果の連続である。始めとは、宇宙以外より来たる新勢力の注入である。かかる事はあり得べからず」と。しかるに聖書はいう、「始めあり」と。宇宙は神が始めたまいしもの、キリストの福音もまた神が始めたまいしもの、しかして人がクリスチャンとなるたびごとに新しき創造がおこなわるるのであると。聖書は、無限にそれ自身進化発達する宇宙の存在を認めない。宇宙は造られしもの、ゆえに始めありしもの。福音もまた歴史上の必要に強（し）いられておのずから現われしものにあらず、神の聖旨（みこころ）に従い、彼が選びたまいし時において、彼ののこしたまいし人によりて始まったものであるとは、聖書が明白に教うるところである。事は哲学上の大問題である。されども聖書のこの教示（おしえ）を受けずして信仰的生命なるものはない。祈禱といい、摂理といい、救いというは、みな神の特別の干渉を信ずるによることである。もしこれなからんか、祈らざるにしかずである。神の存在を信ずる以上、宇宙を「永久におのずから回転する機械」として見ることはできない。これに新しき勢力の注入がある。新しき活動の開始がある。これあるがゆえにわれらに希望が起こるのである。神はキリストの福音を始めたもうた。しかして今なおこれを続行したまいつつある。しかして始めの内にまた始めがあって、彼はクリスチャン各自の心の中心に善き工（わざ）を始めたまいて、これを主イエス・キリストの日までに完成（まっとう）せんとしたまいつつある（ピリピ書一・六）。「このゆえに、人、キリストにある時は、新たに造られたるなり。旧（ふる）きは去りて、みな新しくなるなり」（コリント後書五・一七）とあるはこのことである。進化論の言をもっていえばmutationである。絶対的新種の現われである。しかして天然界にこの事あるやいなやは未決問題であるとするも、心霊界にこの実験あるは、あまたのクリスチャンが証明してやまざるところである。

第二の重いことばは「福音」である。原語のユーアンゲリオン、「喜ばしきおとずれ」の意である。歓天喜地の天来のおとずれである。福音の文字がはなはだ軽く用いらるる今の世にありて、われらもまたこれを浅く解するのおそれがある。されども「福音」は重い深いことばである。クリスマスの夕べ、天使が牧羊者に告げて「われ、万民にかかわる大いなる喜びのおとずれをなんじらに告ぐべし」といいしがこの福音である。すなわち神が人となり、この世に現われ、その罪を負うて十字架の死につき、死してよみがえり、しかして再び来たりて万物の復興をおこないたもうという、その事がキリストの福音である。かくして福音といいて、単に音ではない。キリストの福音は美（よ）き音楽ではない。歌ではない。理想ではない。歴史である。固き事実である。確かにありし事である。喜ばしき事実のおとずれである。ゆえにほんとうの福音である。ゆえにイエス・キリストの福音といいて、その歴史または伝記というもさしつかえないのである。マルコ伝はキリストの生涯にかかわる事実の記録である。しかも簡潔にして理想化されざる事実そのままの記録である。マルコ伝の貴きはこれがためである。これを仏教の経典にくらべて見て天地の差がある。福音は比喩にあらず、また哲学にあらず。地上における神の子の生涯を、人類歴史の一部分、しかり、その中心としてしるすもの、それがユーアンゲリオンすなわち福音である。

福音の歴史的性質を認めて、これを解するに、信仰のみならず、またいわゆる史的感能の必要なることがわかる。よく史実の真偽を弁別するの能力を有する者、それがほんとうの史家である。英のフリーマン、独のモンセン、伊のフェレローらはすべてこの能力を有せる人である。奇跡を載するがゆえに史実にあらずと断ずるは、史学ではなくして哲学である。史家は事実を判断する者であるゆえに、ありし事実は史的事実としてこれを取り扱う。言あり、いわく「地理と年代とは歴史の両眼なり」と。キリストの歴史なる福音を研究するにあたって、地理と年代とを怠ることはできない。われらは各自単に信仰養成のためのみにあらず、世界歴史修得のために、各自相応の史的感能を利用して、福音書の研究にあたるべきである。

第三に重いことばは「イエス・キリスト」である。イエスは人名であって、キリストは職名である。キリストなるイエスである。キリストは、ヘブライ語メシヤのギリシャ訳であって、受膏者の意である。アブラハム以来、預言者らをもって神がその選民イスラエルについて約束したまいしすべての約束が満たさるる者である。ダビデの子と称して、イスラエルの民の理想の王である。イスラエルをあがなう者と称して、彼らに完全の独立と無窮の栄光とを与うる者である。しかしてイエス・キリストと称して、ナザレのイエスはこの王であるというのである。事はイスラエルにとりては最大問題であった。イエスは預言者の一人であるとは彼らは信じて疑わなかった。されども彼がキリストであるとは、昔も今も、イスラエル人の多数が否定してやまざるところである。そしてペテロが十二弟子を代表して、イエスにむかって「なんじは神の子キリストなり」といいし時に、彼は大告白をなしたのである。イエス・キリスト論は異邦人にとっては小問題であったが、ユダヤ人にとっては最大問題であった。しかして今日といえども、ユダヤ人とクリスチャンとの別るるところはこの点においてある。クリスチャンはイエスはキリストであるといい、ユダヤ人はあらずというのである。そしてマルコはキリスト的歴史家として、大胆に、明白に、イエス・キリストと称して、その驚くべき生涯の事跡を記述したのである。

第四に重きことばは「神の子」である。これは単にダビデの子というがごときメシヤすなわちキリストの別名でない。マルコ伝の記事そのものが明らかに、イエスが人の子にあらずして神の子なることを示すのである。もしイエスを神の子と呼びし者がマルコ一人に限るならば、あるいはこれをキリストの別名ということができるかも知れない。されども新約聖書は他の多くの個所において明らかにイエスの神性を唱うるのである。「道（ことば）はすなわち神なり」といい、「万物、彼によりて造られ、また彼によりてたもつことを得るなり」という。その他、イエスの先在ならびに万能性について述ぶることばは多くある。マルコ伝は、人なるイエスの伝記でない。神の子の福音である。そう見ずして、難解百出、とうていその真意を探ることができない。神の子の伝記である。ゆえにその内に奇跡のあるは当然である。われらはその覚悟で研究に取りかからねばならぬ。

二　先駆者ヨハネ

マルコ伝一章二―八節
ルカ伝三章一―一八節
ヨハネ伝一章一九―三七節

バプテスマのヨハネ、彼はいかなる人でありしか。イエスは彼についていうた、「まことになんじらに告げん。女の生みたる者の中に、いまだバプテスマのヨハネより大いなる者は起こらざりき」（マタイ伝一一・一一）と。すなわち彼は人として最も大なる者であったと。はたしてそうであるか。

ヨハネは第一に、イエスの紹介者であった。「世の罪を負う神の小羊を見よ」といいて、イエスを世に紹介した者は彼であった。紹介の任たる、最も重いものである。まず第一に、紹介すべき人のだれなるかを充分に知りつくさねばならぬ。第二に、おのが全責任を担（にの）うて紹介の任に当たらねばならぬ。第三に、彼とわれと責を分かちて事業に臨まねばならぬ。紹介は容易になすべき事でない。しかしてなした以上は、その責任を避けてはならない。ヨハネはイエスをキリストとして彼の不信の国人に紹介した。その行為の大胆なる、後にいたって弟子たちが彼をキリストなりと認めて世に唱道したにはるかにまさるものである。当時、天下にイエスのたれなるかを知った者はただヨハネ一人であった。偉人のみ、偉人を知る。大工の子イエスをとらえて、「われはかがみてそのくつのひもを解くにも足らず」といいし彼は、よくイエスを知った人であった。イエスは一人の知己をもって世に出でたもうた。彼にとり、いかに力強かりしよ。ひとり高壇に立つさえ苦しいのである。たとえイエスといえども、世に現わるるにあたって紹介者を要したもうた。その紹介の任に当たりし者がバプテスマのヨハネであった。彼はたしかに女の生みし者の中に最も大なる者であった。

ヨハネは第二に、イエスの先駆者であった。「野に呼べる者の声あり。いわく、主の道を備え、その道筋を直くせよ」とある預言者の言にかなう者であった。これまた大役である。戦争でいえば先陣である。文化事業でいえば開拓者（パイオニヤ）である。暗黒大陸発見の途にのぼりしコロンブスである。勇ましくもあればまた困難でもある。そしてバプテスマのヨハネは神の国建設の先駆者（さきがけ）であったのである。単独で、勇敢で、世に一人の同情者あるなく、ひとり見てひとり望み、ひとり歎きてひとり泣く。「ヨハネ、野にありて、らくだの毛ごろもを着、腰に皮帯をつかね、いなごと野蜜を食らえり」と。当時の社会と教会とは彼についていうたであろう、彼は不平家である、隠遁者である、みずから神の恩恵をしりぞけて無益に難業苦行する者であると。彼らは彼の不平の理由を知らなかった。彼は世に容（い）れられないとて歎かなかった。王公貴族に愛せられないとて憤らなかった。彼に不平があったが、それは聖い貴い不平であった。彼は神の国を示された。その実現を望んだ。

しかして大理想、大希望に圧せられて平らかなることあたわずであった。人は、彼がいだく理想の高きだけ、それだけ孤独である。大なる詩人、宗教家、政治家はすべて孤独であった。彼らはいわゆる宇宙的悲歎(コスミック・ソロー)にとらわれたる者である。今や社交的なるをもって文化生活の第一要素と見なすといえども、すべての大なる進歩、または向上、または発見は、孤独の人によってなされたのである。バプテスマのヨハネの真価の認められざる社会より、大人物は決して起こらない。

ヨハネはいかにしてイエスのために道を備え、その道筋を直くしたか。厳格なる正義を唱え、これをおこなう事によってである。「ああ、まむしの裔(すえ)よ、たがなんじらに来たらんとする怒りを避くべきことを告げしや。さらば悔い改めにかなえる実を結ぶべし……今や斧を木の根に置かる。ゆえに、すべて善き実を結ばざる木は切られて火に投げ入れらるるなり」(ルカ伝三・七—九)と。これは審判(さばき)であって恩恵(めぐみ)でない。厳格なる正義の唱道であって、罪のゆるしの福音でない。されども正義のなき所に福音はあり得ない。審判のなき所に罪のゆるしは説き得ない。かくしてヨハネあってのイエスである。預言者なくしてキリストは世に現われたまわなかった。イエスとヨハネをくらべて二者の優劣を論ずるは無益のわざである。神はまずヨハネをして厳格なる正義を説かしめて、しかる後にイエスをもって罪のゆるしの福音を伝えしめたもうた。まず美(よ)き土壌(つち)を作らしめ、しかる後に善き種をまかしめたもうた。ゆえに三十倍、六十倍、百倍の実を結んだのである。

厳格なる正義の準備なき所にキリストの福音の栄えたためしはない。その意味において、ヨハネのみならず、すべての預言者はイエスの先駆者(さきがけ)であった。神の子は恩恵の福音をもたらして、峻厳なる道徳のおこなわれざる所に現われなかった。モーセとエリヤとエレミヤとバプテスマのヨハネとは、イエスの現わるるがために必要であった。旧約を排して新約はわからない。シナイ山の炎をもって焼き尽くされずして、ガリラヤ湖の水のうるおいにあずかり得ない。ピューリタン道徳があって、健全なる英米のキリスト教があり得たのである。今やこれなきに至って、真(まこと)の福音は地を払うに至った。日本においても、最も善きクリスチャンは厳格なる武士の家に起こった。「上(かみ)のおなさけ」あるを知って、道の犯すべからざるを知らざりし、いわゆる町人百姓は、キリストの福音に接するも、ただ愛の甘きを喜ぶにとどまって、義の辛(から)くして貴きに堪え得ない。その意味において、純潔なる儒教と公正なる神道とはキリストの福音の善き準備であった。伊藤仁斎、中江藤樹、本居宣長、平田篤胤らは、日本において幾分にてもバプテスマのヨハネの役目を務めた者である。これとくらべて、仏教、ことに浄土門の仏教は、阿弥陀の慈悲を唱うること、あまりに切なりしがために、かえって神の義に基づくキリストの福音を正解する上において多くの妨害をなした。

「むちと戒めとは知恵を与う。心のままになしおかれたる子はその母をはずかしむ」(箴言二九・一五)とある。自由厳格なる父と母と師とを持ちたる子は幸いである。自由解放ととなえて、「むちと戒め」とはこれをそのすべての形において排斥する者は、真理の饗筵(ふるまい)にあずかることはできない。近代人はバプテスマのヨハネをきらい、彼を避け彼によらずしてただちにイエスに至らんと欲して、その目的を達し得ない。まず正義の小学に学ばずして、福音の大学に入ることはできない。アンデレのごとく、まずヨハネの善き弟子でありし者が、イエスの最も善き弟子となったのである(ヨハネ伝一・三五以下)。イエスの地上のご生涯が福音の始めでありしがごとくに、その福音はまたヨハネの峻厳にして犯すべからざる生涯をもって始まったものである。

三　イエスのバプテスマ

マルコ伝一章九―一一節
マタイ伝三章一三―一七節
ルカ伝三章二一―二二節
ヨハネ伝一章三二―三四節

バプテスマは、ヨハネまたはキリストをもって始まったものではない。これは古代民族の間に広くおこなわれし儀式であった。そしてユダヤ人の間にあってもまた入会または入門の式として一般におこなわれた。異邦人がユダヤ教に入る時にこの式がおこなわれた。またユダヤ人にして凡俗以上の新生涯に入らんと欲する者はこの式を受けた。ゆえにヨハネはバプテスマを施して、その当時一般におこなわれし入門式を採用したにすぎなかったのである。彼の特徴はバプテマスの式においてあったのではない。式の目的においてあったのである。まさに現われんとせし神の国に受けられんがために、罪の悔い改めを表するためのバプテスマであったのである。それゆえに、これを称して「罪のゆるしを得させんがための悔い改めのバプテスマ」という。また(ママ)は単に「ヨハネのバプテスマ」(使徒行伝一八・二五)というた。そしてイエスはここにこのヨハネのバプテスマを受けんとして、ガリラヤのナザレよりヨルダンに来たりたもうたのである。

ゆえに、問題は、「イエスは何ゆえにヨハネのバプテスマを受けたまいしか」というにある。イエスはキリストであって神の子であった。彼に悔い改むべき罪はなかった。マタイ伝はこの事に関し、しるしていう、「この時、イエス、ヨハネにバプテスマを受けんとて、ガリラヤよりヨルダンに来たりたもう。ヨハネ、いなみていいけるは、われはなんじよりバプテスマを受くべき者なるに、なんじかえってわれに来たるか。イエス答えけるは、しばらく許せ。かく、すべて正しき事はわれら尽くすべきなりと。ここにおいて、ヨハネ彼に許せり」(マタイ伝三・一三―一五)と。

「すべて正しき事はわれら尽くすべきなり」と。「義はすべてまさにこれをおこのうべし」との意である。純聖のイエスがヨハネの施せる罪のゆるしのバプテスマを受くるは善き事である。ゆえに彼はこれを受けたもうたのである。(聖書の語法によれば、善はすべて義である。義(ただ)しき事というは善き事というと同じである)。第一に、ヨハネはひとり天下に向かってイエスをキリストとして紹介した。イエスはこれに対してヨハネと彼のバプテスマを認めざるを得ない。これ友誼の命ずるところ。義である、善である。イエスは神の子たるの栄光を賭して、ヨハネの伝道に裏書きしたもうたのである。イエスは最良の友人(フレンド)であった。ゆえに友誼に報いるに厚くあった。ヨハネはその預言者たるの名誉を賭して、大工の子イエスを、神の子、イスラエルの王として世に紹介した。彼のこの勇敢なる行為に対して報いるところなからざるべけんや。ここにおいてか、イエスは神の子たるの栄光を賭して、ヨハネよりバプテスマを受けて、彼と彼のバプテスマとの神より出でたる事を証(あかし)したもうたのである。世には自分の地位の傷つけられんことをおそれて、善とは知りつつも、公然立って友人と彼の事業とを証する者ははなはだ少なきに省みて、イエスのこの行為のうるわしさが思いやらるるのである。衆人の間に隠れてひそかに彼を賛美するのではなく、人知れずして同情の寄付をなすにとどまらず、公然、身をもって彼の教訓指導にあずかる。矛盾といえば矛盾である。純潔は洗わるるの必要なしといえばいえよう。されども友誼には友誼の法則がある。義を見てせざるは勇なきなり。イエスはこの場合に、自己を忘れてヨハネのバプテスマを受けたもうたのであると信ずる。しかしてヨハネはイエスのこの行為によりていかに力付けられしよ。イエス一人の証明を受くるは、ユダヤ全国の承認を受くるよりも力強く感じたに相違ない。神の人はかくのごとくにして相互を助くべきである。世の認めざる者を認め、その事業に参加し、もって神の栄光の宣揚を計るべきである。されども事実はいかに。「君見ズヤ管鮑貧時ノ交ワリ、此ノ道今人棄テテ土ノゴトシ」と杜子美の詩にいうが、イエスとヨハネとの聖き交わりもまた今のキリスト信者は捨てて泥のごとしではないか。

第二に、イエスがヨハネの施せる罪のゆるしのバプテスマを受けたまいしには他になお理由があった。罪を知らざりしイエスに悔い改めのバプテスマを受くるの必要はなかった。しかしながら彼は「世の罪を負う神の小羊」として世に現われた者であった。ゆえにその資格をもってしてヨハネのバプテスマにあずかりたもうたのである。「神は罪を知らざる者をわれらの代わりに罪人となせり。これわれらをして彼にありて神の義となることを得しめんためなり」（コリント後書五・二一）とパウロがいいしがごとくに、イエスはこの場合においてもまた罪人に代わり、彼らを代表して、罪のゆるしのバプテスマを受けたもうたのである。死するの必要なき者が罪人に代わって死にしように、悔ゆるの必要なき者がここに悔い改めを表したもうたのである。これ彼にとり至大の謙遜であった。されども謙遜は彼の全生涯の特徴であって、この場合にのみ限ったことではない。イエスのバプテスマは彼の十字架上の死の前兆であった。彼は聖善の神の子なるに、みずから選んで罪人と運命を共にしたもうた。イエスのバプテスマの意義とその美しさとはここにあるのである。

この意義あるバプテスマ、これを受けて「水より上がれる時、天裂け、聖霊、はとのごとく、おのれに下るを見たもう。かつ天より声出づ。いわく、なんじはわが愛子なり。われ、なんじを喜ぶ」と。これは事実文字どおりにあった事であるか、あるいは霊的実験を物的事実として書きしるしたるものであるか、これを確定することはできない。されどもその確実なる事実でありしことは確かである。ここに勇敢なる信仰的行為が遂げられたのである。そしてこれに対して父なる神の嘉尚があったのである。父は子のわざを嘉（よ）みし、聖霊によりて二者の関係がいっそう密接にせられたのである。「天裂け」という。今まで閉ざされし天が、神の子の贖罪的行為によりて、急に開かれ、あだかも天幕のおおいに裂け目を生じ日光がこれを通して幕内を照らせしがごとくであった。ことにうるわしきは、聖霊、はとのごとくに下れりということである。静かに、しめやかに、ヘルモン山の露がエルサレムに降るがごとくに、この時、聖霊がイエスの上に下（くだ）ったのである。聖霊の降臨といえば、ペンテコステの日におけるがごとくに、「天より迅風（はやかぜ）のごとき響きある炎のごときもの現われ、分かれて各人の上にとどまる」（使徒行伝二・二—三）と思わるるのが常である。しかるにイエスのこの場合においては、これと全く異なり、「聖霊、はとのごとく、おのれに下るを見たもう」とある。そして聞きたまいしことばは、ペテロによりて引用されし「われ、上なる天に奇跡を表わし、下なる地にしるしを示さん。すなわち血あり、火あり、煙あるべし」との預言者ヨエルのことばにあらずして、「なんじはわが愛子、われ、なんじを喜ぶ」との父の声であった。聖霊の降臨の、必ずしもペンテコステの日のそれにならうものにあらざることは、イエスのこの場合に見て明白である。

そして、いかにしてわれらもまたこの静かなる聖霊の降臨にあずかることができるかというに、その道は明瞭である。すなわち、イエスの跡に従い、彼がおこないしまいしようにおこなうことによりてである。すなわちおのが地位と名誉とを賭して友人の高貴なる事業に参与し、また他人の罪をおのが身にになうて彼に代わりて苦しむことによりて、われらもまた父なる神の嘉尚にあずかり、「なんじはわが愛子なり」との彼の賞辞に接することができるのである。聖霊は、神が人の祈求（ねがい）にこたえて与えたもう最大の賜物である。そして祈禱に、ことばをもってすると行為をもってするとの二つがある。そしてもしことばをもってする祈禱に応（こと）うるに、ペンテコステの日におけるがとき迅風烈火のごとき聖霊の降臨があるならば、高貴なる行為をもってする祈禱に応うるに、ヨルダン川のほとりにおけるがごとき、はとのごとき聖霊の降臨があるのではあるまいか。私は、あると信ずる。私の短き信仰的生涯においても、かかる降臨が幾度となく私相応にあったと信ずる。恥を忍んで弱者のために尽くす時に、神の愛に励まされて少しばかりの隠れたる善をなす時に、ことに、自分はべつに罪を犯したりと思う覚えなき時に、あるいは他人のために、あるいは同胞のために、あるいは祖先の遺伝のために、彼らに代わりて苦しみを受くる時に、しかして苦しみてつぶやかず、われをむち打ちたもう父のみ名を頌賛（ほめたと）うる時に、静かなるはとのごとき聖霊の降臨を実験したことがあると信ずる。

　これによりて見れば、人はバプテスマの式によりて救わるるのではない。これを受けし精神によりて救わるるのである。バプテスマの式はどうでもよい。キリストの精神をもって人生に対する、それがほんとうのバプテスマである。

四　野の試み（上）

マルコ伝一章一二―一三節
マタイ伝四章一―一一節
ルカ伝四章一―一三節

他の福音書にくらべて、マルコ伝の特徴は、第一に、順序的なる事、第二に、簡潔にして写実的なる事である。その事は最も明白に野の試みの記事において現わる。イエスはバプテスマをヨハネより受けて、新たに聖霊と能力を授かりたもうた。そしてその後ただちに彼に臨みしものが野の試みであった。「かくて、み霊、ただちにイエスを荒野に追いやる」とあるがごとし。能力が加わりて後に試み、それがイエスの場合において順序であった。すべての人の場合においてそうである。この順序そのものが、大なる真理をわれらに伝える。

　マルコ伝の記事は簡潔である。ゆえに、これを補うに他の福音書の記事をもってするの必要がある。そしてマタイ伝の記事はルカ伝の記事とその要点において一致する。ただ試みの順序において、マタイ伝が第二としてしるすものを、ルカ伝は第三として掲げる。そしてこの順序の変化によりて試みの意義に多少の変化を生ずることについては、後にいたって述べようと思う。私はここに三福音書の記事を綜合して、イエスのご生涯において最も重大なるこの出来事について、なるべくだけ精細に考えてみようと思う。

ドストエフスキーがかつていうたことがある、もし試みにイエスの言行にかかわる記事がことごとく消滅せらるるとも、もし荒野の試みの記事が残るならば、キリスト教は世に残るであろうと。すなわち、野の試み、これキリスト教であると見てもさしつかえないとのことである。また詩人ミルトンが『楽園の回復』を歌うにあたって、彼は野の試み以外にわたるの必要を感じなかった。彼にとりてもまた野の試みはキリスト教のすべてであった。イエスはこれをもって世に勝ち、悪魔を滅ぼしたもうたと信じたのである。ついでにいうが、私の知る範囲において、ミルトンの『楽園の回復』は、野の試みに関する最大最良の注解である。その文の壮高優美なるはいうに及ばず、その信仰は英国清教徒の信仰の最高潮に達したものであって、たぶんこの場合におけるイエスの心理状態を最も正確に窺(うかご)うたものであると思う。

まずマルコ伝の記事について述べんに、「ただちに」とは、前にいうたとおりである。「み霊、イエスを追いやる」とは、いろいろに解することができる。イエスは自身好んで荒野に入りたもうたのでない。聖父(ちち)の霊に強(し)いられて他動的に行きたもうたのである。外部の圧迫をいうたのであるか、または内心の刺激をさしたのであるか、もちろん知ることはできない。彼がこの時大問題に遭遇して、その解決を得んがために、人を避けて聖父とのみ共にあらんことを求めたもうたことは確かである。ある人がいうたことがある、「イスラエルの歴史は荒野を離れて考うべからず」と。荒野は実にイスラエルの偉人の養成所であった。モーセも、エリヤも、アモスも、バプテスマのヨハネも、その他すべて親しく神と交わりし者、深く人生について考えし者は、荒野にこれを探るが常であった。まことに荒野は生産的には無用の地であるが信仰的には最も有用の域である。エルサレムより東南数十マイルにわたり、急傾斜をなして死海に下る所、これいわゆる「ユダの荒野」であって、神がおのれを探る者のために備えたまいし天然の修道院であった。貴きは磽确不毛、無人の地なる荒野である。

聖霊、イエスを荒野に追いやるという。神の霊また度度イエスの弟子を荒野に追いやりたもう。あるいは大責任を彼にになわせ、あるいは大思想を彼に与え、あるいは大疑問を彼の内に起こして、彼をしてやむを得ず寂寞の内に光明を探らしめたもう。荒野は時には深山である。砂漠である。あるいは人の作りし修道院である。しかしてまた山に退かずとも、または寺に隠れずとも、心の内に荒野を作られて、身は都会雑沓の地にあるといえども、霊は荒野にさまよいて悪魔に試みらるるのである。キリスト信者はだれでも一度は必ず荒野に追いやられるのである。

その時、彼はなんとなく不安に感ずる。人生がつまらなくなる。恐れる。おののく。まっ暗になる。その時、いろいろのささやきが心の耳に聞こえる。実に彼にとり人生の危機である。私は偉人の伝記を読み、事のここに至る時、彼の将来について大なる疑懼をいだかざるを得ない。荒野の試み—彼にもあったと、カーライルは彼の『衣服哲学（サーターレサータス）』においていうている。ウォルズオスにもあったことは、彼の名作『序言（プレルード）』に明らかである。「あなたは私は今どこにいるかを知る。私は今メセクに宿る。メセクは長引くを意味するという。私はまたケダルにいる。ケダルは暗黒の意であるという」と彼の従妹に書き贈りしクロンウェルは、たしかにこの時荒野におったのである。われらはすべて各自一度は荒野に追いやられるのであると知って、孤独寂寞を感ずるといえども、決して失望してはならない。

「荒野にて、四十日の間、サタンに試みられ、獣と共におりたもう」とある。モーセがエホバと共に四十日四十夜、シナイの山の頂においてありしがごとくに、イエスもまたここに四十日、悪魔に試みられて荒野におったのである。しかし「サタンに試みられ」とは何の事であるか。罪あればこそ悪魔に試みられるのである、イエスが試みられたりとあるは、彼もまた罪人であった証拠ではないかという者がある。これに対し、私は後に答うるところあらんと欲する。今はただヘブル書第四章十五節以下を引用するをもって足れりとする。いわく「われらの弱きを思いやることあたわざる祭司の長（おさ）はわれらにあらず。彼はすべての事においてわれらのごとくに誘われたれども、罪を犯さざりき。このゆえに、われら、あわれみを受け、機(おり)にかなう助けとなる恩恵(めぐみ)を受けんために、はばからずして恩寵(めぐみ)の座に来たるべし」と。自身罪なきに罪のゆるしのバプテスマを受けしイエスは、罪人に同情を寄せんためにサタンに試みられたもうたというのである。彼はみずから試みられて、試みらるる事の何たるかを知りたまい、また試みに勝つの道を示したもうた。彼はいかに試みられていかに勝ちたまいしかは、他の福音書の示すところである。私は順に従いてその事を説明しようと思う。

「獣と共におりたもう」とは何であるか。荒野に棲息せし野獣と共におりたまえりということであるか。もしそうであるとすれば、ししがダニエルを傷つけざりしように、ユダの荒野特産のししや、くまや、さそりや、まむしが、柔和なる聖きイエスに何らの害を加えなかったということであろう。あるいは「獣」とは、サタンのいろいろの現化(あらわれ)ではなかったろうか。事は宗教心理学の領分に属することであって、単にこれを物理的にのみ説明すべきでない。そして荒野が荒野にあらざる場合において、獣もまた獣でないのである。クロンウェルのごとくに、長引くメセクの地に暗黒のケダルの幕屋の内に宿る時に、われらは獣のごとき人、または獣より悪しき人らと共におるべく余儀なくせらるるのである。試みのつらさは荒野にあり、また荒野の獣にあるのである。彼らはわれらをあざけり、ののしり、偽りてさまざまの悪しき事をいう。されども天の父の許しなくして、すこしたりともわれらを傷つくることができない。

荒野にありてサタンに試みられ獣と共におるという。すべてが暗黒である。すべてが悽愴である。されども「み使たちこれに仕えぬ」とある。ここに光明がある。歓喜がある。天使はうるわしき形をもってイエスの目に見えたであろうか。あるいは静かなる細き声として彼にささやくにとどまったであろうか。これまた私の知るところでない。しかしながら、形の問題でない。事実の問題である。神はご自分を愛する者を、み使たちをつかわして守りたもうというのである。そしてその事はイエスのこの場合において事実であった。多くの聖徒の場合において事実である。クリスチャンには人の知らない味方がある。サタンがその全軍を率いて彼を攻め、社会にも、教会にも、また彼の同志と称する者の内にも、一人の同情者なき時にも、み使たちは彼を守り、神命一たび下れば助けて、彼をして安全ならしむ。マルコ伝の記事に、イエスがいかにしてサタンを撃退したましいか、その事は書いてない。しかしながら天使が彼に仕えたとあって、われらはサタンの試みは全然失敗に終わったことを知るのである。記事ははなはだ簡単である。されども大家の筆に成りし画のごとくに、一点一画ことごとく要点をえがいて、真相の目前に躍如たるを見る。

「天使たち、彼に仕う」とある。天使は、時にはみどり子である。その微笑（えみ）に天父の愛が読まれて、憂愁の悪魔の散ずるを見る。あるいは預言者エリヤを助けしがごとき貧しきやもめである。彼女の信仰に懐疑の雲は晴る。天使はいずこにもいる。

五　野の試み（中）

マタイ伝四章一―一一節

イエスの野の試みを研究するにあたって二、三の先決問題がある。その一は、人ははたして四十日間断食し得るかである。その二は、サタンなる者ははたして実在するかである。第三は、奇跡ははたしておこなわれしかである。しかし今はこれらの問題を研究する場合でない。われらは聖書の記事そのままを事実として受けて、目前の研究に取りかかるべきである。

試みはすべての人に臨むが、人に臨む試みはその人によってちがう。青年には青年の、大人（おとな）には大人の、老人には老人の、男には男の、女には女の試みが臨む。そしてイエスにはイエス相応の試みが臨んだのである。いわゆる「野の試み」はイエスの試みとして臨んだのであって、われらはまずこれをイエス特有の試みとして研究すべきである。しかして後に、その内に試みの通有性を発見して、これをわれら各自に臨む試みに適用して、機にかなう教訓にあずかるべきである。

イエスはヨハネのバプテスマを受けて水より上りし時に、「これはわが心にかなうわが愛子なり」との天よりの声に接した。今日のことばをもっていうならば、彼はこの時確かに神の子たることを自覚したのである。しかるに悪魔はこの声を打ち消さんとしたのである。これが試みの要点である。イエスは天よりの声を信ずるやいなやその事を試みられんがために、彼は荒野に追いやられたのである。ゆえに悪魔はまず第一にいうたのである、「なんじ、もし神の子ならば、この石をパンとせよ」と。「なんじ、もし神の子ならば……」「もし」は疑いのことばである。イエスは確かに「なんじはわが愛子なり」との神のことばに接した。しかるに悪魔は彼に疑いをいだかしめんと欲して、「なんじ、もし神の子ならば」との語をもっていいかけた。しかも要点は食物問題にあるかのごとくに見せかけて、イエスの注意を他に引かんとした。その巧みや実に驚くべきである。「なんじ、もし神の子ならば、この石をパンにせよ」と。飢えを満たすは悪事にあらず、イエスに今や石をパンになすの能力があった。彼は今何ゆえにこの能力を用いてパンを作り、彼の貴重なる生命を保存せざる。されどもイエスはただちに悪魔の暗示の真意を看破したもうた。これは彼の生命を助けんとの助言ではない。これをこばたんことは、彼、悪魔の最大の希望である。悪魔の目的は、イエスが神の命を待たずして、悪魔のことばに耳を傾けて、彼をしてここに正当の理由ある奇跡をおこなわしめ、神とイエスとを離間せんとするにあった。ゆえにイエスはこれに答えていいたもうた、「人はパンのみをもって生くるにあらず、神の口より出づるすべてのことばによる」(「ただ神の口より」と旧訳(注、明治訳)にある「ただ」の字を除くべし)と。イエスはここに旧約聖書申命記八章三節のことばを引いて答えたもうたのである。その意味は、普通に解せらるるがごとく、「人は肉体を養うパンのみをもって生くるにあらず、霊魂を養う神のことばをもって生く」ということでない。イエスのこのことばの意味は、「人はパンをもって生くるが、パンだけで生くるのではない、神の口より出づるすべてのことば、すなわち神の命によりて与えられたるパンをもって生くるのである」というのである。パンはパンでさえあればその出所を問わず、そのこれを得る方法を問わず、パンは道徳問題または信仰問題を離れて考うべきであるという世間普通の考えに対して、イエスはこのことばを発したもうたのである。イエスはこの時飢えて、非常にパンを要求したもうた。そして彼にまたこれを造るの能力があった。されども神の口より出づることばを聞かずしてこの能力を使用することはできない。神の許したまわざるパンを食うは餓死するにしかずと、彼は堅く立って動きたまわなかった。要は、神に対し子たるの関係を維持するにあった。神の敵なる悪魔のことばとあれば、たとえ正当の理由あるものといえども、断然これをしりぞくるにあった。神との聖き関係を保つために悪魔との関係を断つにあった。「なんじはわが愛子なり」との神のことばを信じて動かざらんがために、イエスはここに餓死を決心したもうたのである。

悪魔は第一の試みにおいて失敗した。ゆえに第二の試みを試みた。彼はイエスをエルサレムに携え行き、聖殿の頂上に立たせていうた、「なんじ、もし神の子ならば、おのが身を下に投げよ……」と。その目的は前回と同じく、天よりの声に対し疑いをいだかしめ、父と子とを離間せんとするにあった。しかし目的は同じであったが方法はちがった。前にはイエスをしておのれの能力をためさしめんとしたが、今は彼に対する父の愛をためさしめんとした。この場合において、試みは父の愛の試みであった。そしてこれまた正当の試みであるまいか。イエスは神の愛子であるという。しかしこの事を伝えしものは声たるにすぎない。声に誤りなしとせず、声はその事実を試みるの必要あるにあらずやと、悪魔はここにイエスにささやいたのである。聖書はしるすにあらずや、なんじ、もし高き所より落ちん時、神は天使をおくりてなんじの身をささえ、なんじをして石の上に落つるも無難ならしめたもうと。聖書のこのことばを実験的に試みて、しかる後に救世の途につく、これ志を固め確信をもって働くの道にあらずやといいて、悪魔はイエスの大業を翼賛するがごとくに見せかけて、彼に冒険を促したのである。

されどもイエスのこれに対する答えもまた明白であった。悪魔は詩篇九十一篇十一節によりてイエスを誘いしが、イエスは申命記六章十六節をもってこれに答えたもうた。いわく「主たるなんじの神を試むべからず」と。その意味は、「神はそのことばによりて信ずべし。これを試むるの必要なし。神のことばを聞けば足る。奇跡としるしを見るにあらざれば信ぜずというは、これ不信なり。罪なり」というのである。イエスはすでに明らかに天よりの声を聞きたもうた。その事実をためすに及ばず。人間の場合においてすら、そのことばを信ぜずしてその証拠として実物を要求するは無礼である。まして神に対してをや。親しき家庭の関係はすべて信用によりて維持せらる。しかるに神の子が父なる神のことばを信ずるあたわずして、その証拠を奇跡に求むるに至る、ここに三位の聖き関係がその一方において破れるのであって、イエスにとりてはこの上なき重大事件である。イエスの聖眼(烱眼といわず)よく悪魔の譎計(いつわり)を見抜きたもうた。ゆえに、一言もってこれを喝破したもうた。

悪魔はイエスを試みて二度失敗した。彼はイエスの神に対する子たるの態度を少しも動かすことのできないことに気づいた。ここにおいてか、全然手段方法を変えてイエスに臨んだ。悪魔はイエスにいうた、「なんじの神の子たること、イスラエルの王キリストなることをわれは認む。しかしてわれもまた世界万民と共になんじの大業の成らんことを願う。されども事は難事である。しかして民は塗炭に苦しんで、一日も早く救われんことを望んでやまず。善はいそげ。なんじの場合において、成功一日の遅滞は万邦百年の災厄に当たる。なんぞ少しくわれを利用してなんじの成功を早めざる。短時日の間に国を救い世を治むるは政治によるにしかず。なんじの天職と才能とをもってして、イスラエルを率いて世界を統御するは易々たるべし。見よ、全世界はなんじの蹶起を待つにあらずや。まず兵力、外交、内治をもって世界を統一して、しかる後になんじの救世的事業をおこのう。これ最も早くまた最もたやすく世を救うの道にあらずや。ただ少しくわれに聞き、われを重んじ、われを用うれば足る。なんじ、わがこの提言を採用せずや」と。

イエスは悪魔のこのささやきを聞きて、べつにこれに答うるの必要はなかった。悪魔はここに悪魔たるの正体をあらわした。一言これを叱咤すれば足る。「サタンよ、退け。主たるなんじの神を拝し、ただこれにのみ仕うべしとしるされたるにあらずや」と。神の国を建設するにあたって悪魔の力は寸毫これを借るに及ばず。ただ神の力、すなわち義と愛とをもってのみおこのうべし。時はよし長くかかるとも、道はよし遠くして難くとも、神の国は神の示したもう道によりてのみ建つることができる。前にはネブカデネザル、アレキサンドル、シーザー、後にはシャーレマン、ナポレオン、カイザルの取りし道、これはサタンの示す道にして、誤りたる道である。イエスは神の子にして、寸毫悪魔の道すなわちこの世の道によらずして神の国の建設を始めたもうた。ああ聖き偉大なるイエスよ、もしなんじの弟子と称する者がことごとくなんじの取りたまいし道を取り来たりしならば、世は今ごろはすでに神の国となったであろう。しかるに事実はこれと正反対である。キリスト教会と称するものは、この世すなわちサタンの道を取りて世界教化を計りつつある。憤慨なんぞ堪えん。

六　野　の　試　み（下）

ルカ伝四章一―一三節

いわゆる「荒野の試み」は、神の子イエス・キリストに臨みし試みであった。ゆえに、これに、普通の人に臨む試みがなかった。悪魔はイエスの利欲に訴えて彼を試みなかった。かくなすも無益であると知ったからである。悪魔はまたイエスの情欲に訴えなかった。これ特に注意を要することである。たいていの人の場合において「試み」といえば情欲の試みをいう。釈迦牟尼の場合においてすら、試みはこの形を取ったとしるされている。悪魔は美人の形を取って聖者に現われたとは、すべて名僧聖人伝のしるすところである。しかるにイエスの場合においてはこの試みがなかった。彼はこの試みをもって試みらるるにはあまりに聖くあった。ミルトンの『楽園の回復』に、魔界の王サタンが、イエス誘惑の方法につき、魔族の意見をたたきし時に、色魔ベリアルは助言を提していうた、「彼の目に婦人を示せよ。彼の行く所に婦人をすえよ。人の子の内に最も美しき婦人を求めて、これを彼の前に置けよ」と。しかるにサタンはイエスの場合においてこの方法の全然無効に終わるを説いた。イエスの目的はあまりに高く、彼の目はあまりに聖くして、彼はとうてい情欲の誘惑をもって近づくべからざるを述べた。そしてサタンをしてこの陳述をなさしめしミルトンはよく主イエスの心を知ったのである。その点において、仏人ルナンがその小説的イエス伝においで、イエスをしてナザレに残せし彼の恋人をおもわしめし一段は、小説とはいえ、よく著者自身の心理状態を暴露し、信仰の事において、仏国文豪のとうてい英国詩人に及ばざるを示して余りあるのである。

イエスに低い卑しい情はなかった。しかしながら彼に高い貴い情はあった。彼は婦人の内に愛人を持ちたまわなかったが、彼には婦人以上の愛人があった。それは神の民であった。神に選ばれし人の子らであった。彼は彼らを思うこと熱く、彼らに引かれ、彼らの救いのために動かされた。いかにして彼らを救わんか。その手段方法いかに。この問題を心に蔵(かく)して彼は荒野に行いたのである。そしてルカ伝のイエスの野の試みに関する記事はこの方面より見たる記事であると思う。イエスの心を占領せしものはただ二つであった。その第一は、神に対する愛であった。その第二は、神の民に対する愛であった。そして野の試みをイエスの神に対する愛の試みと見たものがマタイ伝の見方である。人、ことに神の民に対する愛の試みと見たものがルカ伝の見方であると思う。もちろん同一の試みが同一時にイエスの愛の両方面に訴えたのであるが、両伝の著者は各自おのれに最も強く訴えた方面を記録したのであると思う。

イエスは飢えたもうた。そして飢えたまいしと同時に感じたまいしことは、飢餓の苦痛と食物の要求とであった。悪魔はその時イエスの心裏にささやいていうたのである、「なんじ、神の子たるの能力(ちから)をもて、石を化してパンとなし、まずなんじ自身の飢えを癒やし、しかる後にすべてなんじの民を養うてはいかに。人生最大の問題は食物問題である。まず民を養わずして何事も始まらず。見よ、世に飢餓に苦しむ民のいかに多きを。飢えたる民に良政を施すあたわず、飢えたる民は福音を聞くための耳を有せず。食物に豊富ならずして順良高徳の民あるなし。ゆえに、なんじ、もし神の子ならば、ここに意を決して食物の供給者となれよ。これ最も実際的の意味においての世の救い主たることとなり」と。そしてかかる誘惑は愛情鋭敏なりしイエスを強く動かしたに相違ない。空の鳥の養わるるを見て喜びたまいし彼は、人の子の食物足らずして苦しむを見ていかばかり苦しみたまいしよ。されども彼の深き愛は浅き愛に勝った。彼は聖書のことばを思い出したもうた、「人はパンのみにて生くる者にあらず」と。パンは確かに必要である。しかしながら人はパンだけにて生くる者にあらず。パン以外になお多くの必要物がある。政治も必要である。思想も必要である。ことに神を知るの知識は最も必要である。人おのおの天職あり。食を民に給するの業はこれを他人に譲らん。われは神の子として、天の父を人に示し、彼の義と愛とを世に伝えて、永遠に生くるに必要なる生命のパンとなりて終わらんと。イエスはほぼかくのごとくにいいて、悪魔のこの誘惑を撃退したもうたのであろう。

ここにおいて悪魔は第二の救世手段をイエスに提言したのである。すなわち大政治家となりて世を救えというたのである。政治必ずしも悪事にあらず。世に神聖なる政治なきにあらず。ダビデ王自身が大軍人であって同時に大政治家であった。イエスは何ゆえに、神が「わが心にかなうダビデ」と呼びたまいし彼の大なる祖先ダビデにならいて王たらざるか。世を救うの捷径（ちかみち）は王たるにあり。前にはペルシャ王クロス、バビロンを滅ぼし、世界に王たりて神の民を救い、良き平和を広き国土に施した。イエスは何ゆえに、神が預言者をもって「彼はわが牧者、すべてわが好むところを成らしむる者なり」（イザヤ書四四・二八）といいたまいしクロス王にならい、より大なるクロスとなりて万民を救わざる。世のいわゆる政治家の野心を離れて、神の政事（まつりごと）を世に施して民を救わんとの心の、時にイエスに起こったことは、疑いないことである。

しかしながら、政治は政治であってこの世の事である。したがって文字どおりに悪魔を伏し拝むには及ばずとするも、彼を利用するはまぬかるあたわざるところである。最も神聖なる政治家といえども、この意味においてある種の罪を犯さずして、功を遂げ名を挙げたるためしはない。よしまた完全なる政治をおこない得るとするも、政治は民をその外部において救うにとどまり、その内心をきよむるにいたらない。心に奴隷の民たる者は、よし政治的に自由たるも、なお依然としてもとの奴隷の民である。神の子は、悪魔と何らの関係なき道により、人の内なる霊魂の深き所に福祉（さいわい）と自由とを与えざるべからず。イエスは人類の霊魂の王たらんがために、ここにまた世界の王たれとの悪魔のささやきを打ち消したもうたのである。

さらば霊魂の王たらんと欲してその道いかんは、次に起こる問題である。そしてこの道について、また悪魔はイエスに示すところがあった。彼を「エルサレムにつれ行き、聖殿の頂に立たせていいける は……」とあるは、悪魔がイエスに示せし伝道法をしるしたことばである。すなわち民衆注視の間に、ことに祭司、長老、民の学者らの前において奇跡をおこない、彼らを驚かし、彼らの心志を奪い、彼らをして彼に跪伏せざるを得ざるに至らしめて、しかる後に彼らに道を説く、これ彼らの霊魂を救わんがために最も有力にして確実なる道であると、悪魔はイエスに教えたのである。しかしながらイエスはまたこの道をしりぞけたもうた。これ神を試むる道であると知りたもうたからである。神を試むるとは、神を悩ましまつることである。申命記六章十六節に「なんじ、マッサにおいて試みしごとく、なんじの神エホバを試むるなかれ」とあるその意味において神を試みまつることである。すなわち、救拯(たすけ)の奇跡を神に迫りて彼のみ心を悩ましまつるなかれとの訓戒(おしえ)である。イエスはここに伝道用としての奇跡を断然排斥したもうたのである。

世を救うの手段方法として、悪魔はイエスに、第一に慈善、第二に政治、第三に奇跡を勧めた。しかしながらいずれも拒絶せられて、この上彼に施すべき手段がなくなった。ここにおいて「悪魔、これらの試みをみな終わりて、しばらく彼を離れたり」とある。しかり、「永久」にではない。「しばらく」である。後にはまたペテロをもって、イスカリオテのユダをもって、最後には十字架の死をもって、彼を試みた。しかしイエスは最後まで勝ちたもうた。イエスは弱き人類を救うにあたってその弱点に乗じたまわなかった。かえって人の強所に訴えて、彼をして強からしめたもうた。イエスこそはほんとうの世の救い主である。

慈善によらず、政略を用いず、奇跡をもってせずして、イエスは何によりて世を救わんとしたまいしか。単純なる神のことばをもってしてである。そしてこれを証明するにご自分の生命をもってしてである。まことに「生命(いのち)に入るの門は狭く、その道は細し」である。悪魔の勧めをことごとく拒絶して、イエスに残るはただ一本の道であった。すなわち十字架の道であった。神のことばとこれに印するにおのが血をもってす。これよりほかに彼の取るべき救世の道はなかった。偉大なるイエスよ。

七　伝道の開始

マルコ伝一章一四―一五節
マタイ伝四章一二―一七節
ルカ伝三章二三節
同一六―三一節

ヨハネの捕われし後、イエス、ガリラヤに至り、神の国の福音を伝えていいけるは、「時は満てり。神の国は近づけり。なんじら悔い改めて福音を信ぜよ」と。

イエスは神の国の何たるか、これを宣べ伝うる方法いかんを、野の試みによりて確かめたもうた。神の国とは、人が神に対し子たるの関係を維持する事である。この事をことばに表わしたるものが福音である。この事を世に伝うるが伝道である。福音は簡単、これを宣べ伝うる道もまた簡単、大真理はすべて簡単である。真理中の最大真理たるイエスの福音は最も簡単である。ただこれを信じ、これをおこない、これを他に伝うるに強き決心がいるのみである。思想が簡単になるまでは活動は始まらない。その点において、ニュートンも、アインシュタインも、ルーテルも、カントもみな同じである。そしてイエスは「神はわが父、われはわが生命を賭してこの関係を維持すべし」との簡単きわまる思想に達して、今や立たざるを得なかったのである。

ルカ伝の記事に従えは、「時にイエス、年およそ三十にして、福音を宣べ始む」とある。人の三十歳は彼の自覚の時期である。肉体がその発達を遂ぐるもこの時、意気がその旺盛をきわむるもまたこの時である。神の子も人として生まれたまいて、人の取る常道にならいたもうた。世には三十歳以下にして大事をなしとげた人がないではない。アレキサンドルは二十二歳にして欧亜征服の途についた。ウィリヤム・ピットは二十四歳にして英帝国の総理大臣となった。されどもこれみな例外である。神の子は齢三十に達するまでは世に現われたまわなかった。今は時なりとみずから定めて、身心共に熟せざるに社会教化の途につく者は、イエスに学ぶところなかるべからず。早くも三十歳、四十歳に達するも遅からず。神の命を待って立つ。準備は充分なるを要す。福音の真髄を解し、悪魔をまずおのが心の内に征服し、しかる後、救世の途につく。神の子の取りたまいし道はわれらの取るべき道であらねばならぬ。米国人の勧めに従い、「王の事は急なるを要す」との、サムエル記上二十一章八節における、人なる王についていえることばを引いて、これを神なる王に応用して、彼が招きたまわざるに、彼の御事業(みしごと)につきてはならない。

「ヨハネの捕われし後」イエスはガリラヤにおいて伝道を始めたまえりという。これは、イエスがヨハネの例を恐れ、ユダヤを避けてガリラヤに退いたのであると解する注解者がある。しかし私はそう思わない。イエスのガリラヤ伝道は彼の主義によったのである。ヨハネの投獄はイエスの伝道開始を促したのであって、その方針を変えしめたのでない。ヨハネはガリラヤの分封(わけもち)の君ヘロデの捕うるところとなりて、彼がイエスの紹介者、その先駆者たるの天職を終えたのである。しかして福音宣伝は中絶を許さず、先陣倒れて後陣これに代わったのである。ヨハネ捕われてイエス立ちたもう。福音宣伝は勇者の従事すべき事業である。いたずらに時勢に省み、危険はなるべくこれを避け、水の低きにつくがごとくになるべく抵抗少なき道を取る。これ近代伝道師のなすところなりといえども、主イエスのなしたまいしところでない。英国人のアフリカ伝道に、一人のハンニングトン倒れて数人の彼に代わる者ありしがごときが、ほんとうのキリスト教伝道である。「ヨハネの捕われし後、イエス、ガリラヤにいたり、神の国の福音を宣べ伝う」とある。わが倒れし後、われに代わりて立つ者はたれぞ。

イエスは伝道をガリラヤにおいて始めたもうた。エルサレムにおいて始めたまわなかった。彼の能力(ちから)をもってして、ただちに効果最も多き中央伝道を開始し得ざりし理由はない。されどもこれ彼の選びたまいし道でなかった。彼はいなか伝道をもって始めたもうた。ガリラヤに始めたもうた。しかもその首府たるチベリオにおいてにあらず、小都会たるカペナウムにおいて始めたもうた。そしてこれがほんとうの順序である。ことわざにいわく「神はいなかを造り、悪魔は都会を作る」と。われら、いなか伝道の経験を持ちし者はすべて知る、最も確実なる信仰はいなかに起こって都会に起こらざることを。イエスの世界教化が、「ガリラヤより何の善きもの出でんや」といわれしそのガリラヤより始まりしを知って、われらもまた中央伝道と称して多くをこれより望み、過大の重きをこれに置いてはならない。

そしてイエスの伝道は福音すなわち神のみことばの宣伝をもって始まった。奇跡をもって始まらなかった。福音の要部はみことばである。奇跡はその付き添えたるにすぎない。イエスはその伝道において決して奇跡を重要視したまわなかった。彼は悪魔の誘いに従い、まず奇跡をおこないて人の注意を引き、後に彼らに道を説きたまわなかった。「時は満てり。神の国は近づけり。なんじら悔い改めて福音を信ぜよ」と。これがイエスの伝道の真髄である。「悔い改めて福音を信ぜよ」。神に対して反逆の罪をつづけ来たりし態度を改めて、天の父はなんじの帰り来たるを待ち受けたもうとのことばを信ぜよと。これが福音の真髄である。

「時は満てり」。人類が世に現われてより長い時があった。人類学者はいう、たぶん今より二十万年前であったろうと。旧石器時代にすでに神を探るの兆候が現われた。エジプト、ギリシャ、バビロンと、長い時代が続いた。そしてイスラエルの間にありて、神はむかし多くの区別(わかち)をなし、多くの方法をもて、預言者たちにより、先祖たちに告げたまいしが、ついにこの末の日において、その子によりて語りたもうた(ヘブル書一・一―二)。人類発達の極は、人が神に対し子たるを自覚することである。そしてこの自覚が最もあざやかにイエスにおいて現われた。詩人ゲーテがいいしとおりに、人類の発達はいかなる程度に達するも、その道徳的優秀の点において、イエス以上に達することはできない。イエスがその福音をもたらしてガリラヤ湖畔に伝道を開始したまいし時に、人類の到達すべき最高嶺が見えて、神の国は地上に臨んだのである。事は後にいたりて明らかである。

「神の国は近づけり」。神を父として持つ心、それが神の国である。イエスにこの心があった。悪魔はイエスのこの心を動かさんと欲して、かえって彼の確信を強めた。死すとも父の命に従うべし、父のことばを試みんとて奇跡を要求せざるべし、悪魔の道はいっさい取らざるべしとの決心ありて、神の国はすでにイエスの心に臨んだのである。ゆえに、イエスにありては神の国は近づいたのではない。すでに臨んだのである。彼はおのがうちに神の国をもたらして世に臨みたもうたのである。

神の国はイエスにおいてあった。そしてイエスをもって世に近づきつつあった。後に、彼が「神の国は現われて来たるものにあらず。ここに見よ、かしこに見よ、というべきものにあらず。神の国はなんじらの内にあり」(ルカ伝一七・二〇―二一)といいたまいしはこの事をいうたのである。「なんじらの内」とは、「心の内」ということではない。「なんじらの間」ということである。神の国はイエスをもってパリサイの人たちの間にあったのである。彼らは悔い改めて、すなわち心を変えて、彼のことばを信ずれば、それで神の国は彼らにもまた臨んだのである。

そして今日のわれらにとっても神の国は近くあるのである。今や神の国は肉体となりて現われし神の子をもってわれらの間にあらずして、神のことばなる聖書としてわれらの手の内にある。その内に神の国は明らかに示してある。取ってもってわがものとなすことができる。イエスの野の試みは明らかに神の国の何たるかをわれらに示した。しかしそれだけでは足りない。試みは悪魔に対する試みであって、主として神の国の消極的方面を示した。今より後、われらはその積極的方面を窺(うかご)うであろう。しかし、いずれの方面より見るも、神の国はイエスを離れてはない。イエスすなわち神の国である。

「悔い改め」は、新約聖書中の深いことばである。ただに罪を悔いてこれを改むることでない。原語の meta-noia は心意一変の意味である。人生観の一変と解してまちがいがなかろう。イエスのおん父なる真(まこと)の神を知らずして、人生観全部が誤っているのである。ゆえに心を変えて福音を信ぜよというは、福音を信じて心を変えよというと同じである。イエスは万物の見方を一変せよと教えたもうた。彼はただに心(ハート)を新たにせよとのみ教えたまわなかった。万物の見方すなわち意(マインド)を変えよと告げたもうた。ここにおいて、いわゆる「悔い改め」は単に情のことでなく、また知識のことであることがわかる。悔い改めは、万物を見る心眼の一新である。「福音を信ぜよ」。神のみ心を表わしたるそのことばを信ぜよ。神が万物を見たもうその見方をもって見よ。神と心意を共にする者となれよ。

八　弟子の選択

マルコ伝一章一六―二〇節
マタイ伝四章一八―二二節
参照　ルカ伝五章一―一一節
　　　ヨハネ伝一章三五―五一節

神の国は宣言せられてまさに建設せられんとす。イエスはその保有者であり、またその建設者であった。そしてこの場合において、国の建設者がその王であった。神の国は臣下の援助によりてにあらず、王一人をもって始まったものである。神の国は初めより共和国にあらず王国である。その建設も維持も完成も、王一人の能力（ちから）による。仏国の大王ルイ第十四世は「国家すなわち朕（ちん）なり」というたが、このことばはその厳密なる意味において、ただ神の子イエス一人のみに当てはまるものである。神の国すなわちイエスである。この事がわからずして、キリスト教はわからない。

王はその臣下を選びてこれを召したもうた。そして第一にその選択にあずかったものが二対の兄弟であった。第一対はシモン（ペテロ）とその兄弟（たぶん兄）アンデレ、第二対はヤコブとその兄弟（たぶん弟）ヨハネであった。イエスはただ彼らに命じていいたもうた、「われに従え」と。そしてその声に応じて、「彼ら、ただちにこれに従えり」とある。ここにただ命令に対する服従があったのである。主権者と市民との間に協約が成立したのではない。または弟子が師の門に入りて師弟の関係を結んだのではない。王がその至上権をもって臣を召して、臣はその服役についたのである。かくのごとくにして、イエスは国の王として無類の王である。人の師として無類の師である。イエスは単にわれらの支配人でない。また先生でない。神の子にして受膏者キリストである。彼を人として見る時は、彼は最大の圧制家である。神の子としてのみ見て、彼の至大の権能を承認することができる。

そしてクリスチャンはすべてこの権能をもってキリストに選ばれ、また召されたる者である。「なんじら、われを選ばず、われ、なんじらを選べり」（ヨハネ伝一五・一六）と彼がいいたまいしそのことばは、信者何びとにも当てはまるものである。そして神の子に選ばれて、何びとも辞退することはできない。あだかも天皇陛下の召集を受けて日本臣民何びともこれを拒むことができないと同然である。そしてイエスに召さるるは最大の名誉また幸福である。彼に召されて、ガリラヤ湖の漁夫は人類の教師、世界の改造者となった。されども世人はそう思わないのである。イエスに召さるるは、貧におり、恥を忍び、悪戦苦闘の間に一生を送ることであるとのみ、彼らは思う。彼ら、イエスの臣下たるの患苦(くるしみ)をのみ見てその栄光を知らないのである。イエスに召されんか、われらもまた稼業を捨て、しかり、日本臣民が陛下の召集に接して、家を捨てて国家の難におもむくがごとくに、われらもまたすべてを捨ててイエスの聖召(みまねき)に応ずべきである。

イエスはいかなる階級よりその弟子を選びたまいしか。イスラエルの師はいわゆる有望の学生の間よりその弟子を選んだ。ガマリエルの門下にタルソのサウロがありしごときがその一例である。日本が貴族国であるように、イスラエルは祭司国であった。ゆえにイスラエルの師たる者は、その弟子を、祭司階級またはこれに従属する者の内より選ぶを常とした。されどもイエスは全くその教えを異にした。ゆえに全く異なりたる階級よりその弟子を選びたもうた。彼は後に教えていいたもうた、「新しきぶどう酒を古き皮袋に入るる者あらじ。もし、しかせば、新しきぶどう酒はその袋をはり裂きて、ぶどう酒洩れ出で、皮袋もまたすたるべし。新しきぶどう酒は新しき皮袋に盛るべきなり」(マルコ伝二・二二)と。イエスの教え、すなわち福音は新しきぶどう酒であれば、これは古き皮袋なる祭司、パリサイの人、民の学者らに注入すべきものにあらず。もし、しかせば、福音はその袋をはり裂き、福音は失せ、これを授かりし人々もまた滅びるであろう。福音は福音に相当する器につぎこまねばならぬ。そしてその器はいわゆる宗教家にあらず、神学者、聖書学者というがごとき類(たぐい)にあらず、漁夫をもって代表されたる労働の子供であるとは、最初の弟子選択に関する記事が明らかに示す教訓である。イエスはその弟子を選ぶにあたって、これを博士、学士、書を読むをもって最高の業なりと思いし人たちの間に探りたまわずして、これをガリラヤ湖畔に漁業に従事せし漁夫の間に求めたもうたというのである。イエスが伝えたまいしキリスト教の何たるか、彼が作りたまいしキリスト信者のいかなるものなりしかは、この一事によりて見て一目瞭然である。

真理は目を通してよりは手を通して入りやすしとは、フレーベル幼稚園教育の原理である。そして神の子供は大となく小となく、すべて最も善く手を通して教えらる。読書は真理を知る道として決して最上のものでない。真理は最も善く手を通して、手をもって働いて、手をもって神の天然に触れて、知ることができる。これ労働に教育上最大の価値ある理由である。ことに福音の真理においてしかりとする。キリストの教えだけは、書を読んだだけではわからない。神学校は決して最上の神学校ではない。最上の神学校は田園である。漁場である。神の指導の下に働く工場である。神は働いて知ることができる。読んで、考えて、議論して、わかるものでない。イエスはその最初の弟子を労働者の内より選びたもうた。彼はフレーベル以上の教育家でありたもうた。ゆえに彼の福音を主として労働者にゆだねたもうた。キリストの教えはどの方面から見ても、神学者、聖書学者、言語学者らの解し得る教えでない。まことにキリスト教を最もはなはだしく誤解しまた曲解する者はこれらの人人である。

イエスの最初の弟子は労働者であった。しかしながら彼らは今日いわゆるプロレタリアトすなわち無産階級の人でなかった。ヤコブとヨハネとはイエスに召されて、ただちに「その父ゼベダイを雇い人と共に船にのこして、彼に従えり」とある。雇い人を使い舟を所有し得し彼らは決してただの労働者ではなかった。シモンもまたアンデレと共に一家を構えし人であって、彼らもまた今日世に称する労働者ではなかった。彼らはみな中流独立の民であった。富まず、貧しからず、自己の正直なる労働によりて、尊敬すべき生涯を送る者であった。そしてイエスご自身がこの地位にある人であって、彼はまたその弟子をこの階級より選びたもうたのである。キリスト教はその初めより特に中流階級の宗教であった。これ今日に至るも、一方には貴族、富豪にいれられず、他の一方においては過激派、社会主義者にきらわるる理由である。

イエスは、漁者なるシモンとアンデレを見て、いいたもうた、「われに従え。われ、なんじらを人をすなどる者となさん」と。私も青年時代には北海の漁者であった。水産を起こしてわが国富強の基を築かんとは私の青年時代の理想であった。しかるに私もペテロと同じくイエスに見出だされ、その召すところとなった。彼は私にも告げていいたもうた、「なんじ、網と舟とを捨ててわれに従え。われ、なんじを人をすなどる者となさん」と。しかし私はペテロのごとくにただちに彼に従い得なかった。私はイエスの声を私自身の声であると思うた。ゆえに、長の間彼の命を拒み、何をなしても人をすなどる者となるまじと努めた。しかしながら彼の命はとうてい拒みがたくあった。イエスはとうとう私を彼が思うがままになしたもうた。そして今日ここにおいて、彼がガリラヤ湖畔カペナウムの町において伝えたまいし喜びのおとずれを私の国人に伝うる者となった。「父よ、しかり。それかくなるは聖旨(みこころ)にかなえるなり」(マタイ伝一一・二六)である。しかしながら、「人をすなどる者」となりたればとて、私は教会の牧師、伝道師とはならなかった。私の場合において「人をすなどる」とは、信者を作りてこれを教会に収容することではない。「人をすなどる」とは、そのほんとうの意味において、人にイエスのことばを伝え、彼をその忠実なる臣下または弟子となすことである。私はこの事業に召されしことを最上の喜びまた最上の名誉なりと信ずる。そして人をすなどる者となりたればとて、私は今日に至るも、魚とこれをすなどる業を忘れない。魚と聞いて、私の興味の振い起こるを覚ゆ。ガリラヤ湖に二十二種の魚が繁殖して、その内七種がクローミス属であって、アフリカ、ナイル系に属する河湖に産する魚類であると知って、人の知らざる興味を感ずる。マタイ伝十三章四十七、四十八節に、魚に善きものと悪しきものがあって、その善きものは以上のクローミス属であって、悪しきものとはわが国のなまずの類であって、その長さ、時に五尺に達するものがあると聞いて、身みずからペテロ、ヨハネと共に網を湖水に打つがごとくに感ずる。私は彼らと同じく、会堂や神学校においてにあらずして、海のほとりにおいてイエスに召されしことを、最大の名誉また幸福なりと認むる。そして私のみでない、神が私をもってまねきたまいし最も善き信者は、海か畑において神を知った者である。学校ことに神学校は、私に縁の遠い所である。

九　ガリラヤ湖畔の一日

マルコ伝一章二一―三四節
マタイ伝八章一四―一七節
ルカ伝四章三一―四一節

世にはたして奇跡ありやとの質問に対し、私は答えていう、「あり」と。見る目をもって見れば万物ことごとく奇跡である。自然そのものがふしぎである。鉄がふしぎである。鉛がふしぎである。地がふしぎである。天がふしぎである。わが存在そのものがふしぎである。天然の法則と称するものは人類の経験を説明するための仮定的法則にすぎない。今や奇跡はあり得ないという者はむしろ宗教家または神学者であって、理学者または天然学者でない。人類が天然について知る事はあまりに僅少である。この僅少なる知識に基づいて、いかなる学者といえども、奇跡はあり得ないとの断定を下すことはできない。

万物はふしぎである。これにあわせて人の能力(ちから)は無限である。「人は弱き者なり」というは、罪を犯し神を離れたる人についていうのであって、罪を知らず能力の源なる神につながる人についていうのでない。人はいかにして造られしかは別問題として、人が人となりし時に、彼は超自然者となったのである。神にかたどりその像のごとく造られし人は、神に似て自然を支配すべき者であって、自然に支配せらるべき者ではない。天地万物ことごとくふしぎであるが、その内最もふしぎなるものは人である。彼は神の子として造られたる者である。ゆえに神に似て神のなす事をなし得べきはずの者である。しかるに事実いかにというに、人は神に似るよりもより多く獣に似て、神の子と称するよりはむしろ獣の子孫と称すべき者である。されどもこれ人の天性がしからしむるにあらずして、彼の犯せし罪がしからしむるのであると、聖書は明白に教うるのである。罪を犯さざる人、神が造りたまいしそのままの人、父のふところより出でし神の子、すなわち純清なる人の能力は無限である。かかる人は人心を支配し得るのみならず天然をも支配し得るのである。人は罪を犯して、天性(うまれつき)の能力を失うたのである。罪これ能力の消滅者である。仏国革命史において、偉人ミラボーが、勢力の絶頂に達して自己の能力の不足を歎じ、その壮年時代において身の清潔を守り得ざりしことをいたく悔いてやまざりしとの一事は、もってこの事を証明するに足る。人の可能性は単に彼の肉体の健全と頭脳の強健とをもって計ることはできない。彼がその人格において聖き神の子となるを得し時に、彼はほんとうの意味において万物の霊長となり、一言もって病を癒やし、一声もって波を静め得るのである。

イエスは神の子として生まれ、野の試みに打ち勝ちて、さらに能力の供給にあずかった。「イエス、聖霊の能力をもってガリラヤに帰り」(四・一四)とルカ伝はしるしていう。彼は自己に満ちあふれるこの能力をもって伝道を始めたもうた。まず第一に四人の弟子を召して、彼らをして聖業(みわざ)の目撃者また共働者たらしめたもうた。そしてたぶんその次の安息日に、公然メシヤたるのご事業を始めたもうたのであろう。朝はカペナウムのユダヤ人の会堂に入りて教えをなし、そこに汚れたる鬼につかれたる人ありたれば、権威の一言をもってその鬼を追い出したもうた。その日のひるすぎにはシモン、アンデレの家に至り、シモンのしゅうとめの熱を病みて伏しおるを見たまいしや、彼、彼女の手を取りて起こしたれば、熱ただちに去りて、彼女は起きて、彼の一行をもてなした。夕暮になりたれば、人々、すべての病をわずらえる者、鬼につかれたる者をイエスに携え来たる。その町こぞりて門に集まり、彼、多くの人々を癒やし、また多くの鬼を追い出だせりとある。実にせわしき一日であった。盛んなる伝道の首途(かどで)であった。この事を最も生き生きとえがいたものが、レンブラントの作「キリスト、病者を起こしたもう」である。見れば見るほど、その意味の深さが見取れる。何びともその一葉を室内に掲ぐべきである。

何のための奇跡であったか。もちろん人を驚かすための奇跡でなかった。もし、しかりとすれば、サタンの勧めに従って、僻陬のカペナウムにおいてなさずして、首都のエルサレムにおいてなしたであろう。また人心を収攬するための奇跡でなかった。もし、しかりとすれば、その広く世に知られんことを求めたであろう。イエスの奇跡は自発的に彼の善意より出でたるものである。彼に癒やすの能力ありたれば、彼は病者を見て同情に堪えず、前後を忘れ、利害を顧みず、なさんと欲する事をなしたもうたのである。これすべての善人のなすところであって、べつに教理的または哲学的意義のその内にあったのではない。普通の善人とイエスの異なる点は、ふしぎをおこなう能力の有無にあって、善をおこなう動機においては、二者何の異なるところはない。善をなさんと欲するの心、これすべての善人にあるところのものであって、ことに著しくイエスにおいてあったのである。

「イエスは神より聖霊と能力を注がれ、あまねくめぐりて善き事をおこないたり」（使徒行伝一〇・三八）と、後にペテロがいいしがごとくに、イエスはこの日また人々に善き事をおこないたもうたのである。かくしてガリラヤ湖畔の一日は奇跡の一日として見るべきにあらずして、善行連続の一日として解すべきである。この記事は特にイエスの奇跡を示すものにあらずして、神の子としての彼の聖善の霊の働きをしるすものである。

　神はすべての人に奇跡をおこなうの能力を与えたまわない。しかしながら、その他の種々の才能を与えたもう。あるいは美を観（み）るの能力を与えたもう。かかる者を称して美術家という。あるいは天然の秘密を探るの能力を与えたもう。これを称して天然学者という。その他、文学者あり、政治家あり、工学者あり。賜物（たまもの）は異なれども聖霊（みたま）は一つなりである。そしていかなる動機によりてこれらの才能を用いんか。問題はここに存するのである。そして神よりイエスの霊を受けて、人は各自、イエスが奇跡をおこないたまいしと同じ精神をもってその才能をあらわすのである。すなわち善心にかられて、苦しむ者に対する同情に堪えずして、自発的に、多くの場合においては利害をかえりみず、前後を忘れ、ただ善をなすのうれしさにこれをなすのである。カイムはイエスのこの時を称して「ガリラヤの春時」というた。その理由（わけ）は、一には、イエスの伝道開始がたぶん紀元の三十四年春の弥生（やよい）のころであったがゆえに、二には、人としてのイエスの発育がその頂点に達し、愛は動けども反対はいまだ起こらず、能力はあふれて恩恵あまねくガリラヤ湖畔に行き渡ったがゆえである。そしてわれらもまた神の聖旨（みこころ）に従い、悪魔と戦って勝ちし後に、聖霊、われらの霊にくだり、筋肉はおどり、頭脳は明晰に、詩人はその歌をもって、音楽者はその楽と声とをもって、医師はその医術をもって、その他、各自その賜わりし才能をもって神と人とに仕うる時に、われらにもまたわれら相応の「ガリラヤの春」があるのである。奇跡はイエスの本職でなかった。彼の本職は別にあった。神のみことばを伝え、これに殉ずることであった。しかしながら、聖父より奇跡をおこなうの能力を賜わりて、彼は愛のためにこれを使用せざるを得なかった。すなわちイエスにとり奇跡は第一必要ではなかった。されども神の子たる彼にありては、奇跡はこれをおこなわざるを得なかった。われらもまたその精神をもって、神より賜わりし各自の才能を用うべきである。

注意すべきは、イエスの行為(みわざ)の徹底的なることである。彼、鬼を追い出だしたまえば、鬼につかれたる者は完全に癒やさる。彼、熱を癒やしたまえば、病者は立ちてただちに彼に仕える。その他すべてがそうであった。彼の癒やしは迅速にして完全であった。そのゆえは、彼に能力が満ちあふれたからである。そして今もなお天にありて彼はその癒やしの奇跡を継続したもう。多くの信者は迅速に完全に、そのむずかしき肉体の病を癒やされた。そして神の深き聖旨(みこころ)のゆえに肉体の病は癒やされざる場合においても、霊魂の病の癒やし、人としての生命の根本を犯す病の癒やしは、同じく迅速にして完全におこなわれた。ただ彼を仰ぎ見る事によりて、完全なる平和は彼に臨んだ。ただ信ずる事によりて、恐怖と不安は完全に取り除かれた。奇跡はあり得るかと近代人は問うていう。そして「ある」とクリスチャンは答えていう。彼は身に奇跡をおこなわれた者である。彼もまた身に「ガリラヤの春」に会うた者である。ゆえに氷雪天地を閉ざすこの冷たき社会にありて、幾分か暖かき春風を起こし得るのである。奇跡問題はつまるところ実験問題である。身に恩恵の奇跡を施されし者は、哲学または神学または心理学の説明なくして、容易にイエスの奇跡を信じ得るのである。

ところでなかった。かくて失望の影は伝道開始第一日にすでに彼の心を曇らせた。ガリラヤの春は日本の春のごとくに短くあった。三日見ぬ間の桜かなである。ガリラヤ湖畔の一日は失望をもって終わった。

「夜明け前にイエス早く起き、人なき所に行き、そこにて祈りせり」とある。早起きはたぶんイエスの習慣であったろう。しかしこの場合に特にその必要があったであろう。神の子といえども能力の消尽なくしてふしぎなるわざをおこなうことはできない。しかり、伝道は最大の努力を要する。これは自己を他(ひと)に与うることである。単に筋肉または脳髄の疲労を感ずるにとどまらず、自己中心の消耗を覚ゆる。しかしてこれを癒やしまた満たす者はただ神のみである。かかる場合において祈禱は祈求(ねがい)でない。霊の交通である。わが霊、神の霊に接して、わがむなしきを神の満ち足れるをもって満たさることである。イエスの場合においても常にこの霊の再充実(リーフィリング)の必要があった。朝早く起きて人なき所に行きて祈る。人に能力を奪われて神にこれを補わる。神の人はかくのごとくにしてその事業を継続するのである。

一〇　伝道と奇跡

マルコ伝一章三五―四五節
マタイ伝八章一―四節
ルカ伝四章四二―四三節
同五章一二―一六節

イエスの目的は宣教にあった。「われは教えを宣べ伝うがために来たれり」とは、彼がご自分の天職について深く自覚したまえるところであった。しかるに彼に満ちあふれる能力(ちから)があり、おさえがたき同情ありしがゆえに、恩恵(めぐみ)……多くは治癒(いやし)……の奇跡が宣教に伴うた。されどもイエスにとりては教えが主であって奇跡は従であった。彼は民がまずその霊魂を救われんことを欲したまいて、その肉体の癒やされんことは彼のおもなる目的でなかった。ここにおいてイエスと民との間に要求の衝突があった。民は教えを伝えられんよりも奇跡を施されんと欲し、霊魂を救われんよりも肉体を癒やされんと欲した。イエスの願うところは民の求むるイエスは人を避けて寂しき所にひとり神と共にありたもうた。しかしてシモンとその仲間とは彼の跡を追うて行いた。「慕いて」ではない。「跡を追いて」である。あだかも警官が犯人の跡を追いかけしがごとき熱心をもってである。イエスがその影を隠したまいし後の群集のありさまが読まれる。彼らはイエスを見失いて絶望に瀕した。弟子たちは彼らを静めんと欲してあたわず、ここにイエスを探し出して彼らの不穏に備うるの必要を感じた。いわく「人みななんじを尋ぬ」と。福音を聞いて霊魂を救われんがためにあらず、奇跡を施されて肉体の病を癒やされんがために、彼らは血眼(ちまなこ)になってイエスを尋ねたのである。実に危険なる事とて神癒の恩恵を施すがごとき事はない。これがために伝道の目的は全く誤解せられ、民はその施行を要求してやまず。もしその要求に応ぜざらんか、彼らの怨みと憤りとを買わざるを得ない。イエスはこの危険を冒して恩恵の奇跡を施したもうた。彼は他(ひと)の苦しむを見て助けざるを得なかった。彼の愛は強くして、自己の利害を顧るのいとまがなかった。しかしながら彼の施せし恩恵の事業(みわざ)がついに民をして彼にそむかしめ、彼ご自身の死を早むる原因となりしことは明らかなる事実である。神の心とはかくも美しきもの、人の心とはかくもきたなきものである。

イエスは彼を追いかけ来たりしシモンらに告げていいたもうた、「われ今より再びカペナウムに行くの要なし。教えを宣べ伝えんために、なんじらと共に付近(もより)の村々に行くべし。われはこれがために出で来たりしなり」と。伝道がわが目的である。われに治癒(いやし)の奇跡を要求する者のもとに帰るの必要はない。わがカペナウムを出で来たりしはこれがためである。すなわちその民が生命の言葉を求めずして肉体の平安を欲するからであると。あわれむべきかな、カペナウム。彼らは生命(いのち)の主(きみ)の最初の伝道を受けながら、福音を聞かんと欲せずして肉体を癒やされんと欲した。主は彼らについて失望したもうた。後に至りて、彼をして彼らにつき悲痛の言を発せざるを得ざらしめた。いわく「すでに天にまで挙げられしカペナウムよ、また陰府(よみ)に落とさるべし」(マタイ伝一一・二三)と。恩恵に会うは特権にしてまた危険である。慎むべきである。

カペナウムを去り、コラジン、ベテサイダ等、付近の村々に伝道したまいつつありし間に、らい病患者の一人、イエスに来たりて、ひざまずき、願いていうた、「なんじ、もし聖意（みこころ）にかなわば、われをきよくなし得べし」と。彼は「ぜひ癒やしてください」とはいわなかった。「聖意ならば、貴神（あなた）は私ごとき者を癒やすことができると信じます」といいて、イエスに対する彼の信仰をいいあらわした。イエスはらい病患者のこの態度をいたく喜びたもうた。同時にまた彼の強き憐愍の心が動いた。彼は前例にこりずして、ここにまた癒やしの奇跡をおこないたもうた。「わが心にかなえり。きよくなれというやいなや、ただちにらい病はなれ、その人きよまれり」とある。癒やすに最も困難なるらい病が、神の子の一言によって、ただちに完全に癒えたのである。

「イエス、きびしく戒め……彼をして去らしめたり」とある。いずれも激しき言葉である。「にらみつけて突き出したり」と訳して、やや原語の意味を通ずるであろう。イエスは何ゆえにご自分の癒やしたまいし者に対してかくも激烈なる態度を取りたもうたのであるか。ここにわれらは「やさしきイエス様」を見ずして、手荒らき短気の先生を見るではないか。しかし事実はおおうべからずである。イエスはここに確かに怒りたもうたのである。私は思う、ご自分の思慮なきを怒りたもうたのであると。喜びと憐愍とにかられて癒やしの奇跡をおこないたりといえども、その結果の、ご自身のご事業にとり決して好ましきものにあらざることを、後に至りて悟りたもうた。「この恩恵は施さざりしものを」と、彼はご自身に答えていいたもうた。しかしながら、能力はすでに出でて病者は癒やされた。恩恵はもはや撤回することはできない。ここにおいてか荒ら荒らしき態度をもって癒やされし者を戒め、この事を何びとにも告げてはならぬ、ただ自然に癒やされしがごとくに装い、旧約の律法に従い、祭司におのが身を示し、ささぐべき物をささげて、いとうべき病を癒やされたりし公認を得よといいたもうたのである。そしてかくいいて後に、ご自身手を下して、会堂よりその人を突き出したまえりとある。

矛盾であるといえば矛盾である。しかし、イエスたる者がかくのごとき事をなすべきはずはないとだれがいい得るか。感謝す、福音記者はたいていのキリスト信者よりもはるかに正直であることを。彼は、イエスが怒りたまいし時には怒れりと書いている。そしてその正直なる記事によりて、われらはイエスのご心中をうかがうことができるのである。人として生まれたまいし彼は、神の子であって同時にまた人の子であった。彼はある時は過失(あやまち)におちいりたもうた。しかしながら罪の人がおちいるような過失におちいりたまわなかった。愛のために、真個(ほんとう)の信仰に会うてうれしさのあまりに、おさえがたき同情の念にかられて、後に至って「なさざればよかりしに」と思う善事をおこないたもうた。シナの聖人さえ「人の過失を見てその仁を知る」というた。イエスのおちいりたまいし幾多の善行の過失、それはイエスの仁のみならず、またその聖をも示すものでないか。私はそうであると思う。近代人の言葉をもっていうならば、道徳にも静止的(static morality)なると活動的(dynamic morality)なるとの二種がある。いわゆる道徳、教会の道徳、牧師、伝道師の説く道徳は、たいていは前者すなわち静止的道徳である。すなわち神学者と道徳家とが坐して考うる道徳である。すなわち実際の場合においてはおこなわれざる道徳である。しかしてイエスのこの場合における行為(おこない)のごとき、これは後者すなわち活動的道徳と見て、機(おり)にかないたる最もうるわしき行為として受け取ることができる。

そしてイエスが怒りたまいし理由は事実によりて証明された。彼は癒やされし人に沈黙を命じたまいしも、その人はその命に従わず、「彼、出でて、まずこの事を大いにいい伝え、語り広めければ、イエス、この後あらわに町に入るあたわず、ひとり人なき所にいたまいしかば、人々四方より彼に来たれり」とある。これ確かに伝道の大妨害である。癒やされし人は、今日の多くの浅薄なるキリスト信者がなすがごとくに、「証明(あかし)」と称して、誇り顔に、おのが癒やされし事を「大いにいい伝え、語り広めた」のであろう。しかしイエスはこの事をきらいたもう。彼の福音は福音として、すなわち神の真理として宣べ伝えらるべきものである。そして時に奇跡の伴うあるも、これは単に信者の信仰を強むるためのものである。不信者に信仰を勧むるためのものでない。イエスが沈黙を命じたもう場合に、われらはこれを公言してはならない。

一一　ゆるしと癒やし

マルコ伝二章一—一二節
マタイ伝九章一—八節
ルカ伝五章一七—二六節

イエス一たびカペナウムを去り、付近の村々に伝道したまいしが、また舟にてもとの町に帰り来たり、ペテロの家をおのが家と定めて、そこにいたもうた。その事、町に聞こえければ、ただちに多くの人々集まり来たり、門の内外に立つべき場所さえなきまでにつめ合うた。イエスは彼らに教えを宣べたもうた。神の国の福音を伝えたもうた。彼がいたる所においてまず第一になしたまいし事はこの事であった。

時に人あり、中風を病みたる者を四人にかつがせ、癒やされんとてイエスの所に来た。しかるに群集のゆえによりて近づきがたかりければ、彼のおるところの家の屋根を破り、中風患者を床のままにつりおろして、イエスの前に置いた。すなわち、いかなる非常手段を取りても癒やされざればやまずとの決心を示した。イエス、彼らの信仰を見て、患者にむかいていうた、「わが子よ、なんじの罪ゆるされたり」と。彼は前のらい病患者の場合のごとくに、憐愍に動かされてただちに病を癒やさなかった。「なんじの罪ゆるされたり」といいたもうた。病を癒やす前に罪のゆるしを宣告したもうた。しかも単に「なんじ」といわずして、「わが子よ」と呼びかけたもうた。彼がいかにこの病人を愛したまいしかがうかがわれる。「わが子よ、なんじの罪ゆるされたり」と。もしこの病人にほんとうの信仰があったならば、彼はこれだけで満足したであろう。罪をゆるさるるは病を癒やさるる以上の恩恵である。福音の根本がここに示されたのである。しかもただ信ずることによりてゆるさるるという。

しかるにここに数人の学者、すなわち職業的宗教家が坐して、この事を目撃しておった。彼らはパリサイ派の人であって、ガリラヤの村々、ユダヤ、エルサレムより来たれる者なりとルカ伝はしるしていう(ルカ伝五・一七)。彼らはイエスに教えられんと欲して来たのではない。彼の欠点を見出だし、過失をとらえ、民の心を彼より引き離さんとて来たのである。職を宗教に執(と)る者にこの忌まわしき心のあることは、古今東西異なるところなしである。彼らはイエスの中風患者に対することばを聞き、心の中にいうた、「この人は何をいうか。彼は神をけがすのである」と。何事も善意に解せずして悪意に解するこれらの宗教家は、イエスのことばに褻瀆(せっとく)の罪を見出だしたのである。この発見をなして、彼らは得意然として心の中にいうたであろう、「ナザレのイエス何者ぞ。神をけがす者たるにすぎず」と。しかしてイエスもまた聖者にあらずとわかって、彼らは大いに安心したであろう。

しかるにイエスはただちに彼らの心中を見透(とお)したもうた。今や彼らと議論するも無益である。ただ事実をもって彼のことばの空言にあらざることを彼らに示すまでである。中風の人にむかって「なんじの罪ゆるされたり」とは、彼らといえどもいうことができよう。しかしながら「起きてなんじの床を取りて行け」とは、神より権威を賜わりたる者でなければいうことができない。そしてイエスは世のいわゆる「宗教家」と異なり、言葉の人にあらずして権威の人であることを彼らに示さんがために、すなわち、彼、人の子は神に代わり、地にて罪をゆるすの権威あることを彼らに知らせんがために、ついに中風患者にむかいていいたもうた、「われ、なんじに告ぐ。起きて、床を取り、なんじの家に帰れ」と。しかしてその声に応じて彼はただちに起きて床を取り、衆人の前を通りて出で行いた。これを見し群衆はみな驚いた。彼らは神をあがめていうた、「われらはいまだかつてかくのごときことを見ず」と。治癒(いやし)は例のとおり即時的で、かつ完全であった。患者はたちどころに完全に癒やされて、喜び勇んで家に帰った。まことに神にふさわしき治癒のわざであった。

ここに多くのたいせつなる事が教えらる。第一に、病は罪の結果であるという事である。少なくともこの人の場合においてそうであった。しかしてまた多くの人の場合においてそうである。ゆえに、完全に根本的に病を癒やされんと欲せば、まず罪をゆるされなければならない。罪をゆるされた時に病の根本が絶たれたのであって、その、いつか必ず癒やさるるはもはや疑いないのである。「エホバはなんじのすべての不義をゆるし、なんじのすべての病を癒やしたもう」(詩篇一〇三・三)とあるがごとし。そして多くの場合において、よし病の癒やしを見るあたわざるも、罪のゆるしを実験しただけで、キリスト信者はヨブのごとくに、癒やしを未来の希望として存して、病に耐え、死につくことができるのである。

第二は、イエスに罪をゆるすの権力(ちから)があるという事である。イエスはただに最大の宗教家、最高の道徳の教師でない。彼は神の子として、人の罪をゆるす者である。それゆえに彼は病を癒やすことができるのである。神は彼によりて、義によりて人の罪をゆるすの道を設けたもうた。そしてまた彼に、すべての人をさばくの権能(ちから)を授けたもうた。ペテロがいえるごとく「このほか別に救いあることなし。そは天下の人の中に、われらがよりたのみて救わるべき他の名を賜わざればなり」(使徒行伝四・一二)である。事は良心にかかわる問題である。理論は別として、人はいまだかつてイエスによらずしてわが罪は確かにゆるされたりとの確信と、これに伴う喜びとを得たことはない。われらがロマ書三章二十五節の研究において学んだとおりである。

第三は、罪のゆるしとこれに伴うすべての恩恵は信仰によるという事である。信仰によりて救わるとは、パウロが初めて教えたことでない。初めよりイエスが教え、またおこないたもうたことである。信仰にももちろん程度がある。「もし聖意(みこころ)ならば、なんじ、われをきよくなし得べし」といいし、らい病者の信仰も信仰であった。「ただ一言を出だしたまえ。さらば、わがしもべは癒えん」といいし百夫の長の信仰も信仰であった。いずれにしろ、信仰は信仰であって、「信仰なくして、神を喜ばすことあたわず」(ヘブル書一一・六)である。人の救わるるは信仰による。知識によらず、学究によらず、またいわゆる道徳倫理によらず、信仰による。神あるを信じ、かつ神は必ずおのれを求むる者に報賞(むくい)を賜う者なるを信じて神に来たる者に、ゆるしと、癒やしと、その他すべての恩恵が下るのである。もし学問の秘訣が考証であるならば、宗教の秘訣は信仰である。よりたのむ心である。この心ありて、神を動かすことができる。そして神によりて宇宙を動かすことができる。宗教にありては信仰第一である。

そして信仰は必ずしも自分の信仰でなくともよい。他人の信仰もまたわれを助くるのである。中風患者を四人にかつがせてイエスの所につれ来たりし者ら(たぶんその親戚であったろう)の信仰に感じて、彼はこの病人を癒やしたもうた。百夫の長の信仰に感じて、そのしもべを癒やしたもうた。サイロピニケの女の信仰に感じて、その娘を癒やしたもうた。かくしてわれらは自分の信仰をもって他人を助くることができる。また他(ひと)に乞うて、その信仰をもって自分を助けてもらうことができる。何ゆえにしかるか、その理由(わけ)はわからない。人はすべて相対的のものであって、すべての事において相互に関連するものである。神は絶対的個人主義を認めたまわない。まことにありがたいことである。

信ずる者と相対して、疑う者があった。パリサイ派の学者らはイエスの欠点を探らんとて、遠くユダヤ、エルサレムの地より来た。彼らは病人が癒やされたとて喜びて神をあがめなかった。彼らはイエスが神の名をけがしたりとて彼を責めた。彼らは後に、安息日をけがしたりとて、また罪ある者と共に食したりとて、イエスを責めた。彼らは全然消極的人物であった。善き事は見えず、悪しき事にのみ気が付いた。神は預言者ホセアをもって「われ、あわれみをこのみて祭をこのまず」といいたまいしが、これらの学者たちはその反対に、祭祀の細事にのみ意を注いで、義と愛と信とに重きを置かなかった。イエスと彼らとの間に天地雲泥の差があった。二者の分離衝突はこの時に始まった。そしてついに十字架に達した。あわれみか、祭か、信仰か、神学か、二者の相違は根本的であって、とうてい調和し得べきでなかった。

イエスと病人と宗教家。癒やし得る者と、癒やされんと欲する者と、疑いの目をもって傍観する者と。この三つは常にあるのである。そして牧師、伝道師、神学者ら、宗教を本職とする者のおちいりやすき危険は、以上第三者の地位に立つことである。信仰は神を動かす力であって、懐疑(うたがい)は神を敵に持つ心である。暖かき心は萎(な)え、熱き信仰は失せ、ただ冷たき鋭き批評の目のみのこりて、人はパリサイの人となりて、イエスを敵に持ちて、ついに彼を十字架につけるに至るのである。

一二　税吏マタイの聖召

マルコ伝二章一三―一七節
マタイ伝九章九―一三節
ルカ伝五章二七―三二節

人類の信仰的革命が湖水のほとりより始まりしためしは二つある。その一つはもちろんガリラヤ湖畔に始まりしキリスト教の発祥であって、その第二は、スイス国ジュネーヴ湖畔におけるカルビン主義の濫觴である。まず第二のものについていわんに、ジュネーヴ湖はガリラヤ湖にくらべて、その広さにおいても、深さにおいても、また風光の明媚においても、はるかにまさる湖水である。しかしてその湖水尻に建てられしジュネーヴの市(まち)にジョン・カルビンが来たりしより、ここにガリラヤ湖畔において始められしイエス・キリストの福音が近世紀の初期において復興し、その生命の水は流れてオランダに及び、英国に渡り、ついに大西洋を横断して、アメリカ大陸にプロテスタント教の大勢力を作るに至った。第十六世紀以後の世界歴史は、ジュネーヴ湖とカルビン主義とを離れて論ずることはできない。ジョン・ノックスはここにカルビンより純福音を授かり、彼はこれをもたらして故国スコットランドに帰り、その民の間にこれをまきたれば、よき種はよき地にまかれて六十倍百倍の実を結び、今や英国、米国、オーストラリア、その他、英国民族のいたる所に、カルビン主義の隆盛を見るに至った。

ジュネーブ湖にくらべてガリラヤ湖ははるかに劣りたる湖水である。されどもそのほとりに始まりし世界運動は、その結果たる、永久的にしてまた宇宙的である。人類の歴史において最も広く知られたる名は、この小なる湖水に漁業に従事せし漁夫の名である。ペテロとヨハネ、その兄弟アンデレとヤコブ、彼らはガリラヤ湖の漁夫であった。彼らはイエスにまねかれてその弟子となり、福音の宣伝をゆだねられしがゆえに、人類の教師、世界の儀表となった。キリスト教徒の迫害者をもって有名なるローマの大帝ジュリヤンは、死に臨んで叫んだとのことである、「ガリラヤ人よ、なんじ、われに勝てり」と。まことに世界はガリラヤ人によりて、キリストの福音をもって征服されつつあるのである。ガリラヤ湖はその長さは十三マイル（約二一キロー編者）、幅は八マイル（約一三キロー編者）、深さは百五十フィート（約四六メートルー編者）を越えず、湖水としてはいと小さきものの一なりといえども、その世界的感化力たるや実に無類絶倫である。

そしてガリラヤ湖畔はさらになお一人の世界的人物を貢献した。その人は、マタイと呼ばれしアルパヨの子レビであった。彼は身はユダヤ人でありながら、敵国ローマの政府に雇われて、おのが国人より税を徴収する業に従事する者であった。国を売り民を売り信仰を売りて恥とせざる、最も卑しき者の仲間に入った者である。ゆえに当時卑しき者といえば、「税吏と娼妓」というたのである。（「イエスいいけるは、まことになんじらに告げん、税吏と娼妓はなんじらより先に神の国に入るべし」（マタイ伝二一・三一）参照）。しかるにイエスはこの税吏の内より彼の弟子の一人を選び、後に彼を挙げて十二使徒の一人となしたもうたのである。大胆といえば大胆、物好きといえば物好きである。「人もあろうに」と、人はイエスのこの行為を評したであろう。特に漁夫を選んでその弟子となした事さえいぶかしきに、さらに税吏をまねきて随身の一人となすに至っては、狂か偏か、ただ驚くのほかないのである。しかもイエスはあえてこの事をなしたもうたのである。彼、湖畔を歩みたまいしに、レビ（一名マタイ）という者の、税吏の役所に坐しいたるを見て、われに従えといいければ、彼、立ちて従えりとある。ここに確かに税吏はパリサイの学者らに先だちて神の国にまねかれたのである。

「神はかたよらざる者なり」（使徒行伝一〇・三四）である。神は顔によりて人を受けたまわずとの意である。「エホバ、サムエルにいいけるは……わが見るところは人に異なり、人は外のかたちを見、エホバは心を見るなり」（サムエル記上一六・七）とある。人の職業何ものぞ。その外のかたちにすぎない。遺伝、階級、これまた肉の事であって、外のかたちである。人の人たる価値（ねうち）はその心すなわち霊魂においてある。人の見るマタイは税吏であって、最も卑しき者であった。しかしながら、神の子イエスの見たまいしマタイは、アブラハムの裔（こ）であって、神の国の福音をゆだぬるに最も適したる器（うつわ）であった。税吏たればとてこの貴き器を捨つべきではない。ゆえにイエスは「われに従え」といいて、この卑しめられし者をおのが弟子としてまねきたもうたのである。

そしてこのまねきにあずかりしマタイの喜びは非常であった。彼はここに生まれて初めておのれを知ってくれる者に会うたのである。彼は元来人が見るごとき卑しき者でなかった。彼はある境遇にしいられてやむなくローマ政府の官吏となったのである。されども彼の心には真(まこと)の愛国心が燃えておった。イスラエルのあがなわれんことは彼の衷心の祈願(ねがい)であった。彼は人知れず神の人の来たって彼をまねかんことを待っていた。しかるに計らざりき、ここに大教師イエスの、自分の名を呼んで、「われに従え」といいたまいしに会した。彼の喜びに物のたとうべきがなかった。彼は「わが時いたれり」と思うた。ゆえに、ルカ伝のしるすがごとくに、彼、いっさいを捨て、立ちてイエスに従った。ここにまねきしイエスの大きさにあわせて、まねかれしマタイの貴さが読まれるのである。

そしてこのマタイが後に何をなしたか、その事について聖書に何のしるすところがない。ただ彼の名が十二使徒の名簿録に存するのみである。しかしながら第一福音書が彼の名をもって後世に伝えられしがゆえに、彼は世に最も広く知れわたりたる人の一人となった。よし、いわゆる「マタイ伝」は使徒マタイの筆に成りし書にあらずとするも、彼にある密接の関係ある書であることは明らかである。マタイのいかなる人なりしかは、マタイ伝によりてほぼ知ることができる。「マタイの福音書は、すべての点より観察して、キリスト教が産み出せし最もたいせつなる書である。いまだかつてこれ以上の書の世に出でしことなし」とはルナンの批評である。かかる書にその名を結びつけられしマタイの性格は推して知るべしである。彼は厳格の人であった。特にイエスの教訓に意を注いだ人であった。イエスをユダヤ人の待ち望みしメシヤと見た。また彼に人類の王たる権能を認めた。マタイは何をなさなくとも、マタイ伝を世に出すの原動力また史料の供給者たりしだけにて、永久的大事業をなした。税吏マタイによらずしてマタイ伝の世に出でざりしことを知って、イエスは彼をまねきてガリラヤ湖畔の砂の中より価値(あたい)いと貴き一個の真珠を発見したまいしことを知るのである。

マタイは、イエスに知られ彼にまねかれて後は税吏の職にとどまらなかった。彼はいっさいを捨ててイエスに従った。しかのみならず、彼は公に彼の税吏廃業の宣言をなした。すなわち留別の筵(ふるまい)を設け、旧友同僚をこれに招き、これにイエスの出席を乞いて、彼を彼らに紹介した。自己の改信を告白すると共に、彼らのために伝道の道を開いた。まことに愛すべき、男らしき行為である。信仰は心の事であると称して、これを世に告白せざるは、誠実の人のいさぎよしとせざるところである。

そしてマタイは筵を設けて、別れを世に告げて、イエスに従った。彼は仏徒が出家する時のように涙をもって世と別れなかった。花嫁が花婿の家に行く時のように、賀筵を設けて新生涯に入った。「レビ、おのれの家にて、イエスのために大いなる筵を設く」(ルカ伝五・二九)とある。マタイは大宴会を開いて、世を去ってイエスについたのである。痛快この上なしである。

一三　古き人と新しき人

ルカ伝五章二七―三九節
マルコ伝二章一五―二二節
マタイ伝九章九―一三節

イエスは人として最も著しき人であった。ゆえに彼はいたる所に著しいことばを発したもうた。彼がヤコブの井戸のほとりにてサマリヤの女に語りたまいしことばは永久不変の真理であった。そのごとく、彼が、マタイが設けし宴会の席上に発したまいし二、三のことばは、これまた偉大深遠のことばであった。まことに恩恵(めぐみ)のことばは甘露のごとくに、いたる所に彼の口より落ちた。そしてこれを記録(かきしる)した福音書は、人類が有する価値(あたい)いと貴き知恵の宝庫である。

そしてイエスより著しきことばを引き出すにあたりて最も有力なりしものは、常に彼の批評家として彼の跡に従い、彼に何か落度(おちど)あれかしと批評の目を見はって彼の言行に注目せしパリサイ派の人々、ならびにその学者たちであった。イエスが発したまいし最も驚くべきことばは、これらの職業的宗教家に答え、また彼らを教えんがために発せられしものであった。世に実は批評家ほど有益なるものはないのである。彼らの疑察または攻撃があって、深い真理は打ち出され、芳(こう)ばしき香(におい)は放たるるのである。人類が有する貴き真理の半ば以上は、反対の批評に答うるために世に出でしものなるを知って、真理闡明のために批評反対のいかに必要なるかが推し量らるるのである。

悔い改めし税商マタイが設けし宴会の席上において、学者とパリサイの人はイエスの弟子につぶやいていうた、「なんじら、税吏また罪ある人と共に飲食するは何ゆえぞ」と。民の教師をもってみずから任ずる者が、俗吏俗人と共に飲食するは何ゆえぞとの詰問である。これに答えてイエスはいいたもうた、「健やかなる者は医者を要せず。ただ病ある者これを需(もと)む」と。これは諷刺であって同時に教訓である。なんじらパリサイの教師らは健康者である、ゆえにわれを要せず、税吏マタイは病人である、ゆえにわれを需むとの意である。しかしこれは確かにアイロニー(反語)である。ほんとうの病人はこれらの宗教家であって、比較的健全なるはマタイとその同僚とであった。イエスはここに確かにアイロニー(皮肉)を語りたもうたのである。皮肉必ずしも悪事でない。預言者は多くこれを用いた。眠れる良心を呼び起こすために、皮肉はたびたび有効である。健やかなる者、われは罪を犯したる覚えなければ必ず大往生を遂ぐるを得べしといえりという故大隈侯のごとき人、その他、罪のゆるしの福音を聞くも何らの喜びをも感ぜざるわが国多数のいわゆる紳士と淑女、かかる人らに向かってイエスは同じ事をいいたもう、「われはなんじらに用なし。われはおのが罪にもだえてゆるしを需めて泣き叫ぶ者をおとなわん」と。そしてもしこれらの「俯仰天地に恥じず」という自称君子がイエスに向かって「われははたして医者を要せざる健やかなる者であるか」と問うならば、彼は答えていいたもうであろう、「なんじは、健やかなりというがゆえに病人である。なんじらの罪はのこれり」(ヨハネ伝九・四一参照)と。

次は断食問題である。パリサイ人らはイエスが俗吏俗人輩と飲食を共にするところに彼の欠点を見た。彼らはまた彼が盛んなる饗宴に招かれ快飲飽食するところに欠点を見た。欠点また欠点である。彼らの目は欠点を見るに鋭くある。彼らはイエスに問うていうた、「ヨハネの弟子はしばしば断食をなす。われらパリサイの弟子もまたしかり。しかるになんじの弟子は飲むこと食うことをなすは何ゆえぞ」と。ことばを代えていえば、「なんじの宗教には節制断食なきか」との問いであった。そしてイエスはこれに答えていいたもうた、「なし。わが宗教に、規則として、または修養手段として、神の特別の恩恵にあずかる道としての断食はない。神の国は難業苦行して得らるるものでない。すなわち断食に何の功徳もない。されども、なさざるを得ざるがゆえになす断食がある。花婿の朋友が花婿と別るる時に、悲哀の極に飲食を廃するがごとき断食はある。すなわち自然的の断食はある。人工的の断食はない。そしてわが弟子がその花婿なるわれと別るる時は必ず来たる。その時、なんじらは彼らがほんとうに断食するを見るであろう」と。（マタイ伝十七章二十一節、マルコ伝九章二十九節に「祈禱と断食」とある「断食」の二字の、改訳聖書（注、大正訳）に除かれてあるに注意せよ。）

パリサイ人ならびに学者らのイエスの行為に関する敵意的批評は何を示すか。イエスと彼らとの間に根本的相違のあることを示す。イエスは新しき人なるに彼らは古き人である。ゆえに彼らはイエスの教えを受くるあたわず。イエスが弟子として彼らを選ばず、かえって漁夫ならびに税吏を選びしはこれがためである。もし、しいて彼らを弟子とせんか、これ彼の不幸にしてまた彼らの不幸である。あだかも新しき布をもって古き衣をつくろうがごとく、または新しきぶどう酒を古き皮袋に盛るがごとし。新旧相合わざるがゆえに害あって益なし。イエスの福音は、パリサイ人ならびに学者、今日の言葉をもっていうならば官僚的宗教家ならびに学閥的神学者と相合わず。これはよく政府または教会を離れて普通の生涯を送る者、すなわち平民または平信徒に適するものであるとのことである。

新といい旧という。霊の事においては時の問題にあらずして質（たち）の問題である。説の新旧をいうにあらず、もちろん流行の新旧をいうにあらず、霊肉の関係をいうのである。霊は永久に新しきもの、肉は永久に古きものである。「儀文の古きによらず、霊の新しきによりて仕う」とパウロがいいしがこの区別である。政府といい教会といい、規則といい儀文といい、教派といい学派といい、これみな肉の事であって、古い事である。これに霊の自由はない。永久に生き生きしたるところはない。パリサイ人いかに熱心なるも、その熱心たる、主義または教義の熱心であって、生命の暖かきところがない。霊にくらべて肉はことごとく機械的である。人工的である。朋党的である。因襲的である。その奉ずる主義はいかに新しくあるとも、その維持する説は最新の説なりといえども、主義(イズム)といい法式といい系統といいて、閥を作り派をなすものはすべて肉に属するものにして、古くある。これに反して、霊は永久に生きて永久に新しくある。生命はこれに定義をすら付することができない。いかなる党派も生命を専有するあたわず、いかなる学説も生命の意義をいい尽くすことあたわず。霊は霊である。生命は生命である。理化学の術語をもって生命をいいあらわさんと欲してあたわざるがごとく、教義または神学をもって霊を説明することはできない。生物に対して、鉱物ならびにすべての無生物は古くある。霊に対して、肉ならびにすべての肉性は古くある。

　以上の意味において、パリサイ人ならびに学者は古くあった。同じ意味において、今日のすべての政府者ならびに教会者、学者ならびに博士、文学博士、法学博士、神学博士、牧師、宣教師、社会主義者、ボルシェビスト、みなことごとく古くある。彼らはその奉ずる主義を異にし、その拠(よ)って立つ主張を異にするといえども、その根本の精神において同じである。すなわち彼らはすべて肉の人であって、古くある。神にそむきしアダムだけ、兄弟を殺せしカインだけ、古くある。あだかもパリサイ人とサドカイ人とヘロデ党とが、党を異にしながら根本の精神を共にせしがゆえに、イエスに対して一致したと同じである。

　そしてこの世の政治家、宗教家、学者、主義者はことごとく古くあるに対して、イエス一人は常に新しくある。世にほんとうに新人と称すべき者はただイエス一人である。彼は純なる霊の人、永遠の生命の保有者であるからである。今や新説は数限りなく唱えらるるが、人として常に新しき者はただイエス一人である。他はことごとく古くある。団体を作り多数をその内に引き入れて勢力を世に張らんと欲する者はことごとく古くある。旧神学も古くある。新神学も古くある。肉はことごとく古くある。この世は常に古くある。新しきものはただ一つ、霊なる神これである。そしてこの霊を迎えこれを心に宿したる者のみがほんとうの新人である。他はことごとく旧式である。霊界のバンカラである。古きアダムの古き子供である。

かくいいて、イエスは古き人たちに向かって一片の同情なきあたわずであった。「古きぶどう酒を飲みてただちに新しきぶどう酒を好む者はあらじ。これ古きは最もよしといえばなり」と。旧人はただちに新人たるあたわず。古きを慕うは人の自然である。旧宗教にすがる人、旧思想にとらわるる人、彼らに対して同情なきあたわずである。イエスはご自分が新人の模範であったとて、旧式の人をさげすむがごとき狭き人でなかった。彼は彼らが彼の福音を容易に解し得ざる理由をよく解したもうた。彼は敵に対してさえ深き同情をいだきたもうた。

一四　安息日問題

マルコ伝二章二三―二八節
マタイ伝一二章一―九節
ルカ伝六章一―五節

イエスは霊の人であって新しき人であるに対して、パリサイ人は律法的規則的の人であって古き人であった。ゆえに両者の衝突はまぬかれなかった。すでに罪のゆるしについて、弟子の選択について、俗人と飲食を共にする事について、断食の事について、意見の衝突があった。そして今また安息日の事について衝突が起こった。信仰の根本において相違があって、人生すべての事において衝突が起こらざるを得ない。

十戒第四条にいう、「安息日をおぼえて、これを聖く守るべし」と。安息日聖守の必要については、十戒研究の時に述べたから、今はこれを繰り返さない。されども、いかにこれを守るべきかは決してたやすい問題でない。そしてこれを律法的に解釈するのが当時のユダヤ人の立場であって、精神的すなわち霊的に解釈するのがイエスの主張であった。当時のユダヤ人の規則に従えば、人は安息日に二千キュビット（八丁二十間（約九〇〇メートル—編者））以上の距離を旅行してはならない。これはシナイの荒野において、イスラエルの民が、彼らが住まいし天幕より神の幕屋にいたりし距離であった。人は安息日に麦を刈ってはならない。また打ってはならない。野にありて麦をつまみて食うは、刈って打つにひとし。ゆえに安息日にこれをなすは、同時に二つの罪を犯すのである。人は安息日に、普通おこなわるる以外の事をなしてはならない。たとえば歯痛を病む場合に、水をもってうがいするは可なれども、痛みを止めんとて酢をもってしてはならない。安息日に特別療法をおこのうは罪である。その他すべてがこの類である。安息日の聖守に関し三十九カ条の禁令があって、その各条にまた細則が付せられたという。その煩瑣たるや思うべしである。

かくのごとくして、歓喜の日、感謝の日、賛美の日であるべき安息日が、重荷の日、困苦（くるしみ）の日、憂悶の日であるに至った。人を救わんために世に現われたまいし神の子は、安息日を偽善者の手より救い出して、これを元始の平安にかえすの必要があった。天地の成りし時に「明けの星相共に歌い、神の子たちみな喜びて呼ばわりぬ」（ヨブ記三八・七）とあるに、何ゆえにこれを記念する日に感謝と歓喜とをもってあふれざる。安息日を聖むるというは、これを歓呼の日となす事である。聖むは、その一面において言祝（ことほ）ぐである。〔英語にありても hallow は「聖む」を意味し、また「叫ぶ」の意である。

安息日に天然を楽しむは罪でない。安息日に痛みを去り病を癒やすは神の喜びたもうところである。安息日は神の子たちの祝日である。これは規則をもって人を縛る日でない。自由を与えて彼を放つべき日である。安息日は、神がこの自由、この歓喜を人に与えんために設けたまいしものである。そして人の子は人の主であるがゆえに、同時に安息日の主である。「安息日は人のために設けられたるものにして、人は安息日のために設けられたるものにあらず。されば人の子は安息日にも主たるなり」という。実に深いことばである。

この世の国の場合においても、法律は民のためであって、民は法律のためでない。ゆえに法律が民の安寧幸福を妨ぐる場合には、国王はその至上権をもって、これを変更する事も、中止する事も、あるいはまた廃止する事もできる。神の国の法律においても同じである。神の子にして人類の王なる人の子キリストは、その至上権をもって、神の国の法律を変更する事も、改正する事もできる。かくいいて、キリストはご自身について驚くべき事をいいたもうたのである。安息日問題はここに至ってキリスト神性問題に移ったのである。

四福音書のしるすところによれば、イエスは七回、ユダヤ人の安息日にかかわる法則を破って、故意にこの問題について彼らに戦いをいどみたまいしように見える。しかしながら、これ戦いを好んでの挑戦ではなくして、自己証明のための最良手段であったと思う。安息日問題は、イエスの神の子としての至上権を証明確立するために最も適当なる問題であった。彼は事実をもって安息日に主たることを証明して、ご自身がまことに神のひとり子、旧約の撤廃者にして新約の設置者、人の義とせらるるは律法のおこないによらず信仰によるという、いわゆる「新しき戒め」を世にもたらすために来たりし者なることを証明したもうたのであると信ずる。

私は主のこのことばによりて、私が、過去千九百年間キリスト信者が取り来たりし慣例に従い、日曜日をもって私の安息日と定め、これを守りて今日に至りし私の立場を弁明する。キリスト信者の安息日は一週の第一日、すなわち日曜日なりとは明白のことであって、べつにその可否を論議する必要なきことと思いしに、近ごろ米国より「末世の福音」なるもの入り来たりて、この在来の慣例に反対し、安息日は第七日すなわち土曜日である、日曜日を安息日として守る者は聖書にもとり神にそむく者であると唱え、その攻撃の鋒(ほこ)を私にまで向けるを見る。米国は教派の発生地であって、そこに起こりし教派は数百をもって数えらる。いずれも、われこそは聖書的であって、他はことごとく異端であると唱え、福音の平和を乱せしこと実にはなはだしい。「末世の福音」のごとき、米国キリスト信者の意見の一つと見ればそれまでである。ただわが国人中、安息日問題のために悩まされ、部分的問題をもって全体問題と見なし、無用の波瀾をわが国信者の間に起こすは、最も悲しむべきことである。私はキリスト信者の安息日は日曜日であると信ずる。その理由は、キリストは週の第一日すなわち日曜日の朝、墓より復活したもうたからである。聖書に他の何の証言がなくとも、この明らかなる事実によりて、キリスト信者がユダヤ人の安息日なる土曜日を守るをやめて日曜日を聖日となして守るに至った理由は充分である。私は日曜日を守りてキリストの復活を記念するのである。そして安息日に主たるキリストが、安息日を廃するにあらずして、ユダヤ人の土曜日を改めてキリスト信者の日曜日となしたまいたればとて、少しもふしぎはないのである。これ人がなしたる事ではない。安息日に主たる者がなしたまいし事である。神のおん目より見たまいて、キリストの復活は天地の創造以上の出来事であった。そして造化完成を記念するための安息日を改めて、キリスト復活を紀念するための安息日となしたまいしとは、キリストのおん父なる真の神のみわざとして最もふさわしきことである。

　私はキリスト信者の安息日として週の第一日を守る。しかしながら、守るといいて、ユダヤ人が第七日を守りしように律法的には守らない。罪をゆるされたる恩恵の子供として、感謝と歓喜をもってこれを聖守する。「神の律法の命ずる第七日安息日」ということがごときものは、キリスト信者としての私の安息日ではない。「末世の福音」信者は、例規（さだめ）または律法（おきて）または法度（のり）または戒命（いましめ）というがごとき言葉を使いて、第七日安息日の聖守をもってわれらに迫るといえども、これは全く旧約の言葉であって、新約にありてはまことに意味の軽い言葉である。ひっきょうするに、英米人、ことに米国人は実利主義の民であって、何よりも外面的の秩序すなわち法律を愛するのである。ゆえに彼らの信仰がいつとなく律法にあともどりするのである。メソジスト教会がアルミニアン主義であって、信仰よりもおこないを重んずる傾きがある。ユニテリヤン主義、ホーリネス運動、しかしてまたこの第七日安息日聖守の主張、その唱うる教義は異なれども、その根本は英米人の律法的思想である。われらはパウロにならい、これらの律法的信者にいうべきである、「なんじら、何ぞ今弱き卑しき小学に帰りて、再びこれにしもべたらんことを願うや。なんじら慎みて月と日と節と年とを守る、われなんじらについて危む」（ガラテヤ書四・九―一〇）と。「末世の福音」信者は「エホバいいたもう、新月ごとに、安息日ごとに、よろずの人、わが前に来たりて礼拝をなさん」

とのイザヤ書六十六章二十二、二十三節を引いて、余輩に土曜日聖守を迫るといえども、余輩の彼らに訊(たず)ねたきは、彼らは同時に新月(ついたち)の聖守を主張するのであるか。ひっきょうするに彼らの信仰は新約より旧約への後もどりである。余輩は単に安息日問題について彼らと意見を異にするのではない。信仰の根本を異にするのである。聖書を尊びキリストの再臨を信ずる点において彼らと信仰を同じゅうするように見ゆれども、これは単に外面の類似にすぎない。余輩は再びパウロのことばを引いて、この問題に関する余輩の立場を明らかにする。いわく「このゆえに、あるいは飲む事、あるいは食う事、あるいは節期、あるいはついたち(新月)、あるいは安息日の事により、人をしてなんじらを議せしむるなかれ」(コロサイ書二・一六)と。

一五　山上の垂訓

マタイ伝五―七章
ルカ伝六章二〇―四九節

「ヨハネの捕われし後、イエス、ガリラヤに至り、神の国の福音を伝え」(マルコ伝一・一四)たりといい、「カペナウムに至り、イエス、安息日に会堂に入りて教えをなし」(同一・二一)たりといい、「イエス、あまねくガリラヤの国を経めぐり、その会堂にて教えを宣べ」(同一・三九)たりといい、「イエス、再びカペナウムに来たりしに、彼の家におること聞こえければ、ただちに多くの人々つどい来たれり。イエス、彼らに教えを宣ぶ」(同二・一)という。「イエスまた海辺に行きしに、人々彼に来たりければ、これらを教う」(同二・一三)という。教うるのがイエスの第一の目的であった。しかるにマルコ伝はイエスの教えについて多くを伝えない。主として彼の行動(はたらき)についてしるす。ゆえに、教えはこれを他に求めなければならぬ。そしてマタイ伝とルカ伝とはマルコ伝のこの欠乏を補うものである。

イエスの教えの最も善き模範は山上の垂訓である。マタイ、ルカ両伝がこれを伝う。マタイの分はその五章より七章に至り、百七節より成る。ルカの分はその六章二十節より四十九節に至り、二十九節をもって終わる。ゆえに一読してその大意を知らんと欲せばルカ伝によるをよしとす。しかし普通「山上の垂訓」といえばマタイ伝所載のものをさしていう。その諄々として天国の市民の資格、義務、警戒を説くところ、他にその類を見ず。キリスト信者の大憲章（マグナカルタ）と呼ばれ、至大至重の文字である。

山上の垂訓を研究するにあたって、まず第一にわれらの心に留めおくべきは、それが天国の福音であって、キリストが宣告したまいし新しき律法ではないことである。多くの人はこれを天国の律法と見るがゆえに、全然その意味を取りちがえるのである。これは、イエスが伝道の首途（かどで）において、ガリラヤの春に際し、喜びのあまりに述べたまいし福音、すなわち喜びのおとずれである。その事は明らかにその発端の言葉によりて示さる。「さいわいなり、心の貧しき者は」、「さいわいなり、さいわいなり」と、イエスは口を開くやいなや、八回繰り返したもうた。聖アンブロースはこれを、音楽の八音を鳴らす八個のうるわしき鐘の音にたとえた。「さいわいなり」をもって始められたこの大説教が、人をおどし、またさばくものでないに相違ない。モーセの律法は、シナイ山上、火の煙の揚がる所に、雷鳴をもって授けられた。これに反して、イエスの山上の垂訓は、ガリラヤ湖畔の風涼しき所に、青葉もえ出づる小山の上に与えられた。山上の垂訓を、よりきびしきイエスの律法と見る者は、全然これを誤解する者である。われらは恩恵の主より恩恵の言葉にあずかるの態度をもってその研究に取り掛からねばならぬ。

マタイ伝所載山上の垂訓は、三章百七節より成る大説教である。そしてその一字一句がことごとく重要文字であるが、しかしその内にまた軽重の差なきあたわずである。いずれの説教にもあるがごとくに、イエスのこの大説教にもまた頂点（クライマックス）があった。そしてその頂点を知るによりてその全体をうかがうことができる。そしてその頂点は七章十二節である。すなわち

このゆえに、すべて人にせられんとおもう事は、な

んじらまた人にもそのごとくせよと。「さいわいなり」との喜ばしき一声をもってふもとを発足せしこの信仰的大登山は、黄金律(ゴールデンルール)として全世界にたたえらるるこの一節にいたって、巓(いただき)の頂点に達したのである。これを富士山にたとえんか、八個の祝福はこれをふもとの八湖と見てよかろう。そして登り登って登りつめたる所、すなわち富士山でいえば剣ケ峯という所が、山上の垂訓における黄金律である。その間に、胸突き八町というがごとき、絶壁に類したる所もある。律法もある。審判もある。しかしながら、山は恩恵の山であって、そのふもとは祝福の湖、その巓は愛である。われらは中間の巨巌凄愴たるに気を奪われて全山の麗姿を見のがしてはならない。

第五章初めの二節は、この大説教がなされし場合をしるしたものである。イエスの声名四方にひろまりければ、ガリラヤ、デカポリス、エルサレム、ユダヤ、ヨルダンの向こうより、多くの人々来たりて、彼に聞かんとした(マタイ伝四・二五)。今やカペナウムにおけるペテロの家はこの群集を受くるにはあまりに狭くあった。また町と湖との間に彼らを容(い)るるの場所がなかった。このありさまを見て、イエスは彼らを導きて背後の山に登りたもうた。そして原語にありては、山は特別の山、すなわち、かの山であれば、イエスが祈禱のためまた四方展望のためにしばしば登りたまいし、彼、特愛の山であったろう。彼はそこに坐したもうたとあれば、彼はしばらく彼らを教えんとて着席したもうたのである。聴衆、山上の高台に集まり、弟子たちは彼の足下に坐す。春すでに半ばにして青草やわらかき敷き物をあたえ、花は笑い、鳥はさえずりて、垂訓最良の材料を供した。この聴衆と天然とありて、彼は口を開き、粛然沈黙を破って語り出したもうた、「さいわいなり」……と。

五章三節以下十二節までは、垂訓の序言として見ることができる。福音の紹介の辞であると同時に、その縮写または梗概である。もしキリスト教を凝結したるものが山上の垂訓であるならば、その精要(エッセンス)はその冒頭を飾るこれら祝福の辞である。

(一) さいわいなり、心の貧しき者は。天国はすなわちその人のものなればなり。

(二) さいわいなり、悲しむ者は。その人は慰めを得べければなり。

（三）　さいわいなり、柔和なる者は。その人は地を嗣（つ）ぐことを得べければなり。

（四）　さいわいなり、飢えかわくごとく義を慕う者は。その人は飽くことを得べければなり。

（五）　さいわいなり、あわれみある者は。その人はあわれみを得べければなり。

（六）　さいわいなり、心の清き者は。その人は神を見ることを得べければなり。

（七）　さいわいなり、平和を求むる者は。その人は神の子ととなえらるべければなり。

（八）　さいわいなり、義（ただ）しき事のために責めらるる者は。天国はすなわちその人のものなればなり。

以上、祝福の辞は八節である。いずれも驚くべきことばである。初めてこれを聞きし者は驚駭の感に打たれたであろう。祝福は慕うべくあれども、その条件が意外である。イエスがさいわいなりととなえたまいし者は、いずれもこの世が不幸と見なす者である。この世はいう、富める者はさいわり、位ある者はさいわいなり、知恵ある者はさいわいなり、学識ある者はさいわいなり、天才ある者はさいわいなり、権力（ちから）ある者はさいわいなりと。されどもイエスはそのいずれをもさいわいと称したまわなかった。その反対に、イエスがさいわいととなえたまいし者は、この世が不幸ととのうる者であった。貧しき者、悲しむ者、人に責めらるる者、飢えかわくごとく、富貴ならで義を慕う者、柔和なる者、かかる者がさいわいなりという。聴者はその意味を探るに窮したであろう。愚か、狂か、聖か。しかもイエスは権威をもってこれらのことばを発したもうたのである。これはもちろんイエスの確信であったのである。すなわち、世のいう幸福は不幸である、世のいう不幸は幸福である、この世と天国とは全然性質を異にすると、イエスは教えたもうたのである。垂訓発端のことばがすでに革命的である。たれかこれに堪え得る者ぞ。世がこれに堪え得ないはもちろんのこと、いわゆるキリスト信者さえ、これを聞くも、信じない。貧の幸福、悲哀の幸福、飢渇の幸福、迫害の幸福。イエスは開口一番かかる幸福を述べたもうた。山上の垂訓の何たるかは、この驚くべき序言によりて、ほぼ推測することができる。

山上の垂訓または説教の名は、英語の The sermon

on the mount またドイツ語の Die Bergpredigt の訳字である。しかしこれ適当の名ではない。マルコ伝がしるすがごとく、「神の国の福音」と呼ぶがほんとうである。訓戒または説教でない。福音である。イエスが天上より持ち来たりたまいし喜ばしきおとずれである。名は実を示すを要す。これを福音と称せずして垂訓と呼びしがゆえに、多くの有害なる誤解を招いたのである。

「イエス、多くの人を見て、山に登り」とある。「見て、これを避けて」と解することもできる。すなわち群衆を避けて、弟子たちを伴いて静かなる山に登り、そこに彼ら(弟子たち)を教えたまえりと解することもできる。私もかつてこの解釈を取り、これを世に紹介したことがある。しかしながら、遠き国々よりイエスに聞かんとて来たりし聴衆が、彼が山に登りたまいたればとて、ふもとに残りいようはずがない。ゆえに、「見て」は、「つれて」と解するのが当然であると思う。正誤の意味にて、この事を付記する。

一六 祝福の辞(上)

マタイ伝五章三—一〇節
ルカ伝六章二〇—二三節

祝福の辞は八音である。そのおのおのが美しくある。その全体が美しくある。あるいは巧みに刻まれたるダイヤモンドのごとくに、福音の光は燦然としてその各面より照り輝き、全面は相互に調和して一大宝石を形成する。「さいわいなり」といいて、イエスが神の子たるの権威をもって祝福を宣告したもうたのである。その人が祝福を感じたのではない。彼は悲しみ、飢えかわきつつあるのである。しかし、人が(彼自身もその一人である)不幸と思いつつある時に、イエスは「さいわいなり」と宣告を下したもうたのである。誤らざるイエスのご意見である。祝福は実現したのではない。預言され、約束されたのである。人の評価ではない。神の宣言である。ゆえに信仰をもって受くべきものである。

「心(または霊)の貧しき者はさいわいなり」という。

心より貧しき者、霊魂の根底より貧しき者をいう。物に貧しくして心におごる者がある。この世の貧者にこの類が多い。しかしながら、ほんとうの貧者は物にも霊にも貧しき者である。すなわち「われにたよるべき何ものもなし」と感ずる者である。清貧を楽しむ者のごとき、この種の貧者でない。われに誇るべき義も愛も信も、徳はもちろんのこと、何ものもないと感ずる者、すなわち根本的に貧しき者、かかる者はさいわいなりと、イエスは宣告したもうたのである。この一節の最も善き注解は、ルカ伝十八章九節より十八節までである。ついて見るべし。

「天国はすなわちその人のものなればなり」。「天国」は、神が人に与えたもう幸福の全部である。その半面は心の状態であり、他の半面は境遇の実現である。天国は、完成されたる霊魂と完成されたる宇宙とより成る。ゆえに天国は今すでにあるものであって、また後に現わるべきものである。「神の国はなんじらの内にあり」とのイエスのことばにかんがみよ。そして心の貧しき者には、天国は今、この世において与えらるべしとのことである。未来の事ではない。現在の事である。心のむなしき者、根本的に謙遜なる者は、今、未来における神の国の実現を待たずして、天国をそのものとすることができるとの、イエスの宣言または約束である。「神の国は飲食にあらず。義と和と聖霊による喜びにあり」との、ロマ書十四章十七節においてパウロが唱えしものをいう。これは確かに信者が今の生涯において授かり得る天国である。天国の全部ではないが、しかし天国たるに相違ない。

「悲しむ者はさいわいなり」という。すべての悲しみがさいわいなるのではない。「それ神にしたがう憂い(悲しみ)は、悔いなきの救いを得るの悔い改めに至らしむ。されど世の憂いは死に至らしむるなり」(コリント後書七・一〇)とある。事業失敗の悲しみ、罪悪露顕の悲しみ、その他、この世のすべての悲しみ、これはみな肉を滅じ骨を枯らし、死に至らしむる悲哀である。そしてこれに対して、神にしたがう悲哀がある。おのが罪を悲しみ、欠点多きにもだえ、光を仰ぎながらなお暗きにさまようを歎く。また世がいつまでも神にそむき、その結果としていつまでも禍患困窮の内に苦しむを悲しむ。おのがために悲しみ、世のために悲しむ。かかる者はさいわいなりと、イエスは宣べたもうたのである。いわゆる高貴なる悲哀（noble sorrow）である。されども、高貴なるがゆえにそれだけ深くある。激しくある。ルーテル、クロンウェル、バンヤンらがすべて実験せしところの悲哀である。幾年も真暗黒にさまよう苦痛である。自分としては不幸の頂上である。この世の冷笑、教会の疑いを受くるに至らしむる悲哀である。しかるにイエスは宣べたもうたのである、「その人はさいわいなり」と。

「その人は慰めを得べければなり」と。人間のことばとして、「なぐさめ」は意味の軽いことばである。日本語の「なぐさめ」は、「投ぐ」または「和（な）ぐ」より出たことばである。「憂さを投げ」または「和らぐること」、すなわち「憂さ晴らし」、それが「慰め」である。すなわち悲しみのなぐさめ、または緩和である。これを取り除くことでない。しかしながら、神にありて、慰めは深い重い意味のことばである。ほんとうの慰めは悲しみの取り除きである。悲しみの原因を取り去りて、これに代わるに喜びをもってすることである。そして神はかくのごとくにして、悲しむ者を慰めたもうとのことである。実に偉大なるおん約束である。罪を悲しむ者に、その罪を取り除き、これに代わるに義をもってしたもうとのことである。死を悲しむ者に、死を滅ぼして、これに代わるに再び死なざる生命をもってしたもうとのことである。これがほんとうの慰めである。「歎き悲しみ、いたく憂うる声、ラマに聞こゆ。ラケル、その子どもを歎き、その子どもの無きによりて慰めを得ず」（マタイ伝二・一八）とある。そしてラケルを慰むる唯一の道は、彼女が失いし子どもを再び彼女に与うるにある。それ以外の道をもって彼女を慰むることはできない。そして神はこの意味においてラケルを慰めたもうとのことである。そしてラケルのみならず、すべて子どもを失いて歎き悲しみ、いたく憂うるこの世の母と父とを慰めたもうとのことである。子を再びその親のふところに返して彼らを慰めたもうのである。ここにおいてか復活の希望、キリスト再臨の希望、万物復興の希望が、イエスの伝道の初期においてすでに提示されたのである。

ゆえに「慰めを得べければなり」である。未来動詞である。天国はこの世において今与えらるるというに対して、慰めは未来において施さるるとしるさる。もちろんこの世においても信者に慰めがないではない。しかしながら、これ約束の慰めである。「神、彼らの目の涙をことごとくぬぐいとり、また死あらず、悲しみ痛みあるなし」(黙示録二一・四)との慰めのおことばである。しかし、おことばであって事実ではない。そして神の約束のおことばが事実となりて現わるる時に、その時に、ほんとうの慰めがあるのである。

「柔和なる者はさいわいなり」。注解者はいう、ここにいう柔和は、神に対する柔和であって、人に対する柔和でないと。すなわち原語の praus は宗教的のことばであると。もしそうであるとすれば、「柔和なる者」とは、つぶやくことなくして、神のくだしたもうすべての困苦(くるしみ)を受くる者をいうのである。すなわちイエスご自身がこの意味においての柔和なる者の模範であった。「彼は苦しめらるれども、みずからへりくだりて口を開かず。ほふり場に引かるる小羊のごとく、毛を切る者の前にもだす羊のごとくして、その口を開かざりき」(イザヤ書五三・七)と彼について預言せられしがごとくに彼はおこないたもうた。愛の神を信じながら身に災いが臨むもよくこれに堪え、かえって神を賛美するの心、それが柔和の心である。そしてかかる心を持った者はさいわいであるとのことである。

神に対して柔和なる者はもちろん人に対しても柔和である。黙して神のむちを受けたまいしイエスは、また黙して人のそしりをも受けたもうた(ペテロ前書二・二一—二四参照)。ゆえに柔和なる者は、この世においてしいたげらるる者、常に劣敗者の地位に置かるる者である。しかるにイエスは宣告していいたもう、「その人は地を嗣ぐことを得べければなり」と。ここに明らかにイエスの終末観が示されてある。信者は単に霊的にのみ恵まるる者ではない、物的にもまたついには世界の持ち主となるのであると。驚くべき宣告である。神がなしたもうがままに自己をゆだぬる者、この世にありてはほんとうの意味においての無産階級、常に割りの悪い地位におる者、その者がついには全地を神より賜わるというのである。この事を知るがゆえに、ほんとうのキリスト信者は財産争いをしない。また、ことさらに社会主義を唱えて貴族や富豪に富の分配を迫らない。信者は静かに、神が全世界を彼に賜うその時を待つのである。

一七　祝福の辞(中)

「飢えかわくごとく義を慕う者」、「義に飢えまたかわく者」と訳すべきである。利に飢え欲にかわくが人の常である。まれには知識に飢えかわく者がある。されども義に飢えかわく者はさらにまれである。人に義人としてあがめられんと欲するのではない。また自分の良心を満足させんと欲するにとどまらない。神の前に義たらんと欲するのである。これ、人がいだき得る最高の欲望である。そしてこの欲望ありて初めてほんとうの宗教心があるのである。宗教他なし、完全の義に達することである。「天にいますなんじらの父が全きがごとく、なんじらも全くなるべし」というのが、イエスがその弟子より要求したもうところである。そしてこの要求に応ぜんとして努力奮闘した者があった、またあるとは、実に人類の名誉である。「鹿の谷川を慕いあえぐがごとく、わが霊魂(たましい)はかわけるごとくに神を慕う。生ける神をぞ慕う。いずれの時にか、われ行きて神のみ前に出でん」(詩篇四二・一―二)とイスラエルの詩人は歌うた。そして単に遠方より義の神にあこがるるのみならず、ただちにそのみ前に達せんと欲して勇進した者があった。そしてその最も好き例がタルソのパウロである。ロマ書第七章は最もあざやかにこの精神的状態を示すものである。「ああわれ、なやめる人なるかな。この死の体よりわれを救わん者はたれぞや。これ、われらの主イエス・キリストなるがゆえに神に感謝す」と。そしてルーテル、バンヤン、クロンウェル、ブレナードらにみなこの困苦(なやみ)があった。近代人の知らざる困苦である。彼らのいわゆる Sturm und Drang とは質(たち)を異にし、自己の完成を欲求する困苦にあらずして、神に似んと欲する努力である。人類の奮闘史において、クリスチャンが神の義に達せんと欲して戦いしその戦いよりも激烈なるものはない。

かくのごとき者に対して、イエスはまた「その人はさいわいなり」と宣告したもうたのである。これは無益の奮闘にあらず、無謀の欲求にあらずと、彼は教えたもうたのである。実に驚くべき、思い切ったる宣告である。義に飢え、完全(まったき)に渇する者は、その欲求どおりに、飽くことを得べしとの宣告である。

人は問うであろう、さらば人は望んで完全の義人たり得るのであるかと。「しかり」と聖書は答うるのである。そして多くのクリスチャンはその事のまことであることを実験した。義に飽く道に二つある。その第一は義とせらるる事、すなわち義人ならざるに義人として認めらるる事である。その第二は、実質的に義たらしめらるる事である。第一は、罪のこの世において、罪の身このままにて、信仰のゆえによりて、義とせらるる事である。第二は、信仰の結果として栄化復活の恩恵にあずかり、神の子キリストが全きがごとく全くせらるる事である。第一は現世の事であり、第二は来世の事である。そして神のなしたもう事なるがゆえに、二者いずれも確実なる事である。罪のこの身に宿る間、われらは完全に義たる事を得ない。されどもわが罪を十字架につけたまいしキリストを仰ぎ見る事によりて、彼の義をわが義となすことができる。また神はキリストにありてわれらを見たもうがゆえに、われら信仰をもって自己をキリストのうちに置く時に、神はわれらの罪を定めたまわない。事は理論ではない。実験である。神の義に追い立てられて、キリストの十字架のかげに隠るる時に、罪はもはやわれを苦しめず、わが心は平安なるを得るのである。義に飢えかわくの必然の結果は十字架贖罪の信仰である。そしてこの信仰を得て、この世この体にありながら、われは義に飽くことを得るのである。

しかしながら、信仰による義は完成せられたる義ではない。信者は今世において信仰的に義とせられて、来世において事実的に義とせらるるのである。「なんじらの心の中に善きわざを始めたまいし者、これをイエス・キリストの日までに全うすべし」(ピリピ書一・六)とある。「われらの命なるキリストの現われん時、われらもこれと共に栄えの中に現わるるなり」(コロサイ書三・四)とあり、また「愛する者よ、われら今神の子たり。後いかん。いまだあらわれず。彼、現われん時には必ず神に似んことを知る」(ヨハネ第一書三・二)とある。信者の義はいまだ全うせられたのではない。これはキリストの再臨を待って全うせらるるのである。かくして、義に飢えかわくことは決して無益の欲求でない。天然の万事において、欲求は充足の預言である。見る物があるゆえに見る目があるのである。聞く音があるゆえに聞く耳があるのである。人に義の欲求あるは、その満たさるる証拠である。そして罪に沈みし人類の義の実現を不可能視するがゆえに、イエスはこの驚くべき宣言をなして、義の追求と実行とを奨励したもうたのである。

「あわれみある者はさいわいなり……」その字義は明瞭である。事実はたしていかにが問題である。この世にありては、あわれみある者は必ずしもさいわいであるとはいい得ない。多くの場合において、あわれみある者は不幸である。そして、たいていの場合において、あわれみある者は損である。あわれみは成功する道でない。自分の利益を省みずして他人の利益を計りて、この世における成功ははなはだおぼつかない。ことに国家の外交政略において、あわれみは禁物である。弱国をあわれみ、その貴尊利益を思うて富強をいたした国家は一つもない。その点において、英国、伊国、仏国、米国、日本、いずれも選むところはない。外交的に見て、あわれみある者は不幸なり。その国は侮辱せらるべければなりである。そして今やキリスト教会においてすら、あわれみはあわれみをもって報いられない。弱き他教会をこわして、強き自分の教会を盛んにする事は、べつに悪い事であるとは思われない。優勝劣敗が進化の理であると信ぜらるる今日、あわれみは軟弱であって排斥すべきである。ニイチェの哲学が近代人に喜ばるる理由の一つは、確かにあわれみと称するがごとき女性的性格の排斥においてあるのである。

しかるにイエスは教えたもう、「あわれみある者はさいわいなり、その人はあわれみを得べければなり」と。あわれむ者はあわれまれる。だれに？　どこで？　この世においても多少はそうである。されども、ことに著しく神に、未来の裁判の場においてである。「あわれむことをせざる者は、さばかるる時、またあわれまるることなからん。あわれみはさばきに勝つなり」（ヤコブ書二・一三）と使徒ヤコブが教えしとおりである。そして信者は何よりもこのさばきを恐れ、安全にこれを通過せんと欲するのである。これは無用の恐怖であるという者はたれか。自分の罪にさめた者はこの恐怖をいだくが当然である。「なんじのしもべの審判（さばき）にかかわりたもうなかれ。そは生ける者一人だにみ前に義とせらるるはなし」（詩篇四三・二）とは聖詩人の叫びであった。そしてすべての聖徒にこの叫びがあるのである。「神は焼き尽くす火なり」とは、狂人の脳裡にえがかれたる想像ではない。睡眠状態よりさめたる時の人の実験である。そして自身さばかれるべき地位にある者は、他人をさばくに寛大ならざるを得ない。この審判を目前において、人に対するあわれみは自然に起こる。損益または成功失敗の問題ではない。わが霊魂永遠の運命にかかわる問題である。そしてほんとうのあわれみは未来の裁判の観念より起こるものである。強き未来観念のなき所に、ほんとうの深き同情は起こらない。情(なさけ)は人のためならず、自分のためである。審判を父にゆだねられたまいしイエスは宣べたもうた。「あわれみある者はさいわいなり、その人はさばかるる時にあわれみを得べければなり」と。ダビデはいうた、「エホバよ、なんじはあわれみある者にはあわれみある者となりて現われたもう」(詩篇一八・二五)と。人は自分がなすがごとくに神に扱わるるのである。

一八　祝福の辞(下)

「さいわいなり、心の清き者は。その人は神を見ることを得べければなり」と。神は清くある。彼に接するに心の清きを要す。「人もし清からずば、主にまみゆることを得ざるなり」(ヘブル書一二・一四)とある。主にまみゆるの資格はこれ。冥想も、工夫(くふう)も、難行苦業も、心を清くせずして神を見ることはできない。人はいう、清水に魚すまずと。魚はすまない。されども神は宿りたもう。「心の清き」とは、清浄潔白、一点の汚れなきをいうのではない。もしそうなれば、神を見ることのできる者は一人もいない。あるいはいう、これ性的に純潔なるの意であると。すなわち男子としては修道士の、そして女子としては童貞(尼)の生涯を送ることであると。されども僧尼必ずしも心の清き者でないことは、多くの事実によりて証明せらる。その反対に、多くの清き生涯は結婚生活によりて営まれた。性的関係を不潔と見るは、多くの不潔をかもすの原因となる。「なんじら、婚姻の事をすべて貴め。神は苟合また姦淫する者をさばきたもう」(ヘブル書一三・四)とある。聖書は清潔と独身生活とを同一の事として見ない。

「心の清き者」とは、心に偽りなき者である。その好き例はナタナエルである。イエス、彼のおのが所に来たるを見、彼をさしていいけるは、「真(まこと)のイスラエル人にして、その心、偽りなき者ぞ」(ヨハネ伝一・四七)と。かかる人は日本人の内にもある。「真の日本人にして、その心偽りなき者ぞ」と称してまちがいなき者がある。その人はもちろんクリスチャンではない。しかしクリスチャンたるの最も善き資格を有する者である。世人は彼を呼んで「正直者」という。正直である事のほかに何の取り所なき者として卑しめらる。されどもイエスは彼を祝していう、「なんじはさいわいなり」と。

「神を見る」とは、現世にありてはイエス・キリストの顔にある神の栄光を拝することである(コリント後書四・六)。その結果として、来世にありてはまのあたり再臨のキリストに接することである。「かの時には顔を合わせて相見ん」(同前書一三・一二)とあるがごとし。いわゆる「見神」ととなえて、漠然として神を冥想することではない。歴史的イエスに師事することと、再び現われたもう彼に主として仕うることである。

「平和を求むる者はさいわいなり。その人は神の子ととなえらるべければなり」と。平安(平和)の神、なんじらすべての者と共にいまさんことを願う」とは、パウロがしばしば用いしことばである(ロマ書一五・三三、コリント後書一三・一一、ピリピ書四・九等)。「われらの主イエス・キリストを死よりよみがえらしし平安の神」(ヘブル書一三・二〇)と、ヘブル書記者はいう。また「神は乱れの神にあらず。平和の神」(コリント前書一四・三三)なりとパウロはいうた。イエス・キリストのおん父なる真の神は特に平和の神である。戦争、争闘は彼の忌みきらいたもうもの、ゆえに争いを好む者にして彼の子たることはできない。もちろん時には義のために争わざるを得ずといえども、それは平和を求むるための争いであって、争いのための争いでない。和らぎは最も神らしき行為である。

「平和を求む」は、「平和をおこなう」である。「平和を計る」というのが普通である。人と人の間の、国と国との間の平和を計るが常である。しかしながら最も貴き和らぎは神と人との間の和らぎである。福音他なし、この貴き和らぎである。

すべてのもの、神より出づ。彼はキリストにより、われらをしておのれと和らがしめ、かつその和らがしむる務(つとめ)をわれらに授けたまえり。すなわち神、キリストにありて、世をおのれと和らがしめ、その罪をこれに負わせず、かつ和らがしむることばをわれらにゆだねたまえり。このゆえに、われら召されてキリストの使者となれり。すなわち神、われらによりなんじらを勧めたもうがごとし。われら、キリストに代わりてなんじらに願う。なんじら、神と和らげよ」（コリント後書五・一八以下）

と。これがほんとう唯一の和らぎである。この和らぎがありて、すべて他の和らぎがあるのである。そして平和を求むる者はすべてさいわいであるが、ここに示されたる平和を求むる者は特にさいわいである。伝道のさいわいはこれである。神が提出したまいし条件の下に、人をして彼と和らがしむる事、その事が伝道である。そしてこの事に従事する者はさいわいである。いわゆる信者ができようができまいが、社会が改まろうが改まるまいが、事その事がさいわいである。「喜びのおとずれを伝え、平和を告げ、善きおとずれを伝え、救いを告げ、シオンに向かいて、なんじの神は統べ治めたもうという者の足は、山の上にありていかにうるわしきかな」（イザヤ書五二・七、ロマ書一〇・一五）とあるは、この事に従事する者のさいわいを述べたることばである。伝道にもいろいろあろうが、神と人との間の平和を計るための伝道……世にこれにまさりて幸福なるものはない。そしてこの事をおこなう者は神の子ととなえらるべしという。父母の志を遂げんとするが子の志望である。地上にありて神の子ととなえらるべき者を見んと欲せば、ほんとうの伝道師を尋ぬべきである。天上における彼のさいわいについてはいうまでもない。

「義のために責めらるる者はさいわいなり」。すべての義についてそうである。しかし次節に「わがために人なんじらをののしり、また責め」とあれば、特に神の義たるキリストの福音をさしていうたに相違ない。「福音を信じ、これを唱えしがために責めらるる者はさいわいなり」との意（こと）である。「すべてキリスト・イエスにありて神を敬いつつ世を渡らんと志す者は迫害を受くべし」（テモテ後書三・一二）とある。迫害は真福音の付随物（つきもの）である。これパウロのいわゆる「身に帯びたるイエスのしるし」（ガラテヤ書五・一七）である。真の信仰に生くる証拠は、身の内においては聖霊の結ぶところの実たる仁愛、喜楽、平和、忍耐、慈悲、良善、温柔等である。そして身の外においては、不信者ならびに偽りの信者より受くる迫害である。前者は主観的証拠、後者は客観的証拠である。内にあるものは外に現われざるを得ない。真信仰が伝わって迫害の起こらざりしためしはない。迫害はわが信仰の実質を確かむるものである。ゆえに、ある種の迫害に会わずして、人はまだほんとうのキリスト信者でないのである。ゆえに「さいわいなるかな、義のために責めらるる者は」である。その反対に、ルカ伝に示すがごとくに「すべて人、なんじらをほめなば、わざわいなるかな」(ルカ伝六・二六)である。真福音は肉の人には必ずきらわるる素質を帯びたるものである。いわゆる「世に歓迎せらるる宗教」は悪魔の宗教である。その事については古今東西変わることなしである。

天国は心の貧しき者のものたり、また義のために責めらるる者のものたりという。心の空虚、すなわち絶対的謙遜は、キリスト信者の内的状態の総称、義のために責めらるる事すなわち迫害は、外的状態の総称である。内に謙遜にして外に責めらるる者、その人が、天国、すなわち神が人にくだしたもうさいわいのすべてを、今この世より受くることのできる者である。そして天国は今世に始まって来世に完成せらる。そしてキリスト信者のすべての欲求は天国の実現と共に満たされ、その苦しみもまたこれと共に慰めらる(除かる)。祝福の辞はキリスト信者を八方より観察し、また天国を八方より説明して、両者の符合一致を示すものである。まことにキリスト教の縮写図と称すべきもの、福音的真理の宝玉である。キリスト信者はいわゆる聖人、俯仰天地に恥じざる人ではない。おのが空乏を感じ、罪を悲しみ、柔和にして、平和を愛し、義に飢えかわき、心偽らず、しかして世にきらわるる者であると示されて、われらの人生観は一変するのである。同時にまたキリストのキリスト教と教会のそれとの間に大なるちがいがあることがわかる。

一九　塩　と　光

マタイ伝五章一三―一六節

祝福の辞をもってその何たるかを示されたるイエスの弟子は、一面においては地の塩であるといい、また他の一面においては世の光であるという。塩でありまた光であるという。反対性を帯びて、しかも必要欠くべからざる者であるという。クリスチャンの世に対する地位を語ることばにして、これよりも深いものはない。

塩は地に普通なるものの一つである。海水の三・三三パーセントは塩であって、もし全世界の海水を煮つめてその塩分を固めるならば、四百五十万立方マイル（約一、八七五万立方キロメートル—編者）の塩のかたまりができるだろうとのことである。すなわちヨーロッパ大陸を十四個半作り得るだけの量であるという。その他、岩塩として存するもの無量。土中に、水中に、動植物の体中に、存在せざるなきは塩である。人畜の生活に必要欠くべからざる物とて、水と日光とを除いて塩に及ぶものはない。「なんじらは地の塩なり」と宣べたまいて、イエスは彼の弟子の、地にとり、この必要性を帯ぶる者なることを明らかに示したもうたのである。世は信者を要せず信者は世を要せずというがごときは、イエスの全然承認したまわざるところである。

そして古代人の生活において、塩は、現代人のそれにおけるよりも、はるかに重要なる地位を占めた。塩は第一に味を付けるもの、第二に腐敗を防ぐものであった。すなわち古代人唯一の味料でありまた防腐剤であった。彼らにとり、塩なくして、生活は絶対的に不可能であった。彼らは今日のわれらのごとくに、塩に代わるべき何物をも持たなかった。ゆえに塩のかたまりは貨幣として用いられた。今日給料を Salary というはその事の遺跡である。塩あって物に味あり、塩あって腐敗を防ぐ。そしてクリスチャンは地にありて塩の役目をなす者であるという。人生に意味を与うる者、その腐敗を防ぐ者、真のクリスチャンなくして人生は無味淡々、また腐敗百出してその底止するところを知らず。事は歴史が証明して余りあり。わが国今日の状態のごとき、またイエスのこのことばに多くの説明的事実を提供するものである。

塩は地の加味剤また防腐剤、実に生命そのものである。されども塩もしその味を失わばいかに？　何をもってかもとの味にかえさん？　後は用なし、外に捨てられて人に踏まるるのみと、イエスは宣べたもうた。塩が味を失うとは、塩よりその塩分を去りたらばとも、または塩もし塩たるの効力を失いたらばとも解することができる。原語の意味を強き日本語に訳するならば、「塩もしバカにならば」というが最も適当であると思う。塩もし腐敗物に接するあまりに長きにわたりて、自体腐気を帯びて、加味防腐の用をなさざるに至らばいかに。世に塩に味つける物なし。ゆえに「バカになりたる」塩は外に捨てられて人に踏まるるのみである。イエスは当時のガリラヤ人の日常生活における塩に関する事実ありのままを語りたもうたのである。そして塩に関する事実はまたクリスチャンに関する事実である。信仰を失いたるクリスチャンは味を失いたる塩である。後は用なし、人に踏まれんのみである。人すなわち不信者に踏まれんのみである。世にあわれなる者にして、俗化せる信者のごときはない。

塩はいかにして永久に味を保存するを得るか。塩の上に無限に塩を加うるによりてである。ぬかみその保存法がまた信仰の保存法である。塩の上に塩を加えて、ぬかみそが永久にその効力を失わざるがごとくに(かえって古いだけ善くなるがごとくに)、信仰の上に信仰を加えて、信者は永久に信仰を持続し、のみならず、古いだけそれだけ善くある。聖書の研究も続けず祈禱会にも出席せずして社会運動にのみ従事する信者は、味を失いたる塩のごとくに、用なくして、社会そのものにさえ捨てらるるに至る。

地の塩である信者はまた世の光である。塩は地にありてこれを加味し、その腐敗を防ぐもの、しかるに光は世を離れて、遠く上よりこれを照らすものである。信者は世にありて世のものにあらずとの真理をさらに明白に説明したるたとえである。信者は世に接触せざるべからず。されども世を解脱(げだつ)して高きよりこれを教え導かざるべからず。常に塩たるべからず、また常に光たるべからず。塩たると同時に光たるべきである。

信者は世の光たる者である。ゆえに公聞公視を避けてはならない。また避くることができない。山の上に建てられたる城は隠るることを得ず。燈火をともして枡の下に置く者はない。必ず燭台の上に置いて、家にあるすべての物を照らさしむる。神は人を召して信者となして、彼を社会の隅に隠しおきたまわない。彼を人の見る所に置きて、世の暗きを照らさしめたもう。公開をはばかり、これを忌みきらう信者は、神が自分を信者となしたまいしその聖旨(みこころ)をわきまえざる者である。世に燈火をともしてこれを枡の下に隠すがごとき愚者なきに、多くのいわゆる信者は、自分が天の光を受けてその輝きの器(うつわ)となりしは、ひとり人なき所に隠れてその光輝を楽しまんためであると思う。かくして彼らは神様を愚人扱いにするのである。神の賜物（たまもの）はすべて神のための賜物である。これをわがための賜物として楽しまんとする時に、神はただちにこれを撤回したもう。神の最大の賜物たる信仰もまた神のために用うべきである。みずから神の置きたもう所に立ちて、世を照らし教え導くべきである。しかせずして、謙遜を装いて逃げ隠れ、何よりも公聞をきらい、信仰はひそかにこれをいだき、ひそかに信じ、ひそかに父のふところに行かんと欲す。これは謙遜ではない。自分勝手である。神はかかる者に長く信仰を授けたまわない。ある程度までの警戒を加えてこれに応ぜざれば、彼より信仰の賜物を撤回して、彼をもとの暗黒の器となしたもう。世に天の光に点ぜられし者少なからざるにかかわらず世は依然として暗黒の世なるは何ゆえなるか。これらの人たちが人に見られんことを恐れて逃げ隠れ、信仰の証明（あかし）をなさず、伝道の矢おもてに立たず、自分は信者なるに努めて不信者を装い、いかにもして人の注意を避けんとして怖（お）じ惑うからである。神のおん歎き、信者自身の不幸、この上なしである。

「かくのごとく、人々の前になんじらの光を輝かせ」。山の上に建てられたる城のごとくに、また燭台の上に置かれたる燈火のごとくに、なんじの光を輝かせよ。しかり、なんじを輝かせよといわず、なんじのうちに点ぜられしなんじの光を輝かせよという。これを包み隠して、おのれ一人その光を浴びんと欲するなかれ。しかすれば人々、なんじらの放つ光を仰いで、なんじらをほめずして、天にいますなんじらの父をあがむるであろうと。

クリスチャンはすべて世の光である。彼らなくして、あるいは彼らがその光を輝かさずして、世は暗黒である。試みに思え、もしすべてのクリスチャンが、多くの信者がなすがごとくに、絶対的沈黙を守りたらば、その結果いかにと。さらば、あなたも私も福音の歓喜を知らずして世を終わったに相違ない。彼らが大胆にその信仰を唱えてくれたればこそ、われらは今日のさいわいにおるのである。何ゆえに、授けられし光をおおいながら世の暗黒を歎くのであるか。「起きよ。光を放てよ。なんじの光来たり、エホバの栄光、なんじの上に照り出でたり。見よ、暗きは地をおおい、やみはもろもろの民をおおう。されどなんじの上にはエホバ照り出でたまい、その栄光、なんじの上にあらわる」（イザヤ書六〇・一―二）とある。神はそのつかわしたまえる人をもって今なおこの事をわれらに告げたもう。もし全世界のクリスチャンがいっしょになって戦争に反対するならば、戦争はたちどころにやむであろう。もし日本中のクリスチャンが一斉に立ちて福音を唱えるならば、日本国は数年ならずしてキリストの国となるであろう。

二〇　キリスト復活の実証

復活祭の音信

時あだかも復活祭に会せしゆえ、山上の垂訓解説の中途ではあるが、特にキリストの復活について講じた。左掲はその大意である。

キリスト、聖書にかないてわれらの罪のために死に、また聖書にかないて葬られ、第三日によみがえりたまえり（よみがえりて今日に至りたまえり）（コリント前書一五・三―四）

キリスト教はキリスト復活の事実の上に立つ宗教である。この事実なくしてキリスト教は起こらず、また維持せられず、また今日あるを得ないのである。パウロがいいしとおり、「キリストもしよみがえらざりしならば、われらの宣ぶるところ（福音）はむなしく、またなんじら（信者）の信仰もむなしからん……もしキリストよみがえらざりしならば、なんじらの信仰はむなしく、なんじらはなお罪におらん」である。使徒たちの伝えしキリスト教はまことに一目瞭然である。

しかるに今の人はいう、キリスト復活の事実はあってもよし、なくってもよし、なくてならぬものはキリストの精神である、これさえあれば、キリストが葬られ、その肉体が墓の内よりよみがえりたりというがごときは、信ずるも可なり、また信ぜざるも不可ならずと。その点において、現代人のキリスト教と使徒たちの宣べし原始のキリスト教との間に根本的の相違がある。教会歴史の泰斗ハーナックはいう、「われら現代のキリスト信者に復活祭の信仰はある。しかしながら復活の事実の信仰はない」と。そして今や復活の事実の信仰なくとも、りっぱなるキリスト信者たり得るのである。

しかしながら、キリストの復活はただに教義または信仰個条ではない。これは、道理と実験とに反し、むりに信ずることではない。これはまた歴史家の研究を待って証明せらるるただの歴史的事実ではない。これは信者の今日の実験、今日人類の間に働くところの否認しがたき事実である。キリストは、釈迦や孔子またはソクラテスというがごとき、一度あって今は過去に属する人物であるか。そうでないとクリスチャンは信ずるのである。キリストは今生きて人類の間に強く働きたもうとわれらは信ずるのである。「われ生くればなんじらも生くべし」(ヨハネ伝一四・一九)と彼はいいたもうた。また「それわれは世の終わりまで常になんじらと共にあるなり」(マタイ伝二八・二〇)といいたもうた。ペテロはいうた、「なんじら、イエスを見ざれどもこれを愛し、今見ずといえども信じて喜ぶ」(ペテロ前書一・八)と。イエスは今なお生きていたもう。われらと共にありて働きたもう。目に見えずといえどもその存在は確実(たしか)であるとは、キリスト信者全体が信じて疑わないところである。かくいえば多くの人にはふしぎに聞こえるが、しかし現在生きたもうキリストなくして活動のキリスト教はないのである。有名なるジョン・ワナメーカーは、渋沢子爵を彼のフィラデルフィアなるベサニー日曜学校に迎え、キリストと孔子をくらべていうたとのことである、「孔子は死して墓にあり。されどもわがキリストは生きて今やこの堂にいましたもう」と。実に儒教とキリスト教との間にこの根本の相違があるのである。前者は孔子の遺訓である。後者はキリスト直接の指導である。死せる教師と生ける救い主、孔子とキリストとの間に死と生との差違(ちがい)がある。

もしキリストが生きていまさないならば、彼の福音は決して発展しないのである。この世の腐敗に伴うに、いわゆるキリスト教会そのものの腐敗をもってして、どうしてキリスト教のごとき超自然的宗教を維持して行くことができよう。日本におけるキリスト教のごとき、維持するに最も困難である。米国人の金ぐらいをもって、とうていこれを維持することはできない。しかしながら、復活せるキリストがご自身でその伝道を指揮したもうのである。それゆえに、内に教会はいくら腐敗しても、外には文学博士、理学博士と称して反対者が何百何千人出でても、真のキリスト教は少しも恐れないのである。キリストは今日この堂にもいましたもう。われら、彼を見ざれどもこれを愛し、今見ずといえども信じて喜ぶ。その喜びはいいがたく、かつ栄えありである。キリスト復活の証拠は、現在に活働したもうキリストである。この生ける証拠があるがゆえに、われらは聖書の復活に関する記事を読んでこれを信ずることができるのである。この事実を実験せずして、神学の泰斗といえども、キリストの復活を証明することができない。復活祭に会して、われらはこの希望を回復すべきである。

二一　キリスト教対旧道徳

マタイ伝五章一七―四八節

イエスは初めに天国の民の何であるかを教えたもうた。天国の民は心の貧しき者、柔和なる者、義に飢えかわく者……である。また世に対しては塩または光たる者であると教えたもうた。イエスは次に、天国の民の何でなきかを示したもうた。その理想を在来のそれとくらべて、はるかにまさるものたるを示したもうた。「われ、なんじらに告げん。学者とパリサイの人の義（ただしき）よりも、なんじらの義しきこと、すぐれずば、必ず天国に入ることあたわじ」と教えたもうた。

まず第一に注意すべきは、イエスが権威をもって語りたまえることである。わが来たれるは律法と預言者を廃するためにあらず、成就せんためなりといいたもうた。ただの人のいい得ることでない。「いにしえの人はいえり……されども、われ、なんじらに告げん」と繰り返していいたもうた、ご自身を、当時のすべての教師また昔時のすべての預言者らにくらべて、彼ら以上の権威ある者として教えたもうた。「人々その教えに驚き合えり。そは学者のごとくならず、権威を持てる者のごとく教えたまえばなり」（マルコ伝一・二二）とあるとおりである。イエスはここにご自分の何であるかを説明したまわなかった。されども神の子のごとくに語りたもうた。「われ来たれり」というは、「生まれたり」というと異なり、彼の先在を示す。イエスは「来たるべき者」、イスラエルの民が待ち望みし者であるとは、彼ご自身が自覚したまえるところである。われらはここに彼においてイスラエルの教師の一人を見るのでない。律法と預言者に超越してこれを成就する者を拝するのである。

第二に注意すべきは、旧約聖書の権威である。「われまことになんじらに告げん。天地の尽きざるうちに、律法の一点一画も遂げつくさずしてすたることなし」とイエスはいいたもうた。一つの権威が他の権威を証明したのである。神の子が神のことばを証したのである。聖書は天壌と無窮を共にする書であるという。はたしてしかるか。現代のいわゆる高等批評家はこの点においてイエスと意見に異にする。天地だけそれだけ確実なる聖書！イエスの聖書はかかる聖書であった。われらの聖書はいかに。

イエスは破壊者にあらず、建設者なり、建設者たるにとどまらず、完成者なりというのである。イエスは安息日を破りたるにあらず。ほんとうにこれを守りたもうた。その他すべてしかりである。律法を成就することは、文字どおりにこれを実行するということではない。文字以上に実行することである。その精神を体得してこれを実現することである。語を代えていうならば、天にいますわれらの父の全きがごとく全くなることである。そして愛は律法を全うすといえば、神に対し人に対し愛の人となることである。最高の程度において義をおこなう人となることである。律法を成就するという。実に人としていだき得る最大最高の欲望である。そして粛然としてその実行を宣言せしイエスは、人ではない、神の子である。

律法の成就を説明せんために五個の実例を挙げたもうた。十戒第六条の「殺すなかれ」、同第七条の「姦淫するなかれ」、これに加えて「偽りの誓いを立つるなかれ」、「目にて目をつぐのい、歯にて歯をつぐのえ」、「なんじの隣をいつくしみて、その敵を憎むべし」との在来の戒めの解釈説明これである。もちろん完全なる律法はこれをもって尽きない。しかしながら、その何たるかを示すにはこれで充分である。新道徳の旧道徳にまさるは、その個条の多きにおいてはない。その精神の徹底したるにおいてである。地球面上いずれの地点より井戸を掘るもついにその中心に達するがごとく、律法をいずれの個条よりきわむるも、ついにその中心たる愛に達せざるを得ない。山上の垂訓はより高き律法または道徳ではない。律法の精神である。ゆえに新しき戒めである。これに律法を見んと欲してはならない。福音を探らなければならない。

殺すなかれとは、憎むなかれということである。憎む者は殺す者である。憎悪(にくみ)を去り、これに代うるに愛をもってするまでは、殺すことはやまないと、イエスは教えたもうたのである。

姦淫することなかれとは、心に邪念を蔵(かく)すなかれということである。女(他人の妻)を見て色情を起こす者は心の中にすでに姦淫したるなりとのことである。すなわち、心を清くするにあらざれば姦淫の罪を避くることあたわずとの教えである。

神に祈るにあたって誓いを立つるなかれという。されど誠実の神に誓いを立つるの必要はない、言葉だけで充分である。しかり、しかり、いな、いな、これより過ぐるは悪より出づるなりである。

悪に報ゆるに悪をもってすべしというは誤りである。悪に敵するなかれ。悪人の要求はすべてこれをいれよ。これ悪に勝つ最善の道である。おのれの所有(もちもの)に対し欲の絶ゆる時に、悪に対する反抗心はなくなるのである。

隣人は愛すべし敵人は憎むべしというは足らず。すべての人を愛すべし。敵もまた隣人である。神の心をもって心とすべし。神はその日光を善き者にも悪しき者にも照らし、雨を義(ただ)しき者にも義しからざる者にも降らせたもう。この心になりてこそ、われらは神の子となえらるるの資格を得たのである。神は愛である。われらは愛の人となりて、神の全きがごとく全くなることができるのである。

以上がイエスの教訓(おしえ)である。簡単明瞭である。問題はただ「これ、はたして実行し得るか」である。実行し得というが一方の見方である。実行し得ずというが他方の見方である。トルストイのごときがそれである。そしてキリスト教国ならびにキリスト教会全体はこの見方を取って、実際上これを無視するに至った。しかしながら、これはイエスの教訓であって、その弟子たる者の理想である。そして理想はいずれの場合においても、可能不可能をもって取捨すべきものでない。美術家は実現し得ないとてその理想を捨てない。失敗するに関せず、これに向かって勇進する。クリスチャンもまたしかすべしである。

そして可能不可能は能力の問題である。人としてはなすあたわざる事も、神としてはたやすくなすことができる。「われ、なんじを捨てず、われ、なんじを助く」と神はいいたもう。われは律法を成就せんために来たれりと、キリストはいいたもうた。律法を成就する者は彼である。われら、彼の弱き弟子でない。彼、われらにありて、律法を成就することができる。そして今日まで多くの信者がキリストにありて、自身なすあたわざる事をなした。キリストはわれらを単に責任者と見て、彼のこの高遠なる戒めを実行し得ざる者はこれを地獄におとして永遠の刑罰にゆだぬべしとはいいたまわない。「われを仰ぎ見よ。しかして救われよ」といいたもう。悪人にも日を照らし雨を降らす者が、今日ただちに彼の戒めを実行し得ないとて、われらを滅ぼしようはずはない。

また神はわれらの弱きを知りたもう。またこの世の罪の世なるを知りたもう。道徳は相対的である。完全なる道徳は完全なる世においてのみおこなわる。罪の世にありて罪の人と共におこなう道徳は、クリスチャンの道徳といえども、不完全ならざるを得ない。

「このゆえに、天にいますなんじらの父の全きがごとく、なんじらも全くすべし」とあるは、「全くなるべし」と訳すべきである。命令ではない。未来の希望である。神によりたのまば、ついには神のごとくに全き者となしてくださるとのお約束である。完全は今すでにおこなわれつつありて、かの日に成就せらるるのである。「なんじらの心の中に善きわざを始めし者、これを主イエス・キリストの日までに全うすべしと、われ深く信ず」（ピリピ書一・六）とのパウロの言を参考せよ。

信者はついに全くなるべき能力（ちから）をすでにおのがうちに蓄うるのである。彼の完全は主イエス・キリストにおいてある。イエスは信者の義、また聖、また贖、すなわち完全である。彼が彼を信ぜし時に、彼は聖霊を賜わりて、完全すなわち全き救いを約束せられたのである。ゆえに、彼はまだ完全の域に達しないが、日に日に完全に向かって進み行きつつある者である。すなわち彼はまだ実質的には完全でないが、信仰的には完全である。完全を望み、これに達するの能力を賜わり、そして日に日に完成せられつつある者である。イエスは神の子にして、天にいます彼の父が全きがごとく全き者である。そして信仰をもって彼につながる信者は、ついに彼が全きがごとく全くならざるを得ない。イエスは人より完全を要求したまいて、完全に達するの道を備えたもうた。彼はただの厳格なる立法者ではない。おのが定めたまいし律法をおこなうの道を備えたまいし者である。

二二 隠れたる宗教

マタイ伝六章一―一八節

「なんじらは世の光なり。山の上に建てられたる城は隠るることを得ず」(五・一四)と、イエスはその弟子にいいたもうた。同じイエスはまたいいたもうた、「なんじら、人に見せんためにその義(ただ)しきを人の前になすことを慎むべし」と。すなわち隠るることを得ず、隠るべしとのことである。父を世に示さんためには隠るるなかれ、自己を世に示さざらんために隠れよとのことである。信仰に、公的なると私的なるとの両面がある。隠れてはならない場合がある。隠れずばならない場合がある。隠るべからざる時に隠れて、信仰は萎靡して振るわず、隠るべき時に隠れずして、信仰は放散して消え失す。イエスは弟子たちに信仰のこの両面を示して、その健全を計りたもうたのである。

「義」は善行である。善行はすべて隠れておこのうべしとのことである。シナ人のことばをもっていうならば、徳はすべて陰徳として施すべしとのことである。そしてその事を説明せんために、イエスはここに三つの場合を摘示したもうた。施し(慈善)、祈禱、断食、これである。施しは人に対する善行、祈禱は神に対する行為、断食は自己に対する行動である。慈善、祈禱、断食と称して、善行のすべてをいうことになる。そしていずれも隠れてなすべしとのことである。施しをなす時に、右の手のなす事を左の手に知らせざるほど秘密になすべしとのことである。また祈る時には、ひそかなる室に入り、戸を閉じて、隠れたるにいますなんじの父に祈るべしとのことである。また断食する時には、顔を洗い頭に油を塗り、なんじの断食状態を人に見られざらんようになすべしとのことである。すなわち善行はすべて善行と意識せずしてなすべしとのことである。

善行の場合においても、理想の場合におけるがごとく、「これ、はたしておこない得るか」との問題が起こる。しかしてわれらはこの問題に対しても、他の問題に対するがごとくに、「これ人にはあたわざるところなり、されど神にはあたわざるところなし」(マタイ伝一九・二六)

との主ご自身のおことばをもって答うるのみである。人は道徳的努力によりてこの完全に達することはできない。しかしながら神よりキリストの霊すなわち聖霊のたまものにあずかりて、かかる心の状態になることができる。世には実際に右の手のなした事を左の手の知らざる慈善家がある。しかしてかかる慈善家がキリストの霊に触れたことのない人の内にあるか、これ大なる疑問である。少なくとも私自身は、イエスの弟子以外に、かかる人に会うたことはない。いかなる形においても報賞を要求する慈善は慈善でない。ただなすことを喜ぶ慈善、それがほんとうの慈善である。慈善は最大のぜいたくである。そして世にぜいたくに対し報賞を要求する者はない。そして慈善をぜいたくにするまでには聖霊の力強きおん働きを要する。まずおのれが罪人のかしらなるを示され、またこの罪をゆるさるる道を示され、その上にさらに信仰を賜わりて贖罪の恩恵をわがものとなし得るに至りて、われは初めて慈善を最上のぜいたくとして楽しみ得るに至るのである。徳でもない。義務でもない。グレースである。恩恵として始まり、しとやかに、しんせつに、おこなわれ、行為そのものに最大の報賞を認むる事、その事がクリスチャンの善行である。クロンウェルがいうたことがある、「われ、すでに神よりたくさんに給料の前払いを受けたれば、何をなしてもこれをつぐなうことはできない」と。そしてこの心になりて、何びとも、施しをなしてこれに対して何らの報賞をも求めざるに至る。イエスはわれらに戒めを下して、単にわれらにその実行を迫りたまわない。これを実行し得るの道を設け、またその道に歩むの力を下したもう。イエスの戒めはすべて恩恵下賜のお約束として解すべきである。

今や善行はますます組織化または制度化されて、隠れたる善の実行はますますまれになった。善行はすべて事業となりつつある。慈善事業、伝道事業、社会事業、すべてがこの類である。ゆえにすべてが公的であって、秘密的なるはますます少なくなった。これ能率を増すためであるという。しかしながら慈善は単に空腹を満たし裸体をおおうためばかりでない。寂寥を慰め冷淡を暖むるもまた慈善の目的である。しかり、そのおもなる目的である。慈善は物をもってする愛の伝達である。しかしてこの目的を達せんがためには、現代の社会事業としての慈善ははなはだ微弱である。あだかも社会化されたる家庭のごとくに、家庭が家庭でなくなるのである。かくいて、私は社会事業の不用を唱えない。これを補うに旧式の施しをもってする必要を主張する。そしてすべての大慈善家は、慈善家たる前に貧者の善き友人であった。まず善きサマリヤ人（ルカ伝一〇・二五―三七参照）たるを得て、しかる後に善き慈善家または社会改良家たり得るのである。

祈禱についていわんに、世には祈禱専門の行者がある。またいわゆる「お祈りのじょうずなる」信者がある。祈禱は宗教になくてはならぬもの、ゆえにおのずから信仰をいいあらわす機関として使用せらる。パリサイ人の祈りの一例としてイエスの挙げたまいしものにいわく「神よ、われはほかの人のごとく強奪（うばい）不義、姦淫せず、またこの税吏のごとくにもあらざるを謝す。われ一週に二たび断食し、またすべて得たるものの十分の一をささげたり」（ルカ伝一八・一一―一二）と。これ神に対してなせる演説である。また感謝の辞を借りてなせる自己賞賛である。そして今日教会においてなさるる祈禱に、これに類したるものが少なくない。善き祈禱をささぐることは決してたやすいことでない。

すべての公的祈禱は決して偽善でない。多人数相会して共同の祈求（ねがい）を神にささぐる時に公的祈禱の必要がある。「天にましますわれらの父よ」という。この任に当たる者は熱誠をこめて会衆を代表して祈るべきである。実に祭司の任に当たるのであって、彼に対して篤（あつ）き同情と尊敬とを表すべきである。そして人は祭司の任に当たりて大なる危険を冒すのである。自己の信仰が職業化せられ、その職務が芸術化せらるるのおそれがある。まことに同情すべき地位である。彼の偽善を責むるよりも彼のために祈るべきである。聖職に偽善多きは、聖職そのもののみの罪でない。

祈禱の幸福はひとり神と相対するところにある。または二人三人、主の名によりて集まるところにある。神と霊魂との関係は、恋愛のことばをもってするよりほかに、これを説き明かすのことばがない。「わが愛する者はわれにつき、われは彼につく。彼はゆりの中にてその群れを飼う」（雅歌二・一六）とあるがごとし。人間がつづりし文字の内で、その切なる事において、おのれにさめし霊魂がその造り主なる神を慕うの情をいいあらわせし文字にまさるものはない。この点において、いかなる恋愛文学も、とうていアウガスチン、パスカル、デビッド・ブレナードらの祈りのことばに及ばないのである。神をほんとうに愛して、偽善は全然不可能である。彼と相対して語る時に、ひそかなる室に入り、戸を閉じて、隠れたるにいます天の父に語るは当然である。「夜明け前に、イエス早く起き、人なき所に行き、そこにて祈りせり」（マルコ伝一・三五）とある。祈禱せんために朝早く起きる価値（ねうち）がある。登山もこれがためになすべし。旅行もこれがために企つべし。神と密会の場所を選む。これ信仰養成のための大要件である。川のほとり、山の頂、海の岸、いずれも神と語るによし。幸いにして人は社交を求めて都会に集合す。われらはこの機を逸せず、僻陬、人なき所に行き、天然を通して天然の父と交わるべきである。天然もまた信者の祈禱をもって聖められて、いっそうそのうるわしさを増すのである。

付言「主の祈禱」は、イエスが山上の垂訓の一部分として弟子たちに教えたまいしものではないと思う。ルカ伝十一章一節以下十三節までが、彼がこれを彼らに授けたまいし場合をしるして明らかである。マタイ伝記者は、祈禱に関する主の教訓を掲ぐるついでに、これをここに、記入したのであると思う。ゆえに七節以下十五節までを除いて読んで、六章前半部の意味は明白になるのである。前の施しと後の断食に関する教訓は、いずれも「隠れたるに見たもうなんじの父はあらわに報いたもうべし」とのことばをもって終わっているを見れば、祈禱に関する教訓もまた同一のことばをもって終わると見るが当然である。そしてかくのごとくに見て、一節以下十七節までが、「なんじら、人に見られんためにその義（ただしき）を人の前におこのうなかれ」との一定の教訓を伝うるものであることがわかる。「主の祈禱」の尊きはいうまでもない。しかし、これはこれとして別に研究すべきである。これはまことにキリスト信者の祈禱の模型（かたち）である。自己のために祈るにあらずして神のために祈るのである。ゆえに必ず聞かるるのである。

二三　空の鳥と野のゆり

マタイ伝六章一九―三四節
ルカ伝一二章一三―三四節

第一九―二一節　この世に絶対的安全はない。金庫製造術はいかに進歩せるも、これを破るの術もまた同時に進歩した。アセチリン・ガスを使用して、鋼鉄を切ること、ナイフをもって蠟（ろう）を切るだけ容易である。銀行制度はいかに完備せるも、銀行破綻は決してめずらしいことではない。ことに独露の場合のごとく、国家そのものが破産する場合には、蓄財は国家と共に消滅する。この世そのものがはなはだ危険なるものである。これにわが生命財産を託して、われは不安ならざらんと欲するも得ない。されども、物は移り世は変われども動かぬは天国（みくに）である。われらは絶対的に安全なる天国にわが財貨（たから）を積みてのみ、絶対的に安全なることができる。死は近し。岩崎も安田も、その積める巨万の富をのこし、自身は一銭をも運び得ずしてこの世を去った。ゆえにイエスは教えたもうた、「われ、なんじらに告げん、不義の財をもておのが友を得よ。これは、乏しからん時、彼ら、なんじらを永遠の住まいに迎えんがためなり」（ルカ伝一六・九）と。われらはもちろん慈善をもって天国をあがなうことはできない。天国は神の子がその血をもってあがないたまいしものであって、われらは信仰によりてこれを彼より授かるよりほかに道がない。されども天国に入るに、空手（からて）にて入ると、貯蓄（たくわえ）を持って行くとの別がある。かしこにわれらを迎うる者あると、なきとの別がある。天国の財貨とは、救われし霊魂である。ぬぐわれし涙である。われらは天国に入るに信仰がいる。天国を楽しむに善行がいる。財のある所に心がある。何ゆえにもっと組織的に、一生懸命に、来世の事を研究し、その幸福を得んために計画しまた努力せざるか。伝道会社設立のごとき、その点から見て必要でないか。

第二二―二三節　身の光は目なり。身の明るきも暗きも目いかんによる。霊魂もまた同じである。もし中なる光、すなわち霊魂の目が暗からば、その暗きこと、肉眼の暗きにくらぶべくもない。人生をいかに見るか。何びとにとりてもこれにまさりてたいせつなる問題はない。利欲の目をもって見るか。正義の目をもって見るか。信仰の目をもって見るか。見る目によりて宇宙人生は一変する。哲学宗教の必要はここにある。その目的は、人に明らかなる善き目を供するにある。その意味において、人は何びとも生まれながらにして盲目(めしい)である。彼はキリストに目を開かれて初めて見ることを得るのである。ヨハネ伝第九章を見よ。

第二四節　健全なる明らかなる目は単純なる目である。ギリシャ語の haplous はこの意味である。「もしなんじの目単純にして、単一の目的に向かって注がるるならば」と訳することができる。英訳の If thine eye be single を参考せよ。明らかなる善き目は単純の目であって、暗き悪しき目は不純なる、複雑なる目である。すなわち、二つ、あるいは二つ以上の目的に向かって注がるる目である。かるがゆえに、人は二人の主に仕うることあたわずである。神と財(財神―マンモン)とに兼ね仕うるあたわずである。もし仕えんと欲するならば彼の目は暗くなる。いわゆる「欲にくらまされて」その身を誤る。天国にも行きたし、金もほしいという。これ二夫にまみゆるの女、二君に仕うる士(さむらい)の意(こころ)である。神は何よりも二心をきらいたもう。彼ご自身が単純でありたもうがゆえに、彼に父とし仕うる者の単純なるを要求したもう。しかるに事実はいかに?

第二五節　「このゆえに……思い煩うなかれ」地上の万事ことごとく不安にして、神のみ、ひとり信(たよ)るべき者なれば、なんじら、思い煩うなかれとのことである。全く思うなかれとはいいたまわず。「思い煩うなかれ」と、三十一節までに三度繰り返していいたもう。ピリピ書四章六節「何事をも思い煩うなかれ……」のパウロのことばを参考せよ。原語の merimnaō は、意(おもい)を分かつ、心を配る、心配するの意味である。何を食い何を着んとて、なんじの意を、地と天と、財と神との間に分かつなかれとのことである。神が助け守りたもうことは確実(たしか)である。生命が神より出でたることは確実である。これを養うための糧(かて)を賜わざらんや。神が体を守りたもうは確実である。これをおおうための衣を賜わざらんや。すでにより大なる生命と体とを賜える者が、いかでより小なる賜物を賜わざらんや。「衣食は人間の付き物である」とのことわざを信仰的にいいあらわしたることばである。

第二六節　「なんじら、空の鳥を見よ」ルカ伝には「からすを見よ」（一二・二四）とある。最も普通にして卑しめらるる鳥なるがゆえに、特にこれを選んでいいたもうたのであろう。からすは、まかず、刈らず、倉をも納屋をも有せず。されどもなんじらの天の父はこれを養いたまえり。ましてなんじらをやと。これは、からすにならいて耕すなかれ、蓄うるなかれということばではない。これにならいて思い煩うなかれとの意である。鳥にそれぞれ本能あるがごとく、人にもまたそれがある。耕作と貯蔵は人の本能である。しかして鳥がその本能に従いて思い煩わざるがごとくに、人もまたその本能に従いて思い煩ってはならない。そして人は神の命に従って、決して食物に不足しない。南洋諸島ならびに南米諸国においては、今日といえども食物問題なるものはない。そして欧米諸国においても、食物問題は大戦争をもって始まったのである。日本においても、平和主義を執（と）り、酒とたばことを廃止するならば、今日ただちに国民にあり余るの食物を供給することができる。そして個人といえども、たいていの場合において食物に欠乏することはない。ことに福音のために働いて、日本のごときキリスト教反対の国においてすら、神はそのしもべ、しもめをして飢えしめたまわないことを、私自身が実験した。

第二八節　衣のことに関してもまた同じである。イエスはこの時、春の小山において、はるかにヘルモン山を望み、足下にガリラヤの湖を見おろしながら、教えを垂れたまいつつあったのである。そして谷となく丘となくパレスチナの春の野に咲き乱れつつありしアネモネ、学名 Anemone coronaria をさして、あるいはその一輪を手に取りて、このうるわしき教えを述べたもうたのであろう。大王ソロモンがその栄華のきわみの時に装いたりというは、昔の王衣たる緋の外袍であったろう。その染料は、海螺（うみたにし）の一種より取りたる、フェニキヤ国特産の色素であって、当時世界に鳴りわたりたるものであった。しかもイエスはいいたもうたのである、人工の極を尽くしたる、大王ソロモンが玉座につきし時の服装も、このアネモネの花の一輪に及ばなかったと。イエスはまことに天然を見るの目を有したもうた。彼は野草を見上げて大王を見下げたもうた。そしてイエスの目は誤らなかったのである。われら今日の天然学者は顕微鏡下にアネモネの一輪を置いて、イエスのことばの真理なるを証明するのである。

「今日野にありて、明日炉に投げ入れらるる」という。よくいわゆる「地中海沿岸地方」の天然を語りたることばである。ペテロ前書一章二十四節、「それ、人はすでに草のごとく、その栄えはすべて草の花のごとし。草は枯れ、その花は落つ」を参考せよ。聖書のことばを心に蔵(かく)して三越または白木屋に行けよ。イエスや使徒たちを待たずして、路傍の野草が、この世の流行男女をはずかしむるであろう。外を飾る者はたいていは内に浅い者である。内なる美にあこがるる時に、人はおのずと外に質素になる。野のアネモネに、ソロモンの栄華以上の美を認めたまいしイエスは、ご自身人類の王であった。王の臣下が王以上の生活(くらし)をなすは恥辱である。イエスはご自身簡易生活を営みたまいて、その神の子に最もふさわしきものなることを教えたもうた。

二四　キリスト信者の簡易生活

マタイ伝六章一九―三四節（つづき）

イエスの垂訓に対し、反対を試みて試み得られないことはない。まず第一に、鳥はまくことなく、刈ることをなさず、倉に蓄うることなしというが、それは必ずしも事実でない。なるほど、からすやすずめは蓄えないが、蓄うる鳥はないではない。もずはかえるの干物を作りてこれを保存する。ふくろうもまたその巣に食物を貯うるといい、米国産のきつつきに、その彫(ほ)りし木のうろの内にどんぐりの類を蓄うるものありという。その他に、かけす、ひがら、ごじゅうからの類に貯蓄性の発達していることは鳥類学者の伝うるところである。ことにまた鳥類全体に貯蓄性の乏しきは飛翔機が供えてあるからである。鳥類に移転力があるゆえに、彼らに一定の場所に食物を蓄うるの必要がない。ゆえに人に鳥にならえというはむりであるということができる。しかしながら、これ垂訓の主意を解せざるより出づる反対である。

主意は貯蓄においてあるのではない。思い煩い、すなわち心配においてあるのである。用意貯蔵の必要については、イエスは箴言第六章におけるソロモンのことばを忘れたまわなかった。いわく、

なまけ者よ、ありに行き、そのなすところを見て、知恵を得よ。ありは、かしらなく、つかさなく、君なけれども、夏の中に食をそなえ、刈り入れの時はかてを集む。なまけ者よ、なんじ、いずれの時まで伏しやすむや。いずれの時まで眠りて起きざるや……さらばなんじの貧しきは盗人のごとく来たり、なんじの乏しきはつわもののごとく来たるべし（六・六―一一）

と。神のきらいたもう事にして浪費濫用のごときはない。余る物を貯えて後日の用に供す。これは決して悪い事ではない。ただし貯蓄は、神を信ぜざるより起こる、将来をおもいはかる心より出づるものであってはならない。「ためる」のではなくして「たまる」のでなくてはならない。「少しもうしなわざるように、その余りのくずを拾い集めよ」（ヨハネ伝六・一二）とのイエスのことばに従いておこなうものでなくてはならぬ。世には高貴なる貯蓄があるのである。

「たれかよく思い煩いてそのいのちを寸陰も延べ得んや」とははたして事実なるか。人は衛生養生によりてその生命をのばすことができるではないか。人の命数に定限があるというならば、彼は向こうみずになって死を早むるではないかと。イエスのこのことばが文字どおりに真理であるやいなやを定むることはできない。しかしながら、その身を神にゆだねし信者は、神の聖旨（みこころ）以上に生きもせず、またそれ以内に死にもしないことを知る。「二羽のすずめは一銭にて売るにあらずや。しかるに、なんじらの父の許しなくして、その一羽も地に落つることなし……ゆえに恐るるなかれ。なんじらは多くのすずめよりまされり」（マタイ伝一〇・二九―三一）とのイエスのことばは、よく信者の確信を語るものである。この確信ありてこそ、彼に真の勇気が起こるのである。「人はその天職を終わるまでは不滅であるがごとくに見ゆ」とのリビングストンのことばを参考せよ。なにも科学的に一分一秒も延ばすことができないというのではない。実際的に人の生命は、ことに信者の生命は、神のみ手においてあるのである。さればとて信者が衛生を怠らない

はいうまでもない。まことに真の衛生思想は福音が信ぜらるる所に起こる。

以上を述べた後に、「野のゆりは労(つと)めず紡がず」について語る必要はない。要するに、イエスは弟子たちに簡易生活を勧めたもうたのである。チャールス・ワグナーがその名著『簡易生活(シンプル・ライフ)』をもって近代人にこの生活を鼓吹せし前に、イエスはさらに深い意味においての簡易生活を示したもうたのである。そしてイエスのみならず、すべての偉大なる人たちは、簡易生活の実行者また唱道者であった。ソクラテス、スピノーザ、ウォルズオス(低き生活と高き思想)、トロー(ワルデン湖畔の生活)、ニコライ、いずれも簡易生活の人たちであった。まことに簡易生活は偉大の特徴の一である。人は内に足りて外に簡略ならざるを得ない。大思想にあらざれば大希望、これありて、その余の事はどうでもよいのである。文明の進歩と唱えて生活のますます複雑になるは決して真の進歩でない。複雑なる近代生活の内に、恐るべき革命と、これに伴う破滅がはらまれている。単に生存競争の立場より見るも、簡易生活の民が常に複雑生活の民に勝ち、これに代わり来たったのである。もしわれらの信仰がわれらの生活を簡易にしないならば、これは偽りの信仰であるといいてまちがいはない。

しかしイエスは単に欲を減じて生活を簡易にせよといいて消極的簡易生活を教えたまわなかった。彼はいいたもうた、「なんじら、まず神の国とその(神の)義とを求めよ。さらば、これらのものはみななんじらに加えらるべし」と。これは簡易生活の原理を説いてその働きを示すことばである。すなわち積極的簡易生活と称すべきものである。簡易にも程度がある。帝王の簡易生活は平民のそれとはちがう。労働者の簡易生活をもって学者に迫ることはできない。簡易生活は外側の問題でない。内心の問題である。簡易生活に標準はない。しかしこれを支配するの原理がある。そしてイエスのこのことばがそれである。

神の国とその義とを目的として、生活はおのずと簡易になるのである。すなわち見る目を明らかにして、すなわち単純にして、生活はおのずから単純すなわち簡易ならざるを得ないのである。人生は一種のこみいりたる機械である。これを各部別々に運転せんと欲して、複雑をきわむ。されども動力をその中枢に注集して、全部が簡単容易に運転する。全注意を神の国とその義とに払うて、人生の機械もまた円滑無碍に運転する。イエスご自身のご生涯がこの意味において簡単円満であった。そしてこの意味において、彼の忠実なる弟子たちの生涯が単純であった。アルフレッド大王はキリスト的国王（クリスチャン・キング）として簡易生活を営んだ。哲学者カントはキリスト的哲学者として簡易生涯を送った。あるいは芸術家として、ある特別の場合においては俳優としてさえも、クリスチャンは簡易生活を送るを常例とする。神のための政治、神のための学問、神のための芸術、神のためのすべての事業……簡単ならざらんと欲するも得ない。外を簡単にせんと努めて無理がある。時には偽善が生ずる。されども内を簡単にして、万事が調和的に簡単になる。そしてこの簡単はまた単調にならない。無限の変化の内に、うるわしき一致を維持する。すなわち自由なる生命の進化発達である。

「神の国とその義とを求めよ。さらばこれらのものはみななんじらに加えらるべし」という。生活上の必要物は信者がみずから進んで求むべきものではない。異邦人すなわち不信者はしかなすが、信者はしかなしてはならない。これらはすべて神より信者に加えらるべきものである。みずから求めざるに神より賜わるべきものである。かくて信者に生活難または生存競争はないはずである。そしてすべて真の神にたよりし者は生活上のこの安定を実験した。ドイツ、ピーチスト派祖先の一人なるA・H・フランク、彼にならいし英国のジョージ・ムラー、シナ内地伝道の創立者ハドソン・テーラーらは、みな著しき程度においてこの真理を実験した。エホバ・エレー、神は備えたもう。生活問題に心を配るに及ばない。ただ神の国とその義とを求めて、この問題は自然に解決せらる。

そしてこれは決して個人に限る事でない。国家にとり社会にとりまた同様である。国が神とその義とを求むる間は、その国は物質的にも栄ゆる。これを求めずしてかれを求める時には、窮乏は早かれ、おそかれ、必ずこれに臨む。これは古い経済学であるが、誤らない経済学である。わが国においては二宮尊徳、佐藤信淵らによりて唱えられたる経済論であって、万世不易の真理である。宗教道徳の上に立たざる経済学は砂上に建てたる家である。オランダ、英国、米国が今日の繁栄に達したのもこの理由による。国民が何を信ずるかは、経済学的に考えて決して小問題でない。実に最大問題である。アルゼンチン共和国大統領の一人が、かつてかの国駐在の米国公使にいうたことがある。いわく、「貴国の建設者は神（ゴッド）を求めて米大陸に来た。しかるに弊国の建設者は金（ゴールド）を求めてこの地に来た。貴国と弊国との間に経済的に今日の懸隔あるはこれがためである」と。実にそのとおりである。ゴッドを求むる者はついにゴールドを加えられ、ゴールドを求むる者はついにこれをも失う。神と金、日本人は今いずれを求めつつあるか。神の福音はなくともよし、ただわれらに富を与えよと、その識者と称する者さえ叫びつつある。識者にしてなおかつしかり。まして一般の民衆の心のいかに低きかは想像するに余りある。日本の将来に寒心すべきものがある。

二五　さばくなかれ

マタイ伝七章一―五節
ルカ伝六章三七―三八節

大体の意味は明白である。しかしながら、明白なるがゆえに誤解されやすくある。また無視されやすくある。これを文字どおりに解して、いかなる審判（さばき）をもおこなわざる人がある。また実行不可能の教訓と解して、自由にこれにそむく人がある。聖書のことばを前後の関係より離して読んで、その意味を取りちがえ、その目的を誤りやすくある。

第一節　「なんじら、さばくなかれ。さばかれざらんためなり」という。「さばく」とは広いことばである。批評、批判、判断、審査、鑑定、いずれも「さばく」である。そして「さばくなかれ」を文字どおりに解して、以上いずれにも従事することができなくなる。かくして法律上の裁判を初めとして、文学美術上の批評、道徳上、善悪の判別までが罪悪視せらるるに至る。まことに、もし、さばいて悪いならば、人類の進歩改善はただちに止まるのである。哲学は知能のさばきであり、道徳は行為のさばきであり、宗教は心のさばきである。われらは常にさばき、またさばかれつつあるのである。そして進歩しつつ、また救われつつあるのである。いわゆる「批評の火」の燃えざる所に生命も進歩もないのである。

されども、われらがなしてならぬさばきがある。それは、みずから神の座に上りて人を罪に定める事である。ギリシャ語の katakrinein 英語の condemnation の意味においてのさばきである。これは神の権能に属する事、人のなしてはならぬ事、またなすことのできない事である。すなわち人の意志をさばき、あるいは神の人として救いに定め、あるいは罪の人として滅びに定むる事である。しかもこれパリサイの人のなした事、また多くの宗教家のなす事であって、特に宗教家のおちいりやすき罪である。この種類の人に対してパウロはいうた、「なんじ何びとなれば他人のしもべをさばきするか。彼のあるいは立ち、あるいは倒るるは、その主による。彼また必ず立てられん。神はよくこれを立て得ればなり」（ロマ書一四・四）と。使徒ヤコブもまたいうた、「律法を立て人を議する（さばく）者はただひとりなり。彼は救うこと滅ぼすことをなし得るなり。なんじ、たれなれば隣を議する（さばく）か」（ヤコブ書四・一二）と。人は何びとも、「他人のしもべ」すなわち神のものである。ゆえに神以外の者が彼を罪に定めてはならない。

第二節　さばくごとくにさばかれる。人世においてもまたかくのごとし。世に天罰なるものがある。おのれに出でておのれに帰る。人世はおのが反射鏡である。ゆるす者をゆるし、ゆるさざる者をゆるさず。ルカはイエスのこのことばをこの意味に解した（ルカ伝六・三八参照）。しかしながら世の反響は不完全である。また不公平である。神はしからず。神はギリシャ人のネメシス以上の報復の神である。ダビデが歌いしごとくである。いわく、「あわれみある者には、なんじ、あわれみある者のごとくし、全き者には全き者のごとくし、清き者には、なんじ、清き者のごとくし、まがれる者には、なんじ、きびしき者のごとくしたもう」（サムエル記下二二・二六―二七）と。ある意味において、人はおのれのごとくに神を変えることができる。慈愛の神ともなすことができる。残酷の神ともなすことができる。「あわれみはさばきに勝つなり」

とありて、他に対するあわれみの行為によりて、神のおのれに対する審判を翻すことができる。まことにありがたいことである。

第三―四節　ちりと訳されしギリシャ語の karphos は、木くずまたは木片(こっぱ)とも訳することができるという。しかし意味は大同小異である。そして人は何びとも自己にさめて、まず第一に自己の罪の大なるを知る。ひとの罪は個々にこれを見るのであって、木片たるにすぎない。されどもおのれの罪はかたまりとして見ゆるがゆえに梁木(うつばり)である。客観的に見る他人の罪と主観的に見る自己の罪との間にこの別あるは当然である。パウロがおのれを称して「罪人のかしら」なりといいしは決して偽りの謙遜ではない。すべての義(ただ)しき人は最も多くおのれの罪について知る。ゆえに他人の罪をさばくの興味を感じない。自分は罪人のかしら、今は恩恵によりて神の子と称せらる。されども、ゆるされたる罪人たるにすぎない。ゆえに人を罪に定むるの資格は絶対にない。バンヤンが刑場に引かるる罪人を見て、「もし神の恩恵によるにあらざれば、かしこに行く者はジョン・バンヤンなり」といいしとの事は、よくキリスト信者の実験を語るものである。

第五節　「偽善者(ヒポクリテース)」「仮面をかぶる者」、俳優の意である。舞台の上に神の人を演ずる者である。すなわち他をさばいておのが完全を装いながら、自分は罪に満ちて、さばく資格の毛頭なき者である。「ああなんじら、わざわいなるかな、偽善なる学者とパリサイの人よ。なんじらは白く塗りたる墓に似たり。外は美しく見ゆれども、内は骸骨とさまざまの汚れにて満つ」(マタイ伝二三・二七)とイエスは後にいいて、偽善者の何たるかを明らかにしたもうた。彼は山上の垂訓を述べたまいし時に、眼中すでにパリサイの人を置いて、彼らに対してこのことばを発したもうたのではあるまいか。「まず、おのれの目より梁木を取れ」という。「取りて試(み)よ」である。しかして取るあたわずして神に帰り、彼によりて取り除かれて、しかして後、初めて兄弟の目より木片を取り得るよう明らかに見るべしとのことであろう。いう意(こころ)は、罪をゆるされたる者のみが正当に罪をさばくことができるとのことである。信者がキリストと共に世をさばくとか、十二使徒がイスラエルの十二の支派(わかれ)をさばくとかいうは、この意味においてであるに相違ない。あわれみを受けたる者が、あわれみある者と共に世をさばくという。キリストの審判(さばき)の、この世の裁判官や教会の役員たちの施す審判といかに異なるものなるかは、この一事によりてわかる。

われらは人として、またクリスチャンとして、さばきを絶対に辞することはできない。しかしながら、われらは第一に、さばきを好まない。第二に、さばかざるを得ざる場合においては、おのれもまたさばかるる者としてさばく。ゆえに無慈悲なるさばきをなさざるように努むる。第三に、人を罪に定めない。すなわち最後の裁判をくださない。人のくだす裁判はすべて仮定的であらねばならぬ。最後の裁判は神がキリストをもってくだしたもう。「それ審判は、神、イエス・キリストをもて、人の隠れたる事をさばかん日に成るべし」(ロマ書二・一六)とあるがごとし。いずれにしろ、さばきは慎むべきはいうまでもない。批評、評判、悪口、かげ口は、よしさばきにあらずとするも、これに近きものである。プロテスタント教がいわゆる個人的判断を許した結果として、信者相互を自由に批判するに至り、今日の教会内の冷酷、暗闘、紛争を引致するに至りしは明白なる事実である。

「さばくなかれ。さばかれざらんためなり」とは、未来の裁判を示されて神よりくだる訓戒(いましめ)である。「さばくなかれ。さばくことあたわざればなり」とは、自分の判断力に限りあるを知っておのずからさとる真理である。深きは人の個性である。「おのおののうちの思いと心とは深し」と、詩篇六十四篇六節にあるがごとし。また遺伝の無限に複雑なるあり。人一人を完全に知り得る知者も学者もあることなし。人物批評にして当たれるもの一つもあるなし。批評は批評家自身の告白たるにすぎず。人は人をさばかんとして不可能を企つるのである。

さばきは教会特有の罪である。人が人をさばく時に、聖霊は彼を去りたもう。信仰を冷却するものにして、審判ならびにこれに近き人物批評のごときはない。学者とパリサイの人とがイエスを評して、「この人は鬼のかしらベルゼブルを使うにあらざれば鬼を追い出すことなし」といいしに対し、彼は彼らに告げていいたもうた、「人々のすべての犯すところの罪と、神をけがすことはゆるされん。されど人々の聖霊をけがす(ののしる)ことはゆるさるべからず」(マタイ伝一二・二四以下)と。これさばく罪の一種であることがわかる。それがいかなる程度に達してこの罪となるかは知るあたわずといえども、すべて人をさばくの罪はこれに類する罪であることは明らかである。よし絶対的にゆるされざる罪でないとしても、神が非常にこれをきらいたまい、この罪を犯す人と教会とより聖霊を取り去りたもうことは事実である。多くの場合において、教会衰退の原因がここにあることは確かである。われらが兄弟を議することをやむるにあらざれば、聖霊は再びわれらに帰りたまわない。米国における急激の信仰墜落のごとき、その原因は、国を挙げて敵国ドイツ＝実は信仰上の兄弟国＝をさばきしことにあるのであるまいか。戦争中における米国のドイツに対する憎悪と悪口とは実に激烈の極というべきものであった。いずれにしろ、人をさばくは、さばく人にとり危険きわまる罪である。しかも教会の教師も信者も自由勝手にこの罪を犯すのである。私が教会を避けるのはこれがためである。私がこのパリサイのパン種に化せられざらんがためである。

二六　豚に真珠

マタイ伝七章六節

さばくなかれ。寛大なれ。神がなんじを扱いたもうがごとくに他を扱うべし。されども人によりて善をおこのうべし。はとのごとくおとなしかれ。同時にまたへびのごとく賢くあれ（一〇・一六）。犬に聖き物を与えざるよう、また豚の前に真珠を投げざるよう慎むべしというのがこの教訓（おしえ）である。

この一節は左のごとくに排列して読むべし。

犬に聖き物を与うるなかれ
　また豚の前に真珠を投げ与うるなかれ
　　おそらくは足にて踏み
　　振り返りてなんじらをかみやぶらん

足にて踏みつけるのは豚である。かみやぶるのは犬である。パレスチナ地方の犬の悪性をよく語って誤らざることばである。「猫に小判」というがごとくに、豚に真珠である。されども野犬よりも悪しき東方の犬は、聖物の自己に用なきを見るや、振り返りて、これを与えし者にかみつくのである。いう意(こころ)は、不当の慈善をおこのうべからずとのことである。人を見て法を説くがごとくに、人を見て善をおこのうべしとの教訓(おしえ)である。

聖物とは神の道である。真珠とはキリストの福音である。「天国は好き真珠を求めんとする商人のごとし。一つの値高き真珠を見出ださば、その持ち物をことごとく売りてこれを買うなり」(一三・四五―四六)とある真珠の宝玉である。これに対して豚は、欲に支配されたる肉の人をさしていうのであろう。そして犬は豚よりもさらに悪しきものであって、背教者すなわち堕落信者と解すべきであろう。豚は聖物の価値を知らざる者、すなわちこの世の俗人である。犬は福音を忌みきらう者、すなわち堕落信者である。豚は踏みつけ、犬は怒る。二者の間に明白なる程度の差別がある。

豚は卑しき汚れたる動物である。ゆえにこれを避くべしといえども憎むべきでない。ゆえに聖書は豚をもって悪人をいいあらわさない。「うるわしき女の慎みなきは、金の環の、豚の鼻にあるがごとし」(箴言一一・二二)といいいて、ヒューモーをもって語る。犬についてはしからず。犬は偽善者である。背教者である。悪と知りつつこれをおこなう者、善と知りつつこれを捨つる者である。「なんじら、犬を慎めよ。悪をおこなう者を慎めよ。割礼をおこなう者を慎めよ」(ピリピ書三・二)とパウロは叫んだ。また「犬は都の外におるなり」(黙示録二二・一五)とありて、聖き都なる新しきエルサレムに、偽りの聖者の入るあたわざることが示されてある。豚は肉の罪人を、犬は意志の罪人を代表する。罪人にこの二種あるは明らかである。人を呼ぶに獣の名をもってするは悪しき習慣である。イエスがここにこのことばを発したまいたればとて、われらは彼にならうてはならない。父より審判をゆだねられたまいし彼と、さばかるべきわれらとの間に、大なる差別がなくてはならない。そしてイエスはまたここに、ことさらに人を呼ぶに獣の名をもってしたもうたのではない。これはたぶん当時民間に普通用いられしことわざであって、イエスはそのままを取って一つのたいせつなる真理を教えたもうたのであると思う。あだかもわが国において「猫に小判を与うるなかれ」といいたればとて、悪しき感じをひきおこさないと同然である。イエスが人を呼ぶに獣の名をもってしたまいしことはただ一回ある。それは、パリサイの人々、かつて来たりて、「ヘロデ王、なんじを殺さんとす」といいて威嚇せし時に、彼は答えていいたもうた、「なんじら行きて、そのきつねに告げよ…」(ルカ伝一三・三一以下)と。しかしこれには深き理由があった。ここにはこれをいわない。ただイエスにとって大胆きわまることばであったことだけは何びとにもわかる。

しかし用語の問題ではない、事実の問題である。そして世には豚と犬とをもって代表されたる人のあることは事実である。そして肉の人に神の道を説けば踏みつけられ、一たび信仰に入りて後にこれを捨てし人に福音を語れば、その忌みきらい罵詈讒謗するところとなるもまた事実である。福音は人を救うの能力であるがゆえに何びとにも説くべしであるというは誤りである。福音を説くに人を選ばねばならぬ。豚の前に真珠を与うれば、その踏み付けるところとなる。豚に何の益を与えず、真珠はそこなわれる。そのごとく、真理の価値をわきまえがたき人に真理を説けば、人はこれがために悟らず、真理はこれがためにさげすまる。犬にいたってはさらにはなはだしきものがある。犬は聖物を踏み付けるにとどまらない。これを蹴る。のろう。福音をきらう者にして背教者のごときはない。彼らはこれを聞かされて、おのれをさばかるるがごとくに感ずる。使徒ペテロはその状態について書きしるしていうた、

> 彼ら、もしわれらの救い主イエス・キリストを知るによりて世の汚れをのがれ、またこれにまとわれて勝たるる時は、その後のありさまは前にまさりてさらに悪しかるべし。彼ら義の道を知りてなおその伝えられしところの聖き戒めを捨てんよりは、むしろ義の道を知らざるをよしとす。犬、帰り来たりてその吐きたる物を食らい、豚、洗いきよめられてまたどろの中に伏すといえることわざは真(まこと)にして彼らにかなえり(ペテロ後書二・二〇—二二)

と。強いことばではあるが、その事実なるをいかにせんである。

人を選まずしてなせる伝道、これが今日の教勢衰退を持ち来たせしおもなる原因の一つである。ニイチェが「キリスト教はすべてのものの内で最も悪しきものである」と断言せしはこの理由によるのである。キリスト教

を無能ならしむるものにして、いわゆる promiscuous preaching 見さかいなき、やたらの伝道のごときはない。福音は神のものであるゆえに、たいせつに扱うべきものである。これを安売りしてはならない。俗人、悪人、背教者の侮蔑嘲弄にさらしてはならない。昔のイスラエル人が神の契約の箱を扱いしがごとくに、敬虔(つつしみ)と恐れおののきとをもって扱わなければならない。かくいいて、われらは不信者と背教者とを憎みて彼らを罪に定むるのではない。彼らは彼らとして愛し、時と機会とを見て彼らを教え導くべきである。われらはことさらに犬と呼んで彼らをしりぞけず、豚と呼んで彼らを卑しめない。ただ神がわれらになしたまいしように彼になさんと欲する。すなわち、われら自身が犬たる時に、また豚たりし時に、われらをあわれみて、機(おり)にかないてわれらを導きたまいしように、われらもまた彼ら相当の道に従い、真理より真理へと、恩恵より恩恵へと、彼らの手引きたらんと欲す。

そしてイエスご自身が、与うべき場合には犬に聖き物を与えて惜しみたまわなかった。彼がツロとシドンの地に行きたまいし時に、異邦カナンの女の一人が来たりて、彼女の娘の鬼につかれたる者を癒やされんことを願うた。しかるに彼は彼女の願いをしりぞけていいたもうた、「イスラエルの家の迷える羊のほかに、われはつかわされず……子供のパンを取りて犬に投げ与うるはよろしからず」と。これに対し、女は答えていうた、「主よ、されど犬もその主人の膳(ぜん)より落つるくずを食ろうなり」と。イエスはこの信仰と謙遜とに対し恩恵の倉の戸を開かずにはいられなかった。彼は答えていいたもうた、「女よ、なんじの信仰は大いなり。なんじが願うがごとくになんじに成るべし」と。そしてその時より彼女の娘は癒えたりとある(マタイ伝一五・二一—二八)。犬と呼ばれ豚といわるるも、人は人である。彼の内には霊魂のあるありて、彼にもまた恩恵を受くるの資格の与えらるる場合がある。この場合に会うて、われらは傲然立って彼らに対し永久ののろいを宣告してはならない。ただしイエスにならい、犬には犬たるを自覚せしめて、しかる後に聖物を授与すべきである。

されども最も扱いがたきは、ここに犬と呼ばれし背教者である。彼らは背教をもって誇りとし、今は真珠以上の宝石を握れりと自信する。彼らはかえって信者をあわれみ、われらを教えんとして、われらに教えられんとしない。いずれの宗教においても、その宗教の最大の敵はその背教者である。人あり、かつてモハメットに問うていうた、「神の最も好みたもう者は何であるか」と。答えていうた、「悔い改めたる罪人なり」と。さらにまた問うていうた、「神の最もきらいたもう者は何であるか」と。答えていうた、「背教者なり」と。そして欧米諸国において多くの背教者が出たのみならず、わが国においてもまたすでに多くの背教者を出した。多くの学士、博士、高等官、いわゆる民間の敏腕家は、神の最もきらいたもう背教者である。われらは彼らを憎まない。時に彼らのために祈る。されども彼らに再び福音を説かない。彼らが選みし不信に彼らをゆだぬる。そして不信の必然の結果たる耐えがたき寂寥が、彼らを再び父のふところに追い返すその時を待つ。

二七　黄金律

マタイ伝十章七―一二節
ルカ伝六章三一節
同　十一章五―一三節

第七―八節　「求めよ。さらば与えられん。尋ねよ。さらば見出ださん。門をたたけよ。さらば開かれん。そはすべて求むる者は得、尋ぬる者は見出だし、門をたたく者は開かるべければなり」求めて得ざれば尋ねよ、尋ねて得ざればたたけよといいて、イエスはここに「人の常に祈りして落胆（きをおと）すまじき」（ルカ伝一八・一以下参照）ことを教えたもうたのである。しかしこれは、何びとが何ものを求めても与えらるべしとのことではない。後節にいえるがごとく、子が父に対する態度をもって善きものを求むる時にこれを与えらるべしとの教えである。われらは第一に、善きものの何たるかを知るべきである。しかして後に、たゆまざる熱心をもってこれを祈り求むべきである。ルカ伝十一章十三節の「天にいますなんじらの父は、求むる者に聖霊を与えざらんや」とあるに注意すべし。聖霊は、人が神に求むべき至上善である。

第九―一〇節　鳥獣かつ恩を知る。いわんや人においてをやという。人ですら、その子に善き物を与うるを知る。いわんや神においてをやと、イエスはいいたもうたのである。石はパンに似、へびは魚に似る。より悪しき者を与えず、その反対に、より善き物を与う。ここに「へび」というは、ガリラヤ湖産のなまずをさすという説がある。あるいはそうかも知れぬ。親が子を思う心が、神が人を思う心であるという。神は愛なりとの事を、親子の愛情をもっていいあらわしたることばである。

第一一節　「なんじら悪しき者なるに」という。イエスは、人は生まれながらにして悪しき者なることをいいてはばかりたまわなかった。これはもちろん人には善きもの絶対になしということではない。親子の情のごとき、善性の一つである。しかるにもかかわらず、神の子のおん目より見て、人はすべて悪しき者である。自己中心である。吝嗇である。おのが子にさえ与うるを惜しむ者である。しかるに、そのなんじらさえ、善き物をその子に与うるを知る。まして天にいますなんじらの父においてをやというのである。人にある善心が神になきはずはない。「父がその子をあわれむがごとく、エホバはおのれにたよる者をあわれみたもう」といいて、聖詩人は神のこの心を歌うたのである。

第一二節　「このゆえに、すべて人にせられんとおもうことは、なんじらまた人にもそのごとくせよ」これは有名なる黄金律 Golden Rule である。山上の垂訓の登りつめたる所、その絶頂である。したがってまたキリスト教道徳の極致である。神に対する義務は別として、人に対する義務、すなわち道徳はこれにて尽きているのである。その大体の意味は明瞭である。そしてこれによりて思い出だすは、「おのれの欲せざるところ、これを人に施すなかれ」との孔子の教えである。そして孔子の教えと同じ事が、キリスト以前のユダヤ人の教師によっても、またギリシャ、ローマの哲学者らによっても教えられた。しかしながら、キリストの教えと、これらの教師のそれとの間に、明白なる差違(ちがい)がある。前者は積極的なるに対して後者は消極的である。そしてこの場合において、積極消極の差違は天地の差違である。「なすべし」の内に「なすべからず」ははいっているが、「なすべからず」の内に「なすべし」ははいっていない。「悪を避けて善をおこない」との教訓(おしえ)は同一の事の繰り返しでない。善をおこなう者は悪を避くるが、悪を避くる者は多くの場合において善をおこなわない。論より証拠である。東洋道徳は悪を避くるにおいて有効であるが、善をおこのうにおいてはいたって微弱である。人に迷惑を掛けざらんとは努むるも、進んで善をなさんとはしない。ゆえに有力なる慈善または社会改良はおこなわれない。外国伝道のごとき、見るに足るべきものはない。自分の安全を計り他人に迷惑をかけざればそれにて人生足れりと思うが、東洋人全体の気風である。

されどもキリストの教えは全くこれと異なる。彼の弟子たる者は進んで隣人を愛せねばならぬ。おのれの欲するところ、これを人に施さねばならぬ。愛は活動的である。隣人を初めとして、全人類をして神の恩恵にあずからしめねばやまぬ。人に迷惑をかけざるはもちろんである。彼をして幸福ならしめんと努むる。キリストの福音を信じて、人の人に対する態度が一変する。単に四海みな兄弟なりといいて哲学的平安にふけらない。兄弟たるの実を挙げんとする。リビングストン、ジャドソン、エリザベス・フライ、フローレンス・ナイチンゲールらのごとき人を起こして、神の愛をもって全人類を抱擁せんとする。

さらにくわしく黄金律の文字を研究する必要がある。日本訳のままに読んで、これを誤解するおそれがある。これは「人にせられんと欲する事は、すべて(何でも)人にせよ」ということではない。もしそうならば、多くの害をなす。この教訓の重心は「そのごとく」なる文字においてある。「すべて人にせられんと欲することは、なんじらもまた人になすべし」ではない。「そのごとく人になすべし」である。なんじらが欲するその心をもってなすべしとも解することができる。問題は、なす事ではない。事をなす心の状態である。簡単にいえば、愛をもってなすべしということである。おのれを愛するがごとく隣人を愛すべしというと同じである。

しかしながら、意味はそれをもって尽きないと思う。「そのごとく」は、七節より一一節までを掛けていうたことばであると思う。神がなんじらを扱いたもうごとく、なんじらもまた人を扱うべしとのことであるととう。すなわち天にいます父の全きがごとく、なんじらも全くなるべしというと同じである。そしてキリストは神の子である。信者の模範はキリストである。そしてキリストは神の子である。信者の模範はキリストである。神にならうが信者の本分である。「なんじらの父のあわれむがごとく、なんじらもあわれむべし」(ルカ伝六・三六)という。「なんじら、愛せらるる子のごとく、神にならうべし」(エペソ書五・一)という。神にならうて人になすべし。「すべて人にせられんと欲する事は、なんじら、神がなんじらになしたもうがごとくに、人になすべし」というのが、黄金律の意味であると思う。そしてかくのごとくに解する者は私一人ではない。有名なる注解者ベンゲルもかく解したのである。そしてかくのごとくに解して、その意味がいっそう深く、ひろく、高くなるのである。

神にならうとは、とうてい人の及ぶところでないというのが普通である。しかしながら、道徳そのものがとうてい達し得ざる理想である。そのゆえに尊いのであると哲学者カントはいう。しかのみならず、神はならうに最も易き者である。われらは知恵と能力とにおいて神にならうことはできない。しかしながら愛においてならうことができる。神の愛をもって、すなわち神がわれらを愛したもうその愛にならいて、人を愛することができる。そして、これ決して難い事でない。「神の戒めを守るは、これすなわち神を愛することなり。その戒めは難からず」(ヨハネ第一書五・三)とヨハネがいうたとおりである。

これは万人に当てはまる教えである。しかしイエスはこれを特に彼の弟子たちに説きたもうたのであって、これは特に信者道徳として解すべきものである。クリスチャンは人に何をせられんと欲するか。財産を分けてもらわんとは欲しない。その他、身に関する世話をしてもらわんとは欲しない。彼らはおのが罪をゆるしてもらわんと欲する。そしてさらに進んで神の真理を伝えてもらわんと欲する。このゆえに、彼はまず人の罪をゆるす。またおのが受けし神の恩恵を彼らに分かたんと欲する。そしてこの事をなすにあたって、その精神と方法とは、神が彼を扱いたもう精神と方法とである。「そのごとく」である。「神にならう」てである。神がわが罪をゆるし、われを恵みたもうその精神方法に従いて、人の罪をゆるし、彼らを恵み助けんと欲する。これが黄金律の特別の教訓であると思う。

そして神がわれらを恵みたもう方法をわれらはよく知ることができた。神は老婆がその孫を愛するがごとくにわれらを愛したまわない。ある時はそのみ顔を隠したもう。ある時は痛きむちを加えてわれらをこらしたもう。彼は多くの場合において、恵む露にあらずして焼き尽くす火である。それであるにかかわらず、彼は愛である。しかり、真の愛であるがゆえに、彼はかくのごとくにわれらを扱いたもう。われらもまた神のその愛を受け、その方法によりて人を愛すべきである。そしてかかる愛はたいていの場合において人に喜ばるる愛でない。されどもその愛が真の愛として人に認めらるる時は必ず来たる。黄金律はおこのうに易き教えでない。それがためにある種の十字架にのぼらねばならぬ。人に憎まるるまでに人を愛せねばならぬというのが、人生の最大悲劇である。

二八　生命に入るの門

マタイ伝七章一三—一四節
ルカ伝一三章二二—二四節

山上の垂訓は、七章十二節、黄金律の宣言をもって終わる。おおよそ人にせられん事を、神がなんじらになしたもう心と方法とをもって、また人にもせよといいて、実践道徳はその絶頂に達したのである。詩人ゲーテがいいしごとく、人類の知識はいかほど進歩しても、その道徳はイエス以上に達し得ないのである。これを称して「神の国の福音」という。すなわち天国に入るの道である。これをまた生命に入るの門と称することができる。

第十三節以下は垂訓の追加である。福音の性質、これを見出だすの道、これをおこなうの必要を述べたることばである。しかしイエスのことばなるがゆえに、例によって簡単明瞭にしてその意味は深遠である。すなわち左のごとし。

狭き門より入れよ。滅びに至る門は広く、その道は

広し。しかしてこれより入る者多し
生命に至る門は狭く、その道は狭し。しかしてこれより入る者少なし

第一三節　「狭き門より入れよ」イエスのことばとして驚くべきことばである。神の愛は天の広きがごとく広し。ゆえに生命の源なる神に至るの道もまた広大無辺ならざるべからずとは、何びとも思うところである。君子は行くに小道によらずという。狭きはまさに小人の道である。しかるにイエスはその弟子に教えて、「狭き門より入れよ」といいたもう。彼はまた後にパリサイの人らに告げていいたもうた、「まことにまことになんじらに告げん。われはすなわち羊の門なり」(ヨハネ伝一〇・七)と。これはまことに神の道は狭し、われもまた狭しというにひとし。これを聞いて何びとか驚かざらんやである。

しかしてその反対はいかにというに、滅びに至る門は広く、その道は広しという。生命に入るの門と道とは狭く、その反対の永遠の滅びに入るの門と道とは広しという。ここにおいてか狭隘はイエスによりて称揚せられ、広濶はかえって貶斥せられしを見る。宏量大度をもって誇りとする東洋の君子豪傑また顔色なしである。

しかして事実はいかに？　真理は常に狭くして誤謬は常に広くあるではないか。この世にありては、真理はわずかに少数にのみ歓迎せられ、誤謬は常に多数に喜ばるるではないか。迷信の勢力のいかに強きかを見よ。これに反して、明々白々の真理は世のいわゆる識者にまで顧みられないではないか。真理は最後の勝利であるというが、その最後の来たる、なんぞ遅きや。事物の真偽を多数決によりて定むるほど、まちがったる方法はない。盗賊のバラバと神の子イエスと、いずれかをゆるさんとピラトが会衆に尋ねし時に、一同は声を合わせていうた、「バラバをゆるせ。イエスはこれを十字架につけよ」と。しかして千九百年後の今日、開明の日本においても、またいわゆるキリスト教国の英国または米国においても、同一の事がおこなわるるのである。聖書の明訓に従い戦争の害と悪とを唱うる者あれば、全国こぞってこれを圧迫し、そのキリスト教会までが、監督、牧師、神学博士らの指導の下に戦争を謳歌し、流血を義としたではないか。しかしてこれは不信の日本にのみあったことではない。今よりわずか七、八年前に、熱信のピューリタンを祖先として有すといいて誇り、われら東洋人が暗

きに迷うをあわれむと称してわれらにあまたの宣教師を送るところの米国人によりてなされたる事である。平和の道は狭くして戦争の道は広くあった。しかして今や戦争はその目的と正反対の結果を生みしことをさとるに至りしも、平和論者はあがめられず、主戦論者は罰せられないのである。そしてこれは世界第一のキリスト教国と称せらるる米国にあった事であると知って、他は推して知るべしである。罪のこの世にありて、社会多数に真理として喜ばるる道は偽りの道であり、その少数者のみが見出だし得る道が真の道であると称してまちがいはないのである。

滅びに至る門と道とは狭し、生命に至る門と道とは広しという。これは、地獄は広い所、天国は狭い所であるというのではない。イエスは「わが父の家に住まい多し」といいて、天国の広さを示したもうた。イエスのこのことばは、狭き地獄に至る道は広くして、広き天国に至るの道は狭しとのことを教うるのである。偽善者の門は広くして、いかめし。医者の門構えという。やぶ医者の特徴である。わなと網との入り口は広し。獣と魚とを捕えんがためである。内の狭き者は外をつくろいて人を引かんとする。これに反して、内の広き者は外を狭くして、入る者を淘汰せんとする。これはすべて自然の法則である。ソクラテス、ダンテ、カント、カーライル、彼らはすべて内に広くして充満していたゆえに、外は狭くまた見すぼらしくあった。されども一たびその狭き醜き門を排して内に入らんか、金玉の殿堂、宝石の山、われを迎えて尽きないのである。

人なる教師においてしかり。まして神の子においてをや。真のイエスは近づくに難く、その福音は見出だすに難くある。「その道は狭く、その門は小さし」である。政府も社会もこれを示してくれない。知者も学者もこれを説かない。その前に十字架が横たわる。あだかも「これより内、入るべからず」との標札を見るがごとしである。父兄も親戚もこれを喜ばない。立身の道が阻止せらるるがごとくに思わる。されども、ああ、されどもである。この狭き門の内にさらに狭き道を過ぎて、その奥に真の自由、真の生命、真の幸福があるのである。「これを見出だす者少なし」という。門の狭きが故に、そのあまりに見すぼらしきがゆえにである。

天国すなわち生命に入るの門はかく狭かるべきもので

あるに、これを広くして多数を収容せんと計る者はたれか。天国の門は広からざるべからずといいし者はイエス・キリストではない。彼の弟子なりとみずから称するこの世の知者、すなわち俗人である。彼らはいう、「教会の門戸を広くせよ」と。しかして広くせられし門戸を通して入り来たりし者はたれか。俗人である。神の恩恵の何たるかを知らず、この世の知恵を神の知恵なりと解し、これを伝うるを伝道なりと称す。世界各国、ことに米国において、しかしておもに米国人によりてキリスト教を伝えられしわが日本において、今日の信仰堕落は、イエスのこの明白なる教訓にそむきしより来たのであると信ずる。

かくいえば、ある人は私に糺問するであろう、「さらば少数者のみ救われて多数は滅びるのであるか」と。イエスご在世当時に、同じ質問をもって彼に迫った者がある。ルカ伝十三章二十二節以下にいわく、「イエス、教えつつ町々村々を過ぎ、エルサレムに向かいて旅行したまえる時、ある人いいけるは、救わるる者少なきかと。イエス、彼らにいいけるは、なんじら力を尽くして狭き門より入れよ。われ、なんじらに告げん。入らんことを求めてあたわざる者多し」と。イエスのみ心はたぶん左のごとくであったろう。

なんじら何ゆえにこの質問をわれに向かって発するや。これ、なんじらにとり何の関係なき問題にあらずや。われ、なんじらにいう、なんじらはかかる問題に頭脳(あたま)を用うるに及ばず。ただ行いて、なんじら自身が狭き門より生命に入らんよう努力せよ。そは努力の足らざるより、入らんと欲して入るあたわざる者多し。なんじらがかかる質問を発するその事が、なんじらの心にゆるみあるの証拠である。なんじらにしてもし真実(まこと)に生命に入らんと欲する熱心あらば、かかる問題に心思を労するいとまなきはずである

と。多数が救われようが救われまいが、そは尋ねて益なき問題である。されど、われは救われざるべからずである。「なんじら……しかり、なんじら自身は力を尽くして狭き門より入れよ」である。他人はどうでもよい。そしてこの努力をなす者のみ、他人をもまた生命に導き得るのである。キルケゴードいわく、「キリスト教は信ずるに最も難き宗教である。人は容易にその信者たるあた

わず。されどもその事は、余がキリスト信者たり得ずとの理由とはならず。もし、いまだかつて一人のキリスト信者ありしことなしとならば、余は最初のキリスト信者となるであろう」と。真の熱心は常に人をしてこの態度におらしむるのである。

狭い点においては、イエスの教えはパリサイのそれと異ならない。ただ狭い種類がちがうのである。後者は人種的に儀式的に狭くあるに対して、前者は道徳的に実行的に狭いのである。低い狭隘と高い狭隘との差別である。そしてその差別は無限的である。

生命に入るの道は十字架の道である。

二九　偽りの預言者

マタイ伝七章一五―二〇節
ルカ伝六章四三―四五節

山上の垂訓に附録として三つの訓戒が加えられた。その第一が「狭き門より入れよ」ということである。第二が「偽りの預言者を慎めよ」ということである。第二は第一の続きと見ることができる。預言者は真理の門衛である。真(まこと)の預言者は狭き門を守り、偽りの預言者は広き門を守る。ゆえに、滅びに至る広き門より入るなかれというと、偽りの預言者を慎めよというと、その根本の意味は同じである。しかしながら、門と門衛とについて注意を加えて、注意はいっそう深くなるのである。

預言者とは、前もって預(あらかじ)め言う者に限らない。神の聖旨(みこころ)を伝うる者はすべて預言者である。牧師、伝道師、監督、神学者、すべて預言者たるべきである。ここに偽りの預言者というは、偽りのキリスト教の教師をさしていうのであると、ドクトル・マイヤーはいう。イエスはここに、彼の名をもって呼ばるる教会の内にかかる者の起こるべきことを、ご自身が預言者として預言したもうたのであると（マタイ伝二四・二三ー二八参照）。そう見るのがたぶん真理（ほんとう）であろう。

偽りの預言者はいかなる者であるかというに、「彼らは綿羊の姿にて（衣を着て）来たれども、内は残（あら）きおおかみなり」と。外面（そとがわ）は罪なき柔和なる羊のように見ゆれども、内面（うちがわ）は貪婪（どんらん）飽くことを知らざるおおかみであると。すなわち外は真の預言者のように見えて、内は神の敵であると。そして偽りの預言者に限らず、偽りの忠臣、偽りの愛国者、すべてしかりである。仙台萩における原田甲斐、加賀騒動における大槻伝蔵はそうであった。彼らは最も忠臣らしく見ゆる人であった。されども実は大逆無道の臣であった。キリスト教の教師もまた同じである。最も柔和なる、愛の権化そのものであるかのように見える人で、キリストの敵、信仰の破壊者である者は、世に決して少なくない。されどもこれによる者多しであって、キリストと彼に特別に選まれし者のみ、彼らが偽りの預言者であることを知る。さらに注意すべきは、偽りの預言者ははたしておのれが偽る者であることを自覚するやいなやの問題である。おおかみはおのれの残忍なるを知らない。残忍は彼の生まれつきの性質である。ただ、おおかみ以外の者がこれを知り、憎み恐れるのである。そのごとく、ほんとうの偽善者は自分の偽善者たるを知らない。彼らはある時は神の民を殺してみずから神に仕うると思う（ヨハネ伝一六・二）。偽善は彼の生まれつきの性質である。彼はほんとうの偽善者である。常に自己の偽善に気づきて神と人の前にふるえる者は決して偽善者でない。真の偽善者に徹底したるところがある。彼がよく人を欺き得るは、彼の統一せる思想と始終一貫したる行為によ
る。

偽善者は自分の偽善者なるを知らない。ゆえに人は彼を真の善人として受け取りやすくある。されども神は彼の偽善者なるを知りたもう。神は彼について宣告したもう、「彼は忠実なる神のしもべのごとくに見ゆれども、実は残きおおかみなり」と。あだかも、悲しむ者は自分は不幸なる者なりと思えども、キリストはその人はさいわいなりと宣告したまいしと同じである。人の何なるかはその表現（エキスプレッション）ではわからない。またその

自覚でもわからない。神のみ、これを知りたもう。そしてその生涯が結ぶ実（み）によりてのみ、人はこの事を知ることができるのである。

「その実によりて知るべし」「彼らの結ぶ実によりて、なんじら、彼らを知るに至らん」。「それ木はその実によりて知らるるなり」（一二・三三）とイエスは後にいいたもうた。実は生涯の総括である。単に事業というては足りない。悪人が善事をなすこともあり、善人があやまって悪事をなすこともある。まことに事業は偽善者が人を欺くために用うる最良の手段方法である。「その実によりて知るべし」。その生涯の大方針によりて、その事業の性質によりて、ことに最後の裁判における神の判決いかんによりて知るべしである。「知るべし」は未来動詞である。Shall know である。今は知るあたわざるも、後に明白に知るを得べし。「かの日、これをあらわすべし。これは火にて現われん。その火、おのおののわざのいかんを試むべし」（コリント前書三・一三）とパウロがいいしがごとくである。その時までは、われらははっきりと教師の真偽を判別（わか）つことができないのである。ゆえにまたいう、「主の来たらん時まで、時いまだ至らざる間は、さばきするなかれ」（同四・五）と。

はっきりと判断を下すことはできないが、大略はわかる。まず第一に、実は木の種類によりてちがう。いばらよりぶどうを取る者なく、あざみよりいちじくを採る者はない。そのごとく、仏教よりキリスト教の実を摘むことあたわず。この世の哲学より神の福音の結ぶ実を望むことはできない。宗教は何でもよし、教育さえあれば信仰の有無を問わずと称して、純福音とその基礎の上におこなわれたる教育との結びしと同じ実を、非キリスト教的教育に望むも、失望に終わるは当然である。種類がちがうのみならず、性質もまたちがう。同じ種類の木にても善悪の相違がある。善き（健全なる）木は善き（健全なる）実を結び、悪しき（羸弱（るいじゃく）なる）木は悪しき（羸弱なる）実を結ぶ。木の良否によりて、なる実が異なる。そして善き実を結ばざる木は切られて火に投げ入れられる。

預言者または信仰の教師もまたかくのごとし。その神学または教会関係はどうであるとも、聖霊によりて導かるる人と、しからざる人との間には、いばらとぶどうの木との相違がある。また同じ信仰の教師の内にも、強いと弱いと、生命にあふれたると涸(か)れたるとの相違がある。そしてその事はみなその結ぶ実において現わる。その実によりて知るべし。その雄弁によりてにあらず、その風采によりてにあらず。そのいわゆる事業によりてにあらず。その標榜せる信仰個条によりてにあらず。その実によりて、その感化の力によりて、聖霊が彼にありて結びたもうところの実、すなわち愛、喜び、平和、寛容、慈愛、善意、忠実、柔和、自制(ガラテヤ書五・二二)によりて知るべし。これを除いて、他に預言者すなわち教師の真偽善悪を見分くるの道はない。

教師の真偽は、すべての信者の真偽と共に、最後の審判を待たずしては判明しない。ゆえにわれらはこの事に関し、その時まで最後の判決を下してはならない。しかしながら、神は偽りの預言者を慎むだけの道を備えたもうた。神は聖書において多くの預言者の実例を示したもうた。真(まこと)なる者と偽りなる者との模範を挙げたもうた。イザヤ、エレミヤ、エゼキエル、アモス、ミカらはいずれも真の預言者であった。そしてエレミヤに対しパシュルがあり、アモスに対しアマジヤがありしように、真の預言者と相対して偽りの預言者を示したもうた。そして真の預言者はいかなる者であるかというに、まず第一に、みずから預言者たらざらんことを求めた者である。第二には、自己の弱きを知り、とうていその任に耐えざる者であることを自覚したる者である。第三に、神によるほか全然人にたよらず、政府または教会より何の保護をも受けざる者である。これと相対して偽りの預言者は、政権の弁護者であって教権の維持者であった。パシュルは祭司インメルの子であって、エホバの宮のつかさの長であったという(エレミヤ書二〇・一)。アマジヤはベテルの祭司であって、王ヤラベアムの配下であったとしるさる(アモス書七・一〇)。真預言者とにせ預言者との別は一目瞭然である。旧約聖書学の泰斗A・B・デビッドソンがいうたことがある。「偽りの預言者は当時の愛国者であって、真の預言者はその反対に当時の乱臣国賊である」と。今日でこそ、エレミヤ、アモスらを真の預言者の模範として仰ぐが、彼らが預言せし当時には、乱臣として獄に投ぜられ、国賊として放逐せられたる者である。偽りの預言者に関するイエスのこの戒めを解するために、われらは旧約の預言者らのくわしき研究を必要とする。

滅びに至る門は広く、偽りの預言者は羊の姿を装い、謙遜、柔和、温良の君子として現われて人を欺くという。この世はまことに試みの世である。そして試みを経て善しとせらるる時に生命の冠を与えらるるのである。試みは神を知るために、また霊魂を完成する（まっとう）するために必要である。人生万事ことごとく不安なりといえども、唯一の安全なるものがある。それは神がすえたまいし救いの岩である。人はことごとくわれを欺くも彼は欺きたまわない。われらはダビデのことばを借りて歌わん。

わが心くずおるる時、地の果てよりなんじを呼びまつらん。願わくはわれを導きてわれよりも高き岩に至らしめたまえと。なんじはわが避け所、われを仇よりのがれしむる堅固なるやぐらなり（詩篇六一・二—三）

偽りの預言者を避くることはできないが、彼が欺くことのできない所におのれを置くことができる。

三〇　言表と実行

マタイ伝七章二一—二七節
ルカ伝六章四六—四九節

㈠広き道によらず、狭き道によるべし。㈡偽りの教師によらず、真の教師によるべし。㈢自身、言表者とならず、実行者となるべし。イエスはいいたもうた、「われは道なり、真（まこと）なり、生命なり」（ヨハネ伝一四・六）と。イエスは真の道、真の教師、また生命すなわち真理の実行者なりと、彼のこのことばの意味を解することができる。単に真の教師に従うだけでは足りない。彼の教えの実行者たるべしとのことである。

真理は聞いただけではわからない。実行（実験）して見て初めてわかる。すべての真理においてそうである。ことに信仰の真理において、そうである。「まこと」は事であって言でない。最も確かなる真理は手をもって触れたる真理である。聞くのみにしておこなわざる者は、終生真理を解し得ずして終わる。カーライルいわくproduce, produce（生産せよ、生産せよ）と。生産せずして、少なくともまじめに生産せんと努力せずして、真理はわからない。おのが弱きを標榜して実行を避くる者は真理を解し得ないまでである。読書または聴講をもって真理把握の唯一の道となす者は、終生真理を把握し得ずして終わる。イエスいいたまわく、「人もしわれをつかわしし者の旨に従わば（おこなわば）、この教えの神より出づるか、またおのれによりていうなるかを知るべし」（ヨハネ伝七・一七）と。キリスト教を自己に証拠立つる唯一の道は、これをおこのうにある。

「おこなう」とは、必ずしも「完全に実現する」ということでない。イエスはここに「わがなんじらに伝えし父の旨を完全に体現せずば天国に入るあたわず」と教えたもうたのではない。「おこなう者」であって、「おこないし者」ではない。おこないを主眼とし、目的とし、努力とし、また習慣性とする者である。すなわち信仰を言語的にまたは思想的に解せんとする者に対して、実行的に解せんとする者をさしていいたもうたのである。かかる者は真に彼の教えを解し、またこれを実行するを得、あるいは実行するの力を与えられ、しかしてついに天国に入るを得べしと教えられたのである。読書家または弁論家または宣言者は天国に入るあたわずして、着実なる実行者のみ入るを得べしと教えたもうたのである。そして事実そのとおりである。

言表必ずしも無効でない。不信者もにせ信者も、イエスのみ名そのものに大なる能力が伴う。不信者もにせ信者も、イエスのみ名を唱え、彼の教えを伝えて、多くの善事をなすことができる。かるがゆえに彼らはおのれを欺きまた他（ひと）を欺くのである。鳥はみずから計らずして種子伝播の機械となる。にせ信者もまた自分は救われずして他人を救うための機械となることができる。イエスの名はうるわしくある。その福音はうるわしくある。われらは単に美的観念にかられて、すこぶるよき伝道者たることができる。されども人はその美的観念によりて救われない。美の実行、すなわち霊性の美化によりて救われる。ゴールドスミスがいいしがごとくBeautiful is that beautiful does（美をなす者すなわち美なり）である。「人を教えてみずから捨てられんことを恐る」（コリント前書九・二七）とパウロがいいしがごとくに、われら、人に福音を説きながら、自分はその救いにあずかり得ざるの立場に立つのおそれがある。

「多からん」「多くの人々その日われに語りて……」と読むべし。最後の審判(さばき)の日において、かかる人人は多かるべしとのことである。言表的信者は多かるべし、実行的信者は少なかるべしとのことである。そして実際のところ、今日といえども、信者という信者、教会という教会、キリスト教国というキリスト教国は、その多分は言表者であって実行者でない。キリスト神性論、聖書神言説等は彼らによりてかまびすしくかつ熱心に唱えらるるといえども、一朝実行という場合には、彼らの多数は不信者と異ならず。しかり、しばしば不信者以下に下るのである。その事は最も明白に戦争の時に現わる。その時に、山上の垂訓も何もあったものにあらず。米国においては、平和を唱えし牧師は信者に家を焼かれ、あるいは郊外に引き出されて木にくくられた。敵を愛するどころではない。敵を憎まざる者はクリスチャンでないように思われた。まことに「多かるべし」である。彼らは外国に伝道するも、渡り鳥が無意識に種子の播布をおこのうがごとくに、異教の民を教えてみずからは捨てらるるのである。

最後に審判が来る。そしてさばく者はイエスご自身である。「それ父はたれをもさばかず、審判はすべて子にゆだねたり」(ヨハネ伝五・二二)と彼はいいたもうた。イエスはご自身が人類最後の審判主(さばきぬし)であることを毛頭疑いたまわなかった。「人の子、おのれの栄光をもて、もろもろの聖き使いを率い来たる時は、その栄光の位に坐し……」(マタイ伝二五・三一以下)と、彼は後にいいたもうた。これ人なる教師のとうていいい得ないことである。われらはもちろんイエスを人類の審判者としてのみ見ない。彼は救い主であり、慰め主であり、また助者(たすけて)である。しかしながら、われらは彼が審判主であることを忘れてはならない。イエスにこの恐るべき方面があった。それゆえに彼の恩恵のことばが深く聴衆の心に沈んだのである。イエスは慈悲一方の阿弥陀様でない。彼に小羊の怒りがあった。山上の垂訓はイエスのこの方面を示さずしては終わらなかった。祝福のことばをもって始まりしこの大説教は大審判の予告をもって終わった。「われら、主の恐るべきを知るがゆえに、人に勧む」(コリント後書五・一一)とパウロはいうた。イエスもまたご自身の恐るべきを知りたまいしがゆえにこの教訓

(おしえ)を垂れたもうたのである。

そして審判はあるいは水をもって、あるいは火をもって臨む。水はこぼち火は尽くす。初めに壊倒の審判があり、終わりに燼滅の審判が臨むのである。されども水といい火といいいて、あえて物質的の水または火をさしていうたのではないと思う。未来の事に関して、イエスは表号(シンボル)をもって教えたもうた。また表号をもってするよりほかに道がないのである。別世界の事を語るにあたって、何びともこの世界の事をもって語るよりほかに道がないのである。されども表号は想像でない。確実なる事実である。ただ言い表わすに、ことばなきがゆえに、この世の事実をもって言い表わさんとするのである。その事が表号である。イエスの最初の説教において、すでにこの種のことばを見るのである。

雨降り大水出で……は、よく小アジア、シリヤ地方の気象を語ることばである。事実そのとおりであるとのことである。建築も農業もすべてこの事実を基礎としておこなわるるという。イエスは表号を使いつつある間にも事実を変えたまわなかった。ご自身真でありたまいし彼は、天然の事実を述ぶるにあたってても精密でありたもうた。

審判は必ず来たる。「みずから欺くなかれ。神は侮るべき者にあらず」(ガラテヤ書六・七)とある。その時、言表または思索によりて得し信念は役に立たぬ。ただ愛によりて働くところの信仰のみ益ありである。もちろん外面に現われたる行為が救うというのではない。善き行為を生ずるような信仰が救うというのである。そしてかかる信仰は、読書して、黙想して、思索して、得らるるものでない。行(や)って見て得らるるものである。人は行為によらず信仰によりて義とせらるるという信仰は、一生懸命におこなわんと欲する者に神より賜わる信仰である。信仰は行為の精粋(エッセンス)である。思索ならで行為に出発して到達したる霊魂の状態である。

イエスは伝道の初めにおいて審判を宣言したもうた。しかしながら宣言をもって止めたまわなかった。彼は人が審判に応ずるの道を設けたもうた。彼のご生涯と死と復活と昇天とは、すべて人が彼の審判に会うて滅びざらんがための道であった。イエスは真理(まこと)なると同時に道でありまた生命である。永生に入る必要条件として完全なる行為を要求したまいし彼は、またこの条件を満たし要求に応ずるの道を設けたもうた。山上の垂訓を聖書の他の部分よりひとり離して読む時に、モーセの律法のさらに厳格なるもののごとくに聞こえる。されども「律法を立つるは罪を増さんためなり。されど罪の増す所には恵みもいや増せり」(ロマ書五・二〇)とあるがごとくに、よりきびしき律法に応ぜんがためにより大なる恩恵の道が備えられたのである。神の怒りの声に触れて、われらはただ恐れてはならない、さらに高き岩へと走らねばならない。山上の垂訓はこれをキリストの十字架の下に立って読んで、その恐怖は化して奨励となり、その威嚇のことばは希望の声となりて聞こゆるのである。訓戒(いましめ)は十字架を指さし、十字架は訓戒を説明する。そして訓戒と十字架の間に立ちて、われらは神の恩恵に狎(な)れず、またその怒りに圧せられず、へりくだりてその恩恵にあずかり、感謝しつつその聖旨(みこころ)に従うことができる。

三一　イエスの奇跡とその模範

マタイ伝八―九章
同　　八章一―四節
マルコ伝一章四〇―四五節
ルカ伝五章一二―一六章

イエスは奇跡をおこないたもうた。イエスの場合においては、奇跡は単にふしぎなるわざではなかった。また精神療法とか暗示療法とか称して心理学的に説明することのできるものでなかった。また当時の奇跡であって学術進歩の後世においては科学の示す方法に従い何びとにも繰り返すことのできる事跡ではなかった。イエスの場合において、奇跡は「神のわざ」(ヨハネ伝九・三)であった。神ならではなすあたわざるわざであった。「もしわれ神の指をもて悪鬼を追い出だしたるならば、神の国はもはやなんじらに来たれり」と彼がいいたまいしがごとくに、イエスの指は神の指であって、彼のわざは神が造化において現わしたまいしわざであった。かくのごとくに奇跡を見て、イエスの奇跡がわかるのである。また彼の奇跡が、彼が神たるを証(あかし)するのである。イエスの教訓を重く見て彼の奇跡を軽く見るは聖書の見方でない。教訓は奇跡を説明し、奇跡は教訓を証明する。奇跡をおこなわざるキリストは真のキリストでない。われら、イエスの奇跡について読んで、これにつまずく間は、いまだ彼を知らないのである。

マタイ伝は五章より七章までに、主としてイエスの教訓を伝う。八章と九章とにおいて、主として彼の奇跡をしるす。彼はたぶんここにしるせるがごとくに一時に連続的に九回の奇跡をおこないたもうたのではあるまい。これらはたぶん記者なるマタイが、イエスの代表的奇跡として、ここにこれを編集したものであろう。イエスは肉体をつかさどりたもう、天然を支配したもう、霊界を治めたもうとは、これらの奇跡が示すところである。彼はこのほかに多くの奇跡をおこないたもうた。されどもこれらはその最も代表的のものである。マタイ伝第八章九章の研究は、イエスの奇跡を総括的に知らんと欲するにあたって最も有益である。

イエスがらい病の者を癒やしたまいし事については、われらはすでにマルコ伝一章四十―四十五節によりて述べた(本研究第一〇回)。今これをマタイ伝の記事として見る時に、その内に別の意味あるがゆえに、重複を顧みず、再びこれについて述べる。これはマタイ伝によれば、イエスが初めておこないたまえる奇跡である。彼は「民の中なるもろもろの病、もろもろの疾(わずらい)を癒やしぬ」(四・二三)とあるが、その最初のものがこのらい病であったのである。最初の奇跡でありしがゆえに、最も代表的であった。奇跡とは、この目的をもってかくのごとくにおこなわれたと教うるのである。

らい病は今日といえども不治の病である。ハワイ産大楓子油がその特効薬であると称せらるるが、いまだその必治は保証されない。いわゆる熱帯病の一つであって、最も頑固なる、最も素質的の疾病である。たぶん医学がらい病に打ち勝つ時に、その最後の凱歌を挙ぐるのであろう。しかるにイエスは今より千九百年前に、ただ手を触れただけで、即時にこの難病を癒やしたもうたのである。これは大喝一声、もって精神病者を癒やしたというとは全く類を異にする。これはたしかに「神のわざ」である。奇跡を超えて改造である。医学の進歩がその極に達しても、かくは癒やし得ないのである。イエスはやすやすと即坐に癒やしたもうた。彼は「すこやかなる者は医者の助けをもとめず」といいて、ご自身を医者にたとえたまいしといえども、彼は人なる医者でなかった。彼は肉体の疾病を癒やすにあたっても、神が癒やすがごとくに癒やしたもうた。

　そして人にはらい病よりもさらに頑固なる、さらに素質的なる疾病がある。それは罪である。罪は人の生命の根本を犯す疾病である。善ならんと欲するも善なるあたわず、悪を憎みながらこれをおこなう。「人の心は万物(よろずのもの)の中にて最も偽るものにして、はなはだ悪し。たれか、これを知るを得んや」とのエレミヤの言は、深く人生と自己とをきわめし者の何びともがなす偽らざる告白である。「ああわれ、なやめる人なるかな。この死の体よりわれを救わん者はたれぞや」とは、らい病患者の叫びであって、同時にまたおのが罪にさめたる者の叫びである。そして罪の人が「来たりて拝し、主よ、もし聖旨(みこころ)にかのうならばわれをきよくなし得べし」という時に、イエスは手を伸べ、彼につけて、「わが旨(こころ)にかなえり。なんじ、きよくなれ」といいたまいて、らい病にひとしき罪はただちにきよくなるのである。事は議論でない。実験である。自分が不治の疾病にかかり、人の援助(たすけ)の効なきを知りて、神の子の足下に伏し、謙遜もって治癒(いやし)を求むる時に、この実験があるのである。「もし聖旨ならば」である。むりに願うにあらず、すでに罪を犯せる者は救いを要求するの資格なし、しかしもし聖旨ならば、なんじはわれをきよくなし得べし、なんじに能力のあることをわれは信じて疑わずというのである。そして人が神に対してこの態度に立つ時に、神は彼に対して奇跡をおこないたもうのである。神における能力の有無の問題ではない。人における信仰の有無の問題である。人に信仰ありて、神の能力の表現(あらわれ)は確かである。すべての奇跡がこの条件の下におこなわる。この条件を欠いて奇跡を見ることはできない。この意味においてこの奇跡は模範的である。信仰のない所に奇跡は起こらない。

　イエスは肉体の医者にあらず、霊魂の医者である。「その名をイエスと名づくべし。そはその民を罪より救わんとすればなり」(マタイ伝一・二一)とあるがごとし。そしてイエスの奇跡はすべてこの事を証明せんためである。そしてこの事を証明せんがために、らい病は最も好き実例であった。らい病は多くの点において罪を例証する病である。ゆえに、らい病を癒やし得る者は罪を除き得ると信じて多く誤らないのである。ゆえにイエスは幾たびか、らい病を癒やしたもうた。マタイ伝十章八節、同十一章五節、同二十六章六節、ことにルカ伝十七章十二節以下等がこの事を証するのである。らい病をきよくせらるという。罪をきよめらるという。罪なき者として神の前に立つことを得しめらるという。人としての最大幸福また最大特権である。そして、たやすくらい病をきよめ得る者のみが、人にこの事をなし得るのである。この点から見るも、またイエスの最初の奇跡は模範的であって、意味深長である。

「慎みて人に告ぐるなかれ」といいたもうた。神の恩恵は軽々しく広告すべきものでない。これを語るに人を選むべきである。豚の前に真珠を投げて、真珠は汚され、また失わるるのおそれが多い。「救いの証をなす」と称して、広く恩恵を人に告げて、これを失いし例は決して少なくない。信仰は秘伝ではないが、ただし奥義である。これは何びとにもわかるものではない。「慎んで人に告ぐるなかれ」である。絶対に告ぐるなかれというのではない。慎んで語るなかれ、また語れというのである。いわゆるリバイバル運動に、イエスのこの訓戒が守られないことは、はなはだ歎ずべきである。

「ただ行きて、おのれを祭司に見せ……」イエスもまたモーセの律法を重んじたもうたのである。彼は時には律法を満たすためにこれに超越したもうたが、しかし普通の場合おいては、よくこれに服従したもうた。この場合においても、らい病に手を触るるのは律法の禁ずるところであるが、しかし病者を癒やさんがためには、あえてこの禁令を犯したもうた。されども癒やされし者に対しては、規定の法則を守るべく命じたもうた。これ矛盾のごとくに見えて、少しも矛盾でない。すべての健全なる改革者にこの両方面がある。彼は進歩家であって同時に保守家である。必要やむを得ざる場合には古例旧慣に超越することありといえども、たいていの場合にはこれを重んじ、これに服従する。「愛は律法を完全（まっとう）す」（ロマ書一三・一〇）である。愛の命ずる時に律法に超越することありといえども……そむき、または破るのではない……命ぜざる時にはあえてみずからこれを犯さんとしない。儀式そのものは決して悪いものでない。これを形式と称して、いちがいにこれを排斥すべきでない。「すべて義（ただ）しき事は、われら尽くすべきなり」と、イエスは洗礼のヨハネに告げたもうた。すべて敬うべき事は、なんじら心に留めてこれをなすべしと、パウロは教えた。クリスチャンは反抗を愛する不法の民ではない。律法はなし得る限りこれに服従する。「行きて、おのれを祭司に見せ、かつモーセが命ぜし供え物をささげて、彼らに証拠をせよ」と、イエスは、彼によりて癒やされしらい病患者に告げたもうた。愛をおこのうのほかは普通の人たれとの意（こと）である。騒擾（エキサイトメント）を避けよ、奇を好むなかれ、なるべくだけ世と共に歩むべしとは、聖書全体の教うるところである。パウロがテサロニケの信者に教えて、「なんじら安静（しずか）ならんことを務め、おのれの事をおこない、手ずから工（わざ）をなすべし。こはなんじら、外の者（世人）に向かいて正しくおこない、またみずから乏しきことなからんためなり」（テサロニケ前書四・一一―一二）と書き贈りしは、信者たる者のこの態度を示したるものである。

三二　軍人の信仰

マタイ伝八章五―一三節
ルカ伝七章一―一〇節
使徒行伝一〇章

マタイ伝の記事によれば、第一に癒やされし者はユダヤ人であって、その病はらい病であった。イエスはこれに手をつけて癒やしたまえりという。これに次いで第二に癒やされし者は異邦人であって、彼はローマ軍隊に属する百夫の長のしもべであった。そしてその病は中風であって、イエスは遠くより言葉をもってこれを癒やしたまえりという。同じく神の能（ちから）の表現（あらわれ）であって、天の内、地の上のすべての権能を聖父（ちち）より賜わりし神の子のおこないとして見て、少しもふしぎはないのである。問題は奇跡ではない。これに伴う事実である。奇跡をもって現われたるイエスの性格、主義、信仰である。

百夫の長は、今日でいえば小隊長または中隊長である。訓練されたるローマ軍隊における少尉また中尉である。低級士官ではあったが、よくローマ軍人の精神を表わし、規律正しく、威権あり、厳粛であって、よく上官の命に服すると同時に、また部下をしてよくおのが命に従わしめた。ローマ帝国の偉大はこの厳粛なる軍隊によりて得られまた維持せられたのである。軍隊は必ずしも圧制の道具でない。よくこれを使用して、平和は確立せられまた支持せらる。ローマ帝国四百年の平和は、その一面において、確かにその有力なる軍隊のたまものであった。その保護ありしがゆえに、使徒らは比較的短時日に当時の文明世界を福音化することができたのである。秩序法律はキリスト教の重んずるところである。したがってその維持の任に当たりしローマ軍人はおのずから福音に引かされ、その尊祟家または求道者であった。福音書のこの場合においてのみならず、使徒行伝十章における百夫の長なるコルネリオの場合のごとき、同二十二章におけるパウロを保護せし百夫の長ならびに千夫の長の場合のごとき、その他、二十三章、二十四章、二十八章等に現われたる百夫の長は、すべて福音の保護者であった。使徒ら、ことにパウロが彼らを重んぜしに深き理由があったのである。かくして、イエスは軍人を愛し、軍人はイエスを愛した。軍人がもし真の軍人ならば、かくあるが当然である。マタイ伝によりて伝えられし第二の奇跡を研究するにあたりて、この事に注意するが必要である。

この異邦人、しかもこの異邦の軍人に、まれに見る篤き信仰があった。そしてその信仰たる、簡単きわまるものであった。まことに軍人の長所はその簡単なるにある。命令に従い、命令をおこなわしむれば、それで万事は足りるのである。理窟と議論の必要は少しもない。命これ従う。それが軍人の生命である。詩人テニスンの「軽騎兵の突撃」の歌にいえるがごとく、「われらはなぜと問うに及ばず。われらは従うて死すれば足る」というのである。百夫の長はこの精神をもってイエスに臨んだのである。

百夫の長、人をつかわして、イエスにいわしめけるは、主はみずからおいでくださるに及ばず。貴師(あなた)をわが屋根の下に入れまつるは恐れ多し。私が貴師の前に出づるもまた恐れ多し。ただ一言を出だしたまえ。さらば、わがしもべは癒ゆべし。そは私もまた権威の下につける者にして、私の下にもまた兵卒ありて、私がこれに行けと命ずれば行き、かれに来たれと命ずれば来たる。私がしもべにこれをなせと命ずればすなわちなせばなり（ルカ伝七・六―八）

何事も命令と服従とをもっておこなわるる軍隊に生くる者は、何びとに対してもこの精神をもって臨むのである。そしてイエスはこの精神をめでたもうた。百夫の長のこのことばを聞いて、彼は従える人々にいいたもうた、「われ、まことになんじらに告げん。イスラエルの中にても、いまだかかる信仰に会わざるなり。われ、なんじらに告げん。多くの人々、東より西より来たりて、アブラハム、イサク、ヤコブと共に天国に坐し、国のこどもは外の暗やみに追い出だされて、そこにて悲しみ歯がみすることあらん」と。イエスはローマ軍人の武士道をめでたまいて、このことばを発したもうたのである。

そしてイエスのこのことばを聞きしユダヤ人、ことにその宗教家らはいかに怒ったことであろう。異邦人が、しかも異邦の軍人らが、東より西より来たりて、アブラハム、イサク、ヤコブと共に天国に坐し、ユダヤ国民は外の暗やみに追い出されるであろうという。これ約束の地とその民を侮辱するのことばであって、その無礼やゆるすべからずであるといいて、彼らはいたく憤ったであろう。しかしながら、イエスのイエスたるはここにある。彼は真善を愛するにあたって、国の内外、民の異同を問わなかった。善き事は何びとによりていずこにおこなわれても善き事である。イエスの道徳は彼の愛国心に超越した。ローマ人たれ、サマリヤ人たれ、善人は善人である。ユダヤ人たれ、パリサイ人たれ、悪人は悪人である。イエスは人類の教師である。特にユダヤ人につかわされたる、いわゆる「民の学者」ではない。イエスのこの人類的態度は、彼の奇跡だけそれだけ偉大である。しかり、奇跡以上に偉大である。

そしてイエスはここに彼の理想を発表したもうたにとどまらない。彼はまずただちに百夫の長のしもべの病を癒やして、彼のことばを実行したもうた。そしてその時より今日に至るまで、東西の軍人階級よりあまたの忠実なる弟子を選びたもうて、このことばを実行したもうた。キリストの地上の教会を称して Church militant（戦闘の教会）という。キリスト教の信仰はいうまでもなく戦闘の一種であって、闘志なき者の維持することのできないものである。その意味において、教会は軍隊の一種である。これは法律家や思想家の弁論会でない。なんじ行けと命ずれば行き、来たれと命ずれば来たる者の衆合である。すなわち権威のおこなわるる所であって、議論のおこなわるる所でない。ここにおいてか、その指導の任に当たりし者は、多くは軍人の家に生まれし者か、または軍人気質(かたぎ)の人であった。今ここにその二、三の例を挙ぐれば、使徒以後の初代のキリスト教会において、信仰学識、一頭地を抜いて、すでに腐敗せる教会において純福音の信仰によって動かざりしジョン・クリソストムは、ローマ将軍の遺子であって、また母としては武士気質の賢婦人アンツーサを持った人であった。クリソストムの一生涯が実に武士的キリスト教の好模範であって、その当時ならびに後世に及ぼせる感化力たる、ほとんどパウロのそれに匹敵すべきものがある。また近くは英国の説教師にして、今に至るもなお多くの景慕者を有し、日本のキリスト信者にしてその感化をこうむりし者もまた少なからざるフレデリッキ・W・ロバートソンは、陸軍砲兵士官の子であって、彼の一生涯が、キリストに仕うるに軍人の精神をもってした者であることは、彼を知る者のよく知るところである。カトリック教会にありては、ゼスイット派の創設者イグナシウス・ロヨラは、軍人が宣教師に化した者であって、彼の精神を受けて、有名なるザビエーは遠くわが日本に伝道し、わが国において初めてキリストのみ名がとなえらるるその基を開いた者である。その他、数うるにいとまがない。そしてわが国においてプロテスタント主義のキリスト教が伝えらるるや、初めてこれを受けてその信者となりし者が、鍋島の臣であった村田若狭という武士であった。その後、同じく福音を受けて日本国の教化にその一身をゆだねし者に、新島襄君、本多庸一君ら、同じく武士の家に生まれし人々があった。そしてさらにふしぎなるは、日本に福音を伝うるにあたってその感化力の最も偉大なりし者の二人は、自身軍職を身に帯びし人であった。すなわち熊本のカプテン・ジェーンス、札幌のコロネル・クラークがそれであった。すなわち日本にあっても、福音は軍人によりて伝えられて、軍人によりて受けられたのである。まことに「多くの人々、東より西より来たりて、アブラハム、イサク、ヤコブと共に天国に坐し」である。イエスは平和の君であるが、その部下として忠実なる軍人を求めたもう。そして軍人が福音の戦士と化せし時に、最も有力なる平和の使者となるのである。

そしてその理由は知るに難くない。福音は簡単である。明瞭である。そして多くは命令によっておこなわるる事である。イエスが昇天に際し、最後に弟子たちに語りたまいしことばは、マタイ伝末章の終わりにしるされたる左のことばである。

> 天の内、地の上のすべての権をわれに賜われり。このゆえに、なんじら行きて、万国の民にバプテスマし、これを父と子と聖霊の名に入れて弟子となし、かつ、わがすべてなんじらに命ぜしことばを守れと彼らに教えよ。それわれは世の終わりまで常になんじらと共にあるなり

と。これは大将軍が部下に発する命令である。われは大権を賜われり、わが命令を全世界に伝えよとのことばである。「何ゆえに」といいて問題を設けて攻究すべきことばでない。預言者イザヤのごとくに、「われ、ここにあり。われをつかわしたまえ」といいて、ただちに服従すべき命令である。キリスト教は哲学的宗教なりと称し、まずその哲学的根底をきわめて、しかる後に立つという者のごときは、とうていイエスの忠実なる弟子たるあたわざる者である。百夫の長は一面してイエスの何者なるかを知った。彼はただちにその足下に伏していうた、「主よ、われ、なんじをわが屋根の下に入れまつるは恐れ多し。ただ一言を出だしたまえ。さらばわがしもべは癒ゆべし……」と。真の信仰はかくのごとくして起こるのである。イエスに会いまつりしその日その時に起こるのである。福音書のしるすところに従えば、ペテロとその兄弟アンデレ、ヤコブとその兄弟ヨハネがイエスに従いしもまた瞬間的決心によれりとのことである（マタイ伝四・一七以下）。法学士または思想家または芸術家が一生かかってイエスを究（きわ）めて、彼を知るあたわざるは、彼らに軍人その他すべての偽りなき人々にあるこの信頼の心がないからである。「イエス、ナタナエルのおのれの所に来たるを見、彼をさしていいけるは、見よ、真のイスラエルの人にして、その心偽りなき者ぞ」（ヨハネ伝一・四七）と。そして真のローマ人、真のギリシャ人、真の英国人、真の日本人はすべてかくのごとくイエスのもとに行いたのである。くどい理窟と、廻り遠い議論

と、煩わしい説明とは、武士の禁物である。あえて哲学を恐るるにあらず。科学はこれを歓迎する。されども真理は真理、一目瞭然たりである。君命これ従うのほか何事をも知らざる心をもってイエスに臨んでこそ、彼がまことに神の子、人類の王、わが全身をささげて誤らざる者であることが判明するのである。

この点から見て、貴きは日本の武士道である。武士道は福音を接（つ）ぎ木するに最も良き台木である。この木に接ぐにこの若枝をもってして、良き実を結ばざるを得ない。日本における武士道の衰退は、福音のために最も歎かわしきことである。これは日本の精華であって、たぶんアジア文明が生んだ最善のものであろう。願う、その全く絶えざるにあたって福音を接受するに至らんことを。

三三　家事の祝福

マタイ伝八章一四―一五節
マルコ伝一章二九―三一節
ルカ伝四章三八―三九節

イエスがペテロの妻の母の熱病に悩めるを癒やしたまえりとは、初代の教会においてははなはだたいせつなる事であると思われたと見え、三福音書共にその記事を掲げている。その内でマルコが最もくわしく、ルカこれに次ぎ、マタイが最も簡単である。イエスはむやみに奇跡をおこないたまわず、これをおこなうに深き理由のありしことを知り、三福音書がこぞりてこの奇跡を伝うるを見て、その内に何か深き意味のあったことが推量せらるるのである。そしてその意味を探るにあたって最も善き手引きとなるものが、簡単なるマタイ伝の記事である。記者がイエスのおこないたまいしあまたの奇跡の内より代表的の九個を選び、その内にこの奇跡を加えしによりて見て、その何のための奇跡であったかをほぼ知ることができると思う。もちろん、われらにとり、奇跡はまことに奇跡であって、近世科学をもって説明し去るべきものでないことはいうまでもないのである。

第一に注意すべきは、癒やされし者のペテロでもなく、また彼の妻でもなくして、彼の妻の母すなわちしゅうとめであったことである。すなわちイエスにとり縁の遠い者であって、彼の伝道事業には関係のいたって少ない者であった。われらはただ一回、ここにおいて彼女に会うのみであって、その後の彼女の生涯について、聖書は何のしるすところがないのである。ペテロの妻は彼と共に伝道に従事したとは、コリント前書九章五節におけるパウロのことばによりて知るを得るといえども、イエスに癒やされし彼女の母はいかに成り行きしや、杳(よう)として消息なしである。彼女は伝道史上はなはだ小なる地位に立った者である。

しかるに、この女にこの奇跡がおこなわれたのである。そしてそのすぐ後にしるさるる奇跡が、イエスが大風を静めたまえりという宇宙制御を表号する奇跡であったことを知って、われらはこの小なるがごとくに見ゆる奇跡の内に、深き大いなる意味を発見せねばならぬのである。イエスはガリラヤ湖畔の活動の一日、彼が本陣と定めたまいしペテロのつつましき家庭において、たぶんその炊事の任に当たりし彼の妻の母が、その地の風土病なる熱病に悩まされておるのを見て、同情に堪えず、手を伸べてこれにさわりたまいければ、熱はただちに退きて、彼女はただちに起きて、彼らに仕えたりという。事はエルサレム郊外ベタニヤにおけるマルタ、マリヤの姉妹にかかわる記事と同じく、イエスの家庭味を示すものであって、これをうるわしき家庭小説の一節と見て、純金の価値があるということができる。しかしながら神の子にして人類の王なるイエスがなしたまいし事であれば、これにはモット深い意味がなくてはならない。その意味を探るのがわれらの義務また喜びである。

私は思う、主は家事を祝福するためにこの奇跡をおこないたもうたのであると。あだかも結婚を祝福するためにカナにおいて水をぶどう酒に変えるの奇跡がおこなわれたと同じである。イエスはもともと家庭の人でありたもうた。彼のささやかなるナザレの家庭は、彼の地上の天国であった。彼はよく家庭の勢力を知りたもうた。これは国の基、教会の礎(いしずえ)である。イスラエルの歴史はアブラハムの天幕の内より始まったものである。そして家事整理の任に当たる者、その者は、地上における神の国の揺籃をつかさどる者である。そして母と妻とがその任に当たるのであって、その意味において、人類はかよわき婦人の手にゆだねられたのである。そしてペテロの家の場合において、この任は彼の妻の母のになうところであった。彼女は、いずれの国においても見ることのできる、まめやかなる老熟の婦人であった。彼女あるがゆえに家庭は清潔に、秩序があり、家人全体が飢えず、またこごえないのである。ソロモンが彼女をたたえしことばにいわく、

彼女は羊の毛と麻とを求め、喜びて手ずから働く。彼女は商人の舟のごとし。遠き国よりその糧（かて）を運ぶ。彼女は夜の明けぬ先に起き、その家人に糧を与う。彼女はその手に捲糸竿（いとまき）を取り、その指につむを握る。彼女は家人のために雪を恐れず。そは彼らはみな紅の衣を着ればなり（箴言三一・一三―一五、一九、二一）

と。彼女ありて家庭あり、彼女なくして家庭はないのである。そして神の前に彼女が特に貴くある理由は、彼女自身はおのれの貴尊を思わず、世もまた全体に彼女の貴尊を認めざるがゆえである。炊事である、裁縫である、これ雇い人のなし得るところ、あえて主婦たる淑女のこれに当たるを要せずという者がある。しかしながらイエスは、そのナザレの家庭において、そのしからざるをよく知りたもうた。炊事も愛を要し、裁縫も愛を要す。愛なき食物に味はなし。愛なき着物に暖か味なし。味なき冷たき社会の根底において味と熱とを供するものは家庭であって、その源は主婦である。世は「おばあさん」「おかみさん」と称して彼女を卑しむるも、すべての真の幸福は彼女の手より出づるのである。

この事をよく知りたまいしイエスは、湖畔の伝道を終えてペテロの家に帰り、彼のしゅうとめの熱に悩むを見たまいしや、彼が神たるの能（ちから）を表わし、彼女を癒やして、彼女の仕事を祝福したもうたのである。これイエスならずばなさざるおこないである。世界の任を身ににないたまいし主が、家庭の小事に一身をゆだぬる卑しき婦人に意を留めたもう理やあると問うが世の人の常である。しかしながら、人類の救い主であるがゆえに、彼は彼女に能を注ぎたもうたのである。そしてイエスの

当日の場合において、ペテロのしゅうとめは最も重要なる地位に立った者である。「彼女ただちに起きて、彼らに仕う」とある。イエスとその弟子とに食を供し平息(やすみ)を与うる者は彼女を措(お)いて他になかったのである。伝道は、単に思想あり弁舌あるいわゆる伝道師の事ばかりではない。彼らを養い彼らに安き住居を供うる者もまた伝道の大任に当たる者である。イエスはこの日、世界教化の重要機関としての婦人後援の必要を認め、これを祝福せんがために、この奇跡をおこないたもうたのであると思う。イエスのご生涯において、この事がやや大規様に現われたのが、ルカ伝八章一―三節である。ついて見るべし。

イエス、ペテロの妻の母の病を癒やしたもう。前にはローマ軍人の信仰を愛し、そのしもべの病を癒やしたまい、後にはガリラヤ湖面に吹きすさぶ大風を静めて弟子たちの生命を救いたもうた。事は相関連して、主イエスのみ心とそのみ教えとの性質を示して誤らないのである。万物を主宰したもう彼に、人種国民の差別はなく、また事業尊卑の相違はないのである。彼の目には、最も卑しく見ゆる者が最も尊く、必要ならずと見ゆる者が必要である。イエスがその母マリヤに対して孝養を尽くしたりと、べつに聖書に書いてないが、しかしながらペテロのしゅうとめに施したまえる奇跡のごとき、たしかにマリヤに対する尊崇の念を発表せしものと見てまちがいないと思う。ルーテルが宗教改革を起こしたのではない。彼を生み彼に暖かき家庭を供せし彼の母マーガレットが起こしたのである。ウェスレー兄弟によってメソジスト教会が起こったのではない。彼らの敬虔(つつしみ)ある母なるスーザンナによって起こったのである。そしてペテロの妻の母を癒やせしイエスは、今なお多くの隠れたる妻と祖母とを癒やしたまいつつある。イエスは宇宙の主(ぬし)であると同時にまた台所の神である。彼の目はそこに注がれ、彼の愛はそこに働くところの者の上に現われる。事は小事にあらずして大事である。初代のキリスト信者がイエスのこの奇跡を重要視した理由はここにあったと信ずる。キリスト教は台所の宗教であると聞いて笑う者は、いまだそのいかなる宗教であるかを知らざる者である。台所はこれを下女まかせにして、自分は書を読み文を作り楽を奏するをもって高尚なる女であると思う者は、いまだマリヤの子なる主イエスの心を知らざる者である。貴きはイエスのみ教えとみわざとである。そのすべてが意外である。これを聞いて喜ぶ者はすべて世にしいたげられし者また卑しめられし者である。そして喜ばざる者はすべて世にもてはやされし者また尊まれし者である。この奇跡一つが、世のすべての下女下男その他、ドメスティックスと称して家庭の小事に年百年中その一生をゆだぬる人の妻また母たちにとり慰安に満つる大福音である。家庭の改良はもちろんのこと、社会の改良も国家の改造も、この福音なくしては始まらないのである。台所に働くお母さんとお祖母さんを尊敬せよ、また自分もそれになることを恥とするなかれ、ペテロの妻の母を憶(おぼ)えよ、主は彼女を恵みて、すべて彼女と地位を同じゅうする者を祝福したまえりとは、三福音書が特にこの記事を掲げて後世を教えんとせしところであると思う。

キリスト伝を研究するにあたって、たいていの人のおちいる誤謬は、彼を世のいわゆる偉人と見て、彼があたかも大革命を起こしたまいしように思うことである。イエスは決して「偉人」でなかった。彼は革命を起こさなかった。むしろ革命は彼によりて起こったのである。彼は当然の事を教え当然の事をおこないたまいしにすぎない。その意味において彼は凡人であった。しかるに世がこぞって不当の事をおこなうがゆえに、イエスがふしぎの人に見え、彼につまずき、彼に刺激せられて、大革命が始まったのである。イエスは決して世に戦いをいどみたまわなかった。世がもし世ならば、すなわち罪の世にあらずして義の世でありしならば、彼はガリラヤの工匠として、その平和なる一生を終わりたもうたに相違ない。人なるイエスの立場に立ちて、世が彼について騒ぎ立ちし事を見て、彼はふしぎに思いたまいしに相違ない。彼は家庭の人、労働の人、信仰の人、平和の人、満足の人であった。世に騒動を起こすがごときは彼の最も忌みたもうところであった。しかるに世が彼と正反対であったゆえに、彼は平和を来たさずして剣を来たす原因となりしことを見て、彼は非常にその心を痛めたまいしに相違ない。

キリストがそうであった。キリスト信者もまたそうである。彼は何よりも平和を愛し、何よりも騒動をきらう。しかるに世が彼に当たって騒動が起こるのである。

自国人同様に外国人を愛すると聞いて愛国者が怒り立ち、神の恩恵は台所に臨んで、深窓や化粧室に臨まないと聞いて、奥様や令嬢が騒ぎ立つのである。イエスは貴族でもなく、富豪でもなく、また学者でもなく、ただの人であった。そしてあまりに人らしき人でありしがゆえに、世は彼を祭り上ぐるか、しからざれば彼を十字架につけたのである。しかしながら、世はどうであるとも、われらはどこまでもクリスチャンであらねばならぬ。すなわち徹底したるただの人たるべく努めねばならぬ。

三四　宇宙の制御

マタイ伝八章二三—二七節
マルコ伝四章三五—四一節
ルカ伝八章二二—二五節

イエスは奇跡をもって病人を癒やしたもうた。ただ手をつけただけで、らい病患者を癒やしたもうた。遠方より声を発しただけで、百夫の長のしもべを癒やしたもうた。ペテロのしゅうとめの熱病を癒やしたもうた。これだけでも大なる奇跡であった。しかし彼の奇跡はこれにとどまらなかった。彼はまた大風を静めたもうた。鬼を追い出したもうた。罪をゆるしたもうた。すなわち宇宙を制御し、霊界を支配し、良心を主宰するの権能あるを示したもうた。イエスは単に個人の救い主ではない。宇宙の主宰者である。「あるいは天にあり、あるいは地にある万物を、キリストにおいて一に帰せしめたもう」（エペソ書一・一〇）とありて、彼は天上天下、万物の中心的勢力である。

イエスははたしてかかる絶大の奇跡をおこないたまいしか。彼が病人を癒やしたまいたりとは信ずるに難くない。大人物の精神的感化に非常なるものがあるがゆえに、これが原動力となりてついに肉体の病が癒ゆるに至れりと聞いて、われらはべつに怪しまないであろう。しかしながら、一言をもって人の病を癒やすと、一言をもって海の波を静むるとは、全然別種のわざである。前者はこれを信ずるに難からずといえども、後者は事実として受け取ることはできない。イエスが天然界に施せりという奇跡は、これは事実としてはあり得べからざるものと見てさしつかえないというが、多くの有力なる神学者の意見である。有名なるカイム先生のごときはこの説の維持者である。

事実はたしてそうであるか。福音書の記事そのものが全然写実的ではないか。これに何の無理なるところがない。装飾(かざり)もなければ形容もない。事実ありのままである。颶風(おおかぜ)の起こりし時に、イエスは舳(とも)の方にて、枕して寝ていたもうた。弟子たち、危険のおのが身に迫るを見たれば、彼を起こしていうた、「師よ、われらがおぼるるをも顧みたまわざるか」と。この声を聞きてイエスは立ち上り、風をいましめていいたもうた、「静まれ、口をとじよ」と。ここにおいて風やみて、大いになぎたりという(マルコ伝の記事による)。これだけである。かかる絶大の奇跡をしるすにあたってなんと簡単きわまる記事ではないか。もし他の人がかかる大奇跡をおこのうたとするならば、その記事に数万語を費やすもなお足りないであろう。預言者エリヤがカルメル山上に雨を祈りし記事ですら、列王記上第十八章全部にわたっている。日蓮上人の相州田辺池における雨乞いの記事のごとき、血わき魂おどるの概がある。されども神の子が湖上の颶風を静むるのさまは全くこれと異なる。「イエス起きて、風をいましめ、海にむかいて、静まれ、口をとじよといいければ、風やみて、大いになぎたり」というにすぎない。あだかも権威ある父がその子に静粛を命じて、その命がおこなわるると同然である。宇宙の主宰者が風と海とに静粛を命じて、そのごとくになったのである。当然の事である。これをしるすに長きを要せず、簡単の記事にて足る。されども弱き人間の目をもって見て、簡単にして壮大である。われらもまたこれを読んで、使徒たちと同じく、「風と海さえも従う。これ、たれなるか」といわざるを得ないのである。

しかしてまたイエスはかかる事をなし得る者であるべきではないか。彼は神の子であり、人類の王であり、万物を復興し、死者をよみがえらす者であるというのが聖書の主張である。彼は小なる救い主ではない。大なる救い主である。彼は孔孟釈基と称して孔子や釈迦と類を同じゅうする者ではない。彼は神が肉体を取りて現われたもうた者であって、世の基の置かれざりし前より聖父と栄光を共にしたまいし者である。かかる者でありたもうがゆえに、世を救い、またわれをも救い得る者である。人なる救い主は幾人あっても、世をもわれをも救うことはできない。孔子は偉人なりというが、彼が、世界はさておき、彼の生国たるシナをも救い得ないことは、何びとも認むるところである。死に臨んで「大山くずれなんか、梁柱くだけなんか、哲人萎（やみ）なんか」との悲鳴を発せし彼がごとき者に東洋の運命を託することはできない。プラトー、アリストートル、カント、ヘーゲル、ミル、スペンサー、いずれも偉大は偉大なりとするも「鼻より息する人」たるにすぎない。彼らは天然を学びし者であって天然を支配せし者でない。そしてかかる者より救いを望むことのできないことは何びとが見ても明らかである。人類は一度は米国前大統領ウィルソンより世界の救いを期待した。しかるに彼の事業は大失敗に終わり、彼自身すら失意失望の終わりを遂げた。レーニン、クレマンソー、ロイド・ジョージ、人類の救い主としてはいかに弱き人たちであるよ。ただ一人、ナザレのイエスは、宇宙を制御するの能力あるがゆえに、人類をもわれをも救うことができる。彼にたよってわれらは失望しない。彼にまかせてわれらは安全である。彼は風と海とを静むるの力あるがゆえに、われは彼が終わりの日にわれをよみがえらしたもうと信ずる。万物、彼の命に従うがゆえに、われは、新しき天と地とが現われて、神、われらの目の涙をことごとくぬぐいとり、また死あらず、悲しみ嘆き痛みあることなき幸いなる状態（ありさま）の実現することを信ず。イエスを信ずるわれらにとりては、この奇跡は、あってはならぬ奇跡にあらずして、なくてはならぬ奇跡である。

かかる信仰の、今日の日本人全体によりて受けられないことを私はよく知っている。日本人のみならず、西洋人の多数もまたこれを信じない。しかり、今やキリスト教会においてすら、この信仰を唱うる者ははなはだ少ない。されどもこれが聖書の信仰であること、また今日までキリスト教会全体の信仰でありしことは、疑うの余地がない。われらはヨハネ伝発端のことばがこの信仰を伝うるものであることを知る。いわく、「初めに言（ことば）あり。言は神と共にあり。言はすなわち神なり。この言は初めに神と共にありき。万物これによりて造らる。造られたるものにして、一つとしてこれによらずして造られしはなし」と。そして第八節に至りて「言、肉体となりてわれらの間に宿れり」とあるを見て、以上の、すべてイエス・キリストについていえることばなるを知る。

イエスは万物の造り主であるとの信仰である。驚くべき信仰である。されどもすべてのクリスチャンの信仰である。そしてこの信仰が新約聖書を貫徹しているのである。ことにエペソ書、コロサイ書、ピリピ書は、パウロの信仰としてこの信仰を高調し、ヨハネ伝ならびに黙示録は、ヨハネの信仰としてこの信仰を伝えている。キリストを単に偉大なる人格者と見るだけで、聖書はわからない。「われはアルパなり。オメガなり。最先（いやさき）なり、最後（いやはて）なり。始めなり。終わりなり」（黙示録二三・一三）とは、彼がおのれについていいたまいしことばであって、千九百年間のキリスト信者全体は、このことばを文字どおりに信じ来たったのである。

物質科学の立場よりしてこの信仰を説明するは難くある。されども徹底せる信仰生活はこの信仰の上にのみおこなわる。わが救い主は宇宙万物の主宰者である。物として彼によらずして造られたるはなし、事として彼によらずしておこなわるるはなしと解して、われに真個の平安があるのである。風の吹くも、波の立つも、地震の起こるも、雷の鳴るも、みな彼の知ろしめすところ、彼これを起こし、彼これを止めたもうと知りて、われは危険多きこの世界にありて永遠の平安（やすき）にいることができるのである。信者は「神と天然」と称して、天然を神の対手（あいて）として見ないのである。「彼は風を使者（つかい）となし、炎を役者（えきしゃ）となす」（ヘブル書一・七）とありて、天然を神の使者また役者と見るのである。ゆえに天然を恐れず、かえってこれを征服せんとするのである。今の人は、天然の征服といえば天然科学をもって始まったものであると思うが、事実はしからずして、キリスト教の信仰をもって始まったものである。「たれかよく世に勝たん。イエスを神の子と信ずる者にあらずや」（ヨハネ第一書五・五）との使徒ヨハネのことばは、人類の思想発達史より見て意味深きものである。「世」は原語のコスモスであって、天然界をも含むことばである。まことにイエスを神の子と信ぜし者が天然界に勝つを得て、近代科学の基礎をすえたのである。天然科学が、仏教国のインドや儒教国のシナに起こらずして、キリスト教国の欧米に起こりまた栄えしことは、その内に深き信仰上の理由があって存するのである。またヨハネ伝十六章三十三節における、「なんじら、世にありては患難（なやみ）を受けん。されど恐るるなかれ。われすでに世に勝てり」との主イエスのことばのごとき、単に霊的にのみ解すべきでない。また物的すなわち天然的にも解すべきである。イエスは天然に勝ちたもうた。ゆえに、われら、いわゆる天災に会うとも恐るるに及ばない。天災もまた彼の掌中に存す。彼の許可(ゆるし)なくしては起こらず、またわれらをそこなうことはできない。イエスが天地万物を主宰したもうと信じて、われもまた彼と共に大風荒れすさぶ波の上に静かに枕して眠り得べきはずである。

キリスト信者のこの信仰に対して人はいうであろう、「もし、しかりとすれば、今度の地震のごときはこれをどう見るか。これもまたイエスが起こしたとするか。よしこれを起こしたのでないとするも、何ゆえに彼はこれを止め得なかったのであるか」と。もしかかる質問をパウロに掛けたならば、彼はロマ書九章十九節より二十九節までのことばをもって答えたであろう、「ああ人よ、なんじ何びとなれば神にいい逆らうや。造られし者は造りし者に向かいて、なんじ何ゆえにわれをかく造りしというべけんや……」(二〇)と。イエスは人であってまた神である。そして神の見るところは人の見るところと異なる。人は目前の事のほかに見ることができない。神は永遠の未来を見透したもう。われら信者といえども、神が何ゆえにこの災害を日本に下したまいしかを知らない。されどもわれらの心の深い所において「これには深い意味がある。日本のために計り人類全体のためにおもんぱかりて、かくあるが善しとおぼしめされしがゆえにかくあったのである」と信ずる。しかり、信ずるのであって、わかったのではない。われら自身にもこの事につき多くの疑いが起こるが、しかし聖書の教えに従ってかく信ずる。そしてこの信仰は誤らないと信ずる。最後の審判を待たずして、今より百年または二百年を経て後(あと)を振り返って見て、思慮ある日本人はことごとくこの大地震の意味を明らかに悟るであろう。そしてパウロと共に叫んでいうであろう、「ああ神の知と識との富は深いかな、その審判(さばき)は測りがたく、その道はたずねがたし。たれか主の心を知りしや。たれか彼と共に謀(はか)ることをせしや。たれかまず彼に与えてその報いを受けんや。そは万物は彼より出で、彼によりて成り、彼に帰ればなり。栄光限りなく彼にあれ。アーメン」(ロマ書一一・三三—三六)と。

三五　ガダラの出来事

マタイ伝八章二八―三四節
マルコ伝五章一―二〇節
ルカ伝八章二六―三九節
ことにマルコ伝の記事に注意せよ

イエスは単に大なる教師でなかった。また大なる有能者（ちからあるもの）であった。彼に天然を支配する能力があった。また霊界をつかさどるの権威があった。風も海も彼に従うた。悪鬼もまた彼に従わざるを得なかった。イエスは単にその高潔なる教訓をもって人を導き世を感化したにとどまらない。彼は神の大能をもって病を癒やし、悪鬼を征服したもうた。「もし、われ、神の指をもて悪鬼を追い出だしたるならば、神の国はもはやなんじらに来たれり」（ルカ伝一一・二〇）と彼はいいたもうた。われら、イエスを学ばんと欲して、彼のこの方面を忘れてはならない。彼は単に道徳の教師なりと思うて、彼を実世界より葬り去りてはならない。「このゆえに、われら、あわれみを受け、機（おり）に合う助けとなる恩恵を受けんために、はばからずして恩寵（めぐみ）の座に来たるべし」である。

ここにこの驚くべき記事がある。記事そのものの意味はいたって明瞭である。その地理歴史等は当時の状況そのままである。豚の群れが山坂より海に落ちておぼれしという所は、今はケルサととなえられて、湖水に直面せる断崖である。「デカポリスにいいふらし」というは、十市ととなえられて、ガリラヤ湖の東南に当たり、ギリシャ風の小都会十市が一団をなして一地方を形成せし所である。ここにおこなわれしふしぎのわざを除いては、記事そのものの内に不自然なるところは少しもない。ゆえに問題は単におこなわれし事の事実いかんのそれである。かかる事ははたしてありしか、あるいは有り得るか、単にそれである。

しかして私は、この事は福音書のしるすがごとくにあったと信ずる。悪鬼につかれるとは、今はないというは当たらない。これを単に精神病の一種と見なすも、かかる精神病がその時に限りてあったと信ずるは少しも迷信でない。多くの病が地理的でありまた時代的である。アフリカ内地に流行する睡眠病のごとき、熱帯地方以外にこれを見ないように、千年前に流行した病にして今は消えたものがある。ことに精神病は主として文明病である。ゆえに異なる文明によりて異なる精神病がある。今日の日本に流行する恋愛病のごとき、これはたしかに時代的疾病である。これは、日本人の情性に日本近代の特殊の文明を施せし結果として起こったものであって、たぶん他の国または他の時代において見ることのできない病であると思う。そのごとくに ECHEIN DAIMONION（悪鬼につかれる）とは、その当時ユダヤ地方に突発せし精神病の一種と見て、医学上何のふしぎはないと思う。

しかしながら、ガダラの狂人はただの狂人ではなかった。彼はただに精神病患者と称して精神または神経の狂いし者ではなかった。彼は鬼につかれし者であった。ある他の霊が彼のうちに入り来たりて、彼の体を占領し、彼をしておのが（その霊の）欲するがままをおこなわしめんとせし場合であった。そしてかかる場合が他にも多くあった事は聖書の明らかに示すところである。いわゆる「鬼につかれたる者」をことごとく精神病者と解して、聖書のこの事に関する記事を解するは非常に困難である。鬼につかれたる者は文字どおりに鬼につかれたる者である。鬼とは悪い霊であって、それが人の霊に宿りて、これをおのがままに使役せんとしたのである。そしてかかる事はあり得ないとだれがいい得るか。精神病そのものが近代医学の未解の大問題である。精神は神経の作用（はたらき）であって、神経さえ健全ならば精神病はあり得ないというは、医学上のドグマにすぎない。多くの精神病学者は、神経の作用以外に、ある他の勢力の働きを認むる。それがはたして聖書のしるすダイモニオンであるか、その事は別として、神経だけをもって精神を説明することのできないことは明らかである。そして聖書は明らかに示していう、「人のうちには霊のあるあり。全能者の息（霊）、人に悟りを与う」（ヨブ記三二・八）と。これはもちろん善き霊についていうたのである。パウロはいう、「なんじら、悪魔の奸計を防がんために神の武具をもって装うべし。われらは血肉と戦うにあらず。政事（まつりごと）、また権威、またこの世の闇黒をつかさどる者、また天の所にある悪の霊と戦うなり」（エペソ書六・一一—一二）と。これは悪魔とその眷族とについていうたのである。そして聖書のこの見方は古い見方であって今や心理学の研究によりて学者の否定するところとなりたりというといえども、事実は容易にかかる否定を、許さないのである。悪魔(サタン)なる者はある。悪鬼なる者はある。悪の霊なる者はある。そして人を欺き、国民を欺き、学者を欺き、大戦争を起こし、文明をこぼち、世界の破滅を早めたではないか。トライチュケー、ヒンデンブルグ、クレマンソー、大統領ウィルソン、西園寺公爵……彼らはみなある者に欺かれて、世界戦争の大悲劇を演ずるの媒介者となったではないか。世に悪魔はないと断言し得る者はどこにいるか。「この世の暗黒をつかさどる者、また天の所にある悪の霊」は、今なお世界いたる所において働いているではないか。人類の最大努力をもってしても絶滅することのできないこの暗黒の勢力、人類が今日有する知識をもってしては説明するにあたわずといえども、そのたしかに悪の最大勢力であることは、疑わんと欲するもあたわずである。

そしてこの暗黒の勢力が、光の主なるイエス・キリストが世に現われたまいし時に、特別の勢力をもって世に現われたのである。そしてその現われの一つが「鬼につかれる」事であったと見るが当然であると思う。そしてガダラの出来事はその一つであった。それが、福音書のここにしるされたるがごとくに起こったのである。

いわゆる「豚事件」について、ことばを費やすの必要はない。これは有名なるグラッドストン翁が、『十九世紀雑誌』誌上において、博士ハクスレーと数回にわたり議論を戦わせし問題である。今や人はかかる問題はこれを一笑に付するにとどまる。されども四十年前の当時にあっては真剣なる問題であった。大学者が全勢力を注いで聖書のこの記事を弁護した時代があったと思うと、当時を回想して今昔の感に堪えない。

しかして豚事件よりもたいせつなるは豚のごとき人の心である。ガダラの人たちはイエスのこの事跡を見て、彼に「その境を出でんことを求め」(マルコ伝五・一七)たとある。彼らにとりては、豚は人よりもたいせつであった。人の癒やされしを見て喜ばずして、豚の失われしを見て悲しんだ。そして財産をこぼちし理由をもって、イエスが彼らの土地を去らんことを求めた。あわれむべきかな、ガダラ人よ。しかしかかる人は世界いずれの所にもある。しかり、日本にもある。イエスによりて自分の子らを救われしを感謝せずして、自分の財産の多少損害せられしを悲しみ、イエスとその使者との、おのが家を去らんことを求めた日本人を、私は幾人も知っている。神の子よりも豚、それがこの世の人たちの心である。ガダラ人たちにことわられたまいしイエスは、船に乗ってまたカペナウムの方へと帰りたもうた。その時の彼の心はどうであったろう。「父よ、彼らをゆるしたまえ。彼らは何をなすかを知らざればなり」(ルカ伝二三・三四)とは彼がこの時にもまた発したまいし祈禱であったろう。

さらにたいせつなるは、われら自身にかかわる問題である。われらもまたたびたび悪鬼につかれるのである。いずこより来たるか知らずといえども、悪しき思想また暗示がわれらの心に臨むのである。そしてこれを追えども去らず、おさえんと欲してあたわず、われらはいたくその悩ますところとなる。また思いがけなき悪人がわれらの間に現われ、家庭を乱し、教会をこぼち、兄弟相せめぎ、友人相そむくに至る。われら、その説明を得んと欲してあたわず、罪を相互に帰してみずから責任をまぬかれんとするも当たらざる場合多し。何によりてしかるか。われらの内ある者が悪鬼につかれたりと見るが最も正当の見方である。ゆえに、信者の生涯において悪鬼に注意するは最もたいせつである。「これ、われら、サタンに勝たれざらんためなり。われら、彼の詭計(はかりごと)を知らざるにあらず」(コリント後書二・一一)とパウロがいいしとおりである。信者は神を知ると同時に悪鬼を知るを要す。敵を知らざるは敗北の基である。われらはサタンとその詭計とを知らずして常に失敗を重ねつつある。サタンはなしといい、人に悪意を帰するは罪なりと称して、われらは時には明白なる罪を是認する。またサタンの罪を彼につかれし人に帰して、その人を誤解する。これみなサタンとその詭計とを知らざるより来たる過誤(あやまり)である。かかる場合において、イエスは単刀直入、その原因を示していいたもう、「敵人(あだびと)これをなせり」(マタイ伝一三・二八)と。ここに「敵人」とあるは、悪鬼のかしらなるサタンである。

かかる場合に処し、われら、いかにして敵に勝つことができるか。敵は人よりもはるかに強くある。クレマンソー、ウィルソン、大隈侯をさえ欺くを得しサタンは、容易にわれらを欺くことができる。ガダラの悪鬼に、イエス、その名を問いたまいしに、「われら多きがゆえにわが名をレギヨンという」と答えたりとある。レギヨンは、ローマ軍隊における六千人より成る一軍団である。魔軍は、その数において、またその強さにおいて、レギヨンであるというのである。そしてわれら何びとかこの大軍に勝つことを得んや。ここにおいてかルーテルの信仰が必要になるのである。

もしわれらの力に頼まば　われらはただちに失われん
されど一人の聖き者の　われらのために戦うあり
彼、何びとと尋ぬるか　イエス・キリストその人なりサバオスの神にまして　彼のほかに神あるなし
彼、われらと共に戦う　（著者訳詩集『愛吟』より）

サタンは強くある。されどもキリストはサタンよりも強くある。彼が人類の救い主たる証拠は主としてここにある。「たれにても、勇士（つよきもの）の家に入りてその家財を奪わんとせば、まず勇士を縛らざればあたわじ。縛りて後、その家を奪うべし」（マルコ伝三・二七）とある。ここにて「勇士」はサタンであり、これを縛る者はキリストである。そして彼にサタンを縛っていただいて、われらに真の平安があるのである。ゆえに人の側（がわ）にありては、悪鬼を追い出すの道としてはただ祈禱あるのみである。「この族（たぐい）は、祈禱と断食とによるにあらざれば追い出だすことあたわざるなり」（同九・二九）とあるがごとし。そしてこの祈禱のいかに必要なるかは、人世のいかに困難なるかを知る者の何びとも切に感ずるところである。そは、いわゆる人世の行路難の大部分は、サタンとその詭計（たくらみ）によるからである。

三六　ヤイロの娘

マルコ伝五章二一―四三節
マタイ伝九章一八―三一節
ルカ伝八章四〇―五六節

イエスが会堂のつかさヤイロの娘を死よりよみがえらせたまえるという聖書のこの記事は、多くの親たちを慰めしと同時にまた多くの親たちを苦しめし記事である。病める子を持つ多くの親たちはこれによりて力を得、ヤイロと同じくイエスの足下に伏し、ひたすらにその癒え

んことを祈求(もと)めて、その祈願(ねがい)の聞かれしに会うて喜んだ。それと同時にまた、この奇跡に励まされて、病めるわが子の癒やされんことを求め、力をこめ、意力(こころばせ)を注いで祈りしかいなく、その子の死するに会うて、大いなる失望におちいり、神を疑い祈禱を蔑(なみ)し、ついに信仰を捨つるにいたった親たちも少なくない。これは恩恵(めぐみ)の記事であって、同時にまた呪詛(のろい)の記事である。ヤイロの娘の場合をよくきわめずして、われらは信仰上大なる危険におちいるおそれがある。

これはイエスのなしたまいし事であって、彼が「あまねくめぐりて善き事をおこない」(使徒行伝一〇・三八)たまえるその善行の一つと見ればそれまでであって、われらはそれ以上の深い意味をこの記事の内に探るに及ばないということができる。イエスに病を癒やすの能力があった。そして彼はここに一人の娘を失わんとする親の苦境にあるを見て、同情の念にたえずして、癒やしの力をあらわして彼らを救いたまえりと解すれば、この事に関し、それ以上に彼の聖意(みこころ)を忖度(そんたく)するの必要はない。イエスの同情発露の一例と見て、ヤイロの娘の場合は、彼のうるわしき性格の一面をわれらに示すものである。われらはこれを知らされただけで感謝満足しなければならぬ。

しかしながら、子を持ちし親の心はそれだけでは満足しないのである。もしイエスがヤイロの娘を癒やすことができたならば、何ゆえにわが子を癒やすことができないか。彼は今なお生きたもう者であって、「もしなんじら、何事にても、わが名によりて願わば、われこれをなさん」(ヨハネ伝一四・一四)と、彼は弟子たちに約束したもうたではないか。人の切なる祈求にして、その子の命助からんことを欲するにまさる祈求はない。この祈求(ねがい)にして聞かれざらんか、他の祈求は聞かれざるも可なりである。これはまことに一生懸命の祈求である。祈禱のテストはここにある。主ははたして信者の祈禱を聞きたもうか。祈禱ははたして有効であるか。信仰上のこの問題を解決するものはこの場合である。

イエスはヤイロに乞われて彼と共に行いた。しかし途中、十二年の間、血漏をわずらえる女に会い、彼女を癒やすがために、だいぶに手間取りたもうた。一刻を争うこの場合にこの猶予は、ヤイロにとり絶望的であった。

はたして会堂のつかさの家より使者は来たりていうた、「なんじの娘すでに死にたり。なんぞ師を煩わすや」と。他の女を癒やさんがためにわが娘は手おくれになりて死んだのである、残念である、しかし、やむを得ない、われ一人のための先生ではない、われはあきらむるよりほかに道がないと、ヤイロは心の内にていうたのであろう。しかるにイエスは使者のことばに耳を傾けずして、会堂のつかさにいいたもうた、「恐るるなかれ。ただ信ぜよ」と。信仰を持続せよとの謂（いい）である。生命の主の、彼と共にあるあり、死はあえて恐るるに足らずとのことであった。主のこのことばに励まされて、ヤイロはただおそるおそる彼の後について行いたであろう。

イエスは、ペテロとヤコブおよびその兄弟ヨハネのほかは、だれにも共に行くことを許したまわなかったとある。何ゆえにしかるか。他の弟子たちはまさにおこなわれんとする奇跡を目撃するに堪えなかったからであろう。奇跡は何びとが見ても益あることでない。これを見て益する人がある、またつまずく人がある。イスカリオテのユダのごとき、彼をしてもしこの場にあらしめしならば、彼の叛逆をいっそう早めたであろう。奇跡は単にふしぎなるわざではない。神の奥義を示すがための表号（シンボル）である。イエスはここに単にヤイロの娘を助けんとしていたもうたのではない。彼の娘をもって大なる奥義を三人の弟子たちに示し、しかして彼らを通して、後世すべて彼を信ずる者を救わんとしたもうたのである。後に変貌の山において、彼が、以上の三人に限り、彼がまさに取らんとする栄光の容貌（すがた）を拝するを得しめたまいしもまたこの理由によるのである。三人はこの時、ただふしぎなるわざを見て、人々と同じくはなはだ驚いたであろう。しかしながら後に至り、この奇跡の意味がわかって、これは単に一つの慈善事業でないことを悟ったであろう。

そしてその意味とはこれである。すなわちイエスは生命の主であって、彼はその聖旨のままに、これを何びとにも与うることができるということである。すなわち彼は「われは復活（よみがえり）なり、命なり」（ヨハネ伝一一・二五）といいたまいし者それである。また「おおよそ子を見てこれを信ずる者は永遠の命を有す。われまたこれを終わりの日によみがえらすべし」（同六・四〇）といいたまいし者それであるとのことである。この事を示さんためのこの奇跡であった。そしてその奥義が、会堂のつかさのヤイロの娘の場合において示されたのである。すなわち第一に弟子を教えんための奇跡であって、娘を救うのは第二の目的であった。すべてイエスを信ずる者に永遠の希望をいだかしめんとするがこの奇跡の主眼であった。ヤイロを目的とする奇跡であると思うがゆえに、われらはこれによりて、あるいは自分の祈禱がそのごとくに聞かれたりと思うて得意がり、聞かれずと思うて失望するのである。

かくいう私自身が、一度ヤイロの立場に立った者である。そして聖書のこの記事について深く考えざりし私は、ヤイロの実験が必ず私の場合において繰り返さるることであると信じた。私は私の娘の不治の病が必ず癒さるることと信じた。ゆえに医師に見放さるるも私は見放さなかった。危篤に迫るも、危篤はかえってみ栄えをあらわすの機となることと信じた。私の耳に響きしはただイエスのことばであった。「恐るるなかれ。ただ信ぜよ」と。されども私の信仰はついに無効に帰した。私の娘は医師の診察のとおりに死んだ。ヤイロの実験は私の実験とならなかった。私は非常に失望した。私にはその時に、世の神を信ぜざる人にない苦痛（くるしみ）があった。それは懐疑の苦痛であった。私の信仰はその根底よりゆるぎだした。私は暗黒の淵へと投げ込まれた。そして教会の批評家はいっそう私のこの苦痛を増した。彼らのある者はいうた、「彼にまだ神にゆるされない罪があるゆえに、この苦痛が臨んだのである」と。ある他の者はいうた、「彼の信仰に大なる欠点あるがゆえに、彼の祈禱が聞かれなかったのである」と。その他種々雑多の批評を加えられて、私は血ばしる傷の上に熱ごてを当てらるるように感じた。実に一生忘るることのできない、つらい経験であった。

しかしながら、私は後にひとりで静に考えた。私よりもはるかに信仰の高い人で私と同じ経験を持った多くの人の実験を読み、また聞いた。ことにまたさらに深く聖書を研究した。そしてヤイロの娘のこの場合は決して何びとにも繰り返さるるものでないことがわかった。これは信者の復活の教義を示すための大なる奇跡であることがわかった。ルカ伝七章にある、ナインの町のやもめのひとり子をよみがえらしたまいしが他の例である。ヨハネ伝十一章にしるさるる、死せるラザロの復活の場合は、その最も著しきものである。いずれも、イエスに祈る者に死の苦しき経験はないということを教えんためでない。「終わりの日に、われ、これをよみがえらすべし」との教訓の実物教訓であることがわかった。すなわち私の娘の場合においても、私の祈禱が聞かれなかったのではない。聞かれつつあるのである。終わりの日において、イエスがすべて彼を信ずる者をよみがえらしたもう時に、彼は私の娘に向かっても、タリタ・クミ、娘よ、起きよといいたもうのである。しかして娘はこの声に応じてよみがえり、彼女が再び私たち夫婦の手に渡さるるのである。その時までは、批評家が何といおうと、私は恐れずただ信ずべきである。もちろん私がかくいえば、世人はもちろんのこと、教会の人までがあざわろうであろう。しかし私はイエスを信ずる。「われに来たりし人は、終わりの日にこれをよみがえらすべし」といいし主イエスのことばを信ずる。しかしてかく信じて、日に日にその喜びの日のいたるを待つ。

そしてこれがほんとうの解釈であらねばならぬ。イエスの奇跡はすべて奇跡以上の高き真理を教うるためであった。パン五つと小魚二つをもって五千人を養いし奇跡は、肉の食物をもって人を養わんがための奇跡にあらずして、「われは生命のパンなり」という、ご自身にかかわる大なる真理を教えんがためであった、（ヨハネ伝六章参照）。ヤイロの娘の復活において、すべての信者はその祈禱によりてその愛する者の病を癒やされ死者をよみがえらさるべしと信ずるは、すべての信者は奇跡的にその肉体を養わるべしと信ずると同じである。死は終わりの日まで取り去られないのである。ゆえに今この肉体においてよみがえらさるるも、再び死を味わわねばならぬはもちろんである。ヤイロの娘もベタニヤのラザロも、イエスに死よりよみがえらされて永久に死をまぬかれたのではない。朽つべき肉体の復活は最も望むべき復活ではない。最も望むべき復活は、再び死ぬることなき復活である。そしてイエスはおのれにこの能力あるを示さんがために、この奇跡をおこないたもうたのである。

しかしながら、この奇跡は、終わりの日の復活を教うるための作り話ではない。これはまことにあった事である。その事は記事そのものが証明する。イエスはこの時にアラメヤ語を用いてタリタ・クミといいたまいしとのごとき、ことに最後の一節に「また娘に食物を与えよと命じたり」とあるがごとき、これは目撃者によって伝わりし事実そのままと見るよりほかに見方がない。イエスは神の子であって同時にまた人の子であった。彼に人間味がたっぷりとあった。彼は多くの宗教家がなすがごとくに、呪術(まじない)を少女に施したまわなかった。彼女の解し得ることばをもって彼女にいいかけたもうた。娘に食物を与えよと命じたもうた。神らしき、人らしき彼である。それゆえに、われら弱き者を救うてこれをご自身に似たる神の子供となすことができるのである。そうしてまた、あった事である、ゆえにまたと再びあり得ない事ではない。イエスは今なおヤイロの娘に施したまいし治療(いやし)と同杯の治療を施したもう。われらは彼の能力を終わりの日に限ってはならない。しかしながら末は大であって今は小である。われらにヤイロ以上の信仰がなくてはならない。すなわちわが娘は癒やさるるも癒やされざるも、最後の癒やし、すなわち救いを信じ、感謝してその日を待たねばならない。われら、愛する者の死に面してこの信仰をいだくははなはだ難くある。されども神はわれらの信なきをあわれみたもう。「主よ、信なきを助けたまえ」(マルコ伝九・二四)との祈りにこたえたもう。

三七　目を開かれ舌を釈(と)かる

マタイ伝九章二七―三四節
マルコ伝八章二二―二六節
同　一〇章四六節以下
同　九章一四節以下

ナザレのイエスはいかなる人でありしか。彼が偉大高潔なる人格者でありしはいうまでもない。彼は義(ただ)しい、聖い、きずなき人であった。何びとも彼において道徳的欠点を指さすことができなかった。しかし彼はそれだけではなかった。彼は徳の人でありしと同時にまた能力の人であった。彼の体の中に、われらの推し量ることのできない能力がこもっていた。彼、手をつくれば、病者は癒え、死者はよみがえり、風と波とさえもその命に服した。かかる事はあり得べきかとわれらは疑う。あり得ると、神はイエスをもって答えたもうたのである。

イエスはご自身を「人の子」と呼びなしたもうた。「狐は穴あり。空の鳥は巣あり。されど人の子は枕する所なし」と。「それ人の子、地にて罪をゆるす権(能力)あることを知らせんとて……」と。「人の子」は単に「人」ということである。模範的の人である。完全なる人である。罪に汚されざる人である。第二のアダムである。人はすべてもともとイエスのごとき者であったはずである。すなわち神の子であって、神に似て、自己の中に万物を支配するの能力を持った者である。しかるに罪の結果として、すなわち能力の源なる神を離れし結果として、今日われらが見るがごとき、弱き助けなき者となったのである。しかし神はもともとこんな弱いものとして人を造りたもうたのではない。アダムがもしアダムであったならば、すなわちサタンの声に聞かずして神の命に従いしならば、彼と彼の子孫とはイエスのごとき者であり得たのである。イエスは、罪の世にありて、人の子の中の唯一の例外であるが、神の創始(はじめ)のご計画は、すべての人がイエスのごとき者であるべきはずであった。すなわち罪を知らざるのみならず能力に満ちあふれたる者であった。天然の子として地上に現われしも、天然の上に立ち、天然を支配するの権能をそなえたる者であった。まことにイエスは人の子であって、人の模範である。人のいかに尊きかは、イエスを知りて知ることができる。すなわち人は病や死の奴隷にあらずして、これに打ち勝つことのできる者である。詩人テニソンのいわゆる

The Strong Son of God,
Thou Immortal Love.

なんじ、死なざる愛の所有者なる
能力(ちから)ある神の子よ

とあるその者、イエスがそれでありしがごとくに、人は元来そうなるはずの者である。しかして「彼を受けその名を信ぜし者には能力を賜いて神の子となせり」とあるがごとくに、人はイエスを信じて彼のごとき者となるのであるとは、聖書の明らかに示すところである。われらはイエスのなしたまえる奇跡の記事を読むにあたって、この心をもって読まなければならぬ。主は能力ある者、しかしてわれら彼を信じて、彼と同じく能力ある者となるのである。

人類は知識をみがき、科学の力によりて天然を支配す

ることができる。その意味において人は神の子であるとは、われらが常に聞かさるるところである。しかし神の子の能力は単にその知識においてあるにあらずして、彼自身においてあるのである。方法によらず機械を用いずして、イエスのごとくに自身に能力をそなえ、自由にこれを使用し得るに至って、人はまことに神の子らしくなるのである。かかることを述べて、私は夢を語るように思わるるであろう。しかしながら夢でない。人のいかに強きか、またいかに強くなり得べきかは、いまだ研究されざる問題である。しかし信仰の結果が、単に道徳の改善にとどまらずして、能力の増加を来たすことは、幾度か実験されたる事実である。そして幾分なりともこの事を科学的に証明するものが最近の心理学ではないか。マインド（心）の能(ちから)、これは実に著しいものである。理化学者はすでに物質の偉大なる力を認むるに至ったが、心理学者は今や精神の能力に気づいたのである。人の今すでに有する精神の能力に驚くべきものがある。罪を除かれたる人の精神に奇跡的能力のこもるを察するに難くない。神は霊である。そして霊は聖いばかりでない。また能力である。そして人は神を信じクリスチャンとなりて、単に聖い者となったのではない。能力ある者となったのである。しかり、ならなければならない。しかり、なるべきである。「能力を賜いて神の子となせり」とある。「聖霊、なんじらに臨むによりて、なんじら能力を受くべし」とある。「神の国はことばにあるにあらず、能力にあり」とある。能力！　神はキリストをもってわれらに能力を賜わんとしたまいつつあるのである。自己に勝つの能力、患難に堪ゆるの能力、すべて善事をなすの能力……われらはキリストにより、神よりこれを賜わることができる。イエスの奇跡の記事を読んで、単にこれを霊的にのみ解してはならない。人の子の能力の表現(あらわれ)として、われらもまたこれにあずからんと欲するの祈求(ねがい)をもって、その研究に当たらなければならない。

　ヤイロの娘を癒やしたまいし後に、イエスは二人の盲者を癒やしたもうた。「イエス、彼らの目に手をつけたまいければ、その目開けたり」とある。目は外界の印象を受くるための器官である。「身の光は目なり。もしなんじの目あきらかならば、全体もまた明らかなるべし」とありて、人の見る外界のいかんはその目のいかんによるのである。神に目をあけていただくこと、また明らかに見る目をいただくこと、これにまさるの必要また幸福はない。そしてイエスは盲者の目を開きたまいしその能力をもって、多くの明きめくらの目を開きたもう。万物を見るの目は、単にその形と色とを見るにとどまらず、その意味を見るの目でなくてはならぬ。聖書の文字を読むの目はいくらでもあるが、これを理解的に読むの目はめったにない。これを思うて、われら何びとも「ダビデの子よ、われをあわれみたまえ」と叫ばざるを得ない。そして多くの人はこの祈願を受けいれられてその目を開かれたのである。実にふしぎである。先輩の説明を聞きしにあらず、大なる注解書を読みしにあらず、ただ熱心に祈りしによりて、今日まで不可解の文字も深き真理を伝うるものとして現われ、感謝の涙にむせぶのである。天然またしかりである。花は単に花にあらず、詩である、また福音である。ほんとうに花を見る目を持つ者はいたってまれである。聖書あり天然あるも、たいていの人はこれに対して盲人である。ダビデの子なるナザレのイエスに目をあけていただくの必要がある。ブラウニングといいウォルズオスといい、特別の人ではない。すべて人が目を開かるれば、詩人ならぬ詩人となるのである。これを他人のことと思うなかれ。イエスを信じて求めて見よ。開眼の奇跡はわれら何びとにも施さるるであろう。

盲者を癒やして後に、イエスは鬼につかれたるおしを癒やしたもうた。おしは叫ばんと欲するもあたわず、人につれられて来た。「鬼、追い出だされて、おし、ものいえり」とある。目は外界の印象を受くるの器官であって、咽喉(のど)と舌とは内なる思想を外に表わす器官である。目によりて外のものは内に入り、舌によりて内のものは外に出づ。今日の言葉をもっていうならば、目はimpression(印象)の器官、舌はexpression(表現)の器官である。そして人はたれも、目を癒やさるると共に舌を癒やさるるの必要がある。単に受けいれるばかりでは足りない。また吐き出だすの能力が必要である。そして多くの人は受くるに鋭くして表わすに鈍くある。彼らは沈黙の美徳と利益とを知って、時には沈黙の罪悪であり損失であることを知らない。神に恵まるるも、その恩恵をいいあらわすの心も言葉もなく、沈黙の悪鬼にその舌を縛られて、神を賛美せず、その恩恵を他に分かたんとしない。他のことにおいてはりっぱのクリスチャンにして、人の前に語ることだけは絶対になさず、牧師、伝道師をしてその事をなさしめて、自分はいわゆる「黄金の沈黙」を守る人が多い。彼らはいう、信仰は心の内の事にして、外に表わすべき事にあらず。ゆえに沈黙は真の信仰の特徴であると。さらば福音の宣伝者はいかに。彼らはもの好きにしゃべるのであるか。人望を博せんための演説、説教であるか。しゃべるべく雇われしがゆえに、やむを得ずしゃべるのであるか。かくのごとき人はないとはいわない。されどもほんとうの伝道師はそんな者ではない。彼は救われしがゆえにその救いを宣べ伝うのである。彼は多くの場合において沈黙または訥弁の人であった。しかるに神にその鈍き舌を鋭くせられて、大伝道師また大説教師となったのである。神の人モーセがその一人であった。彼は伝道を辞していうた、「主よ、われはもとことばに敏（と）き人にあらず。われは口重く舌重き者なり」（出エジプト記四・一〇）と。預言者エレミヤもまた預言を辞していうた、「ああ主エホバよ、われは語ることを知らず」（エレミヤ書一・六）と。その他、近代においてビーチャー、ブルックスら、いずれも生まれつきの訥弁家であった。彼らは神にその訥弁を癒やされて、大教師、大説教師となったのである。信者の内に、ものいわぬ悪鬼につかれたる唖者なんぞ多きやである。彼らは歓喜にあふれて大声を揚げて神を賛美するあたわず、また人の前に立ちておのが施されし恩恵の数数を語るあたわず、ただ沈黙、表顕（あらわ）さざるをもって自分の職分なりと信じ、乞われても勧められても、内なる恩恵を外に表わさんとしない。そして事ここに至って沈黙は美徳にあらずして不具（かたわ）である。言語は人間の名誉である。獣類に言語なし。人類は、神を賛美し相互を励まし慰むるために言語の才能を賜わる。これを適宜に使わでやあるべき。われらは目と耳とを通して外より受くるのみであって口を通して内より与うるあたわざる状態にあってはならない。「われ常にエホバを祝いまつらん。その頌歌（たたえうた）はわが口に絶えじ」（詩篇三四・一）と詩人はいうた、またいうた、「エホバは新しき歌をわが口に入れたまえり。こはわれらの神にささぐる賛美なり」（同四〇・三）と。「わが口を開く時ことばを賜わり、はばからずして福音の奥義を示さんことを」（エペソ書六・一九）とはパウロの祈禱であった。願わくはわれら見る目を賜わると同時に語る舌とくちびるとを賜わらんことを。

イエスあまねく村里をめぐり、その会堂にて教えをなし、天国の福音を宣べ伝え、すべての病、すべての疾(わずらい)を癒やせり」とある。そしてその能力ある者が今なおわれらと共にいましたもうというのが聖書の教えである。われらは内に省みて自己の弱きを歎くに及ばない。ただちに彼のもとに行いて、目を開かれ舌を解かれんことを求むべきである。教えをなせし主は病を癒やせし主である。われらは医者(いやすもの)としてのイエスを忘れてはならない。彼はただにわれらの教師ではない。救い主であって能力の供給者である。彼はわれらのいと近き援助者(たすけて)である。われらはイエスの奇跡を否認して彼を弱き救い主となしてはならない。天の内、地の上のすべての権を握りたもう者として彼にたより、聖き教えに添えて強き力を彼より賜わるべきである。

三八　ミッションの開始

マタイ伝九章三五節以下

ミッションは、英語であってすでに日本語となったものの一つである。これに特別の意味がある。その第一は派遣である。遣(おく)る者あり遣らるる者ありてミッションがあるのである。一国の主権者が他国の主権者に使節を遣るをミッションという。その第二は奉仕である。単に遣るのではない。好意を表せんために、愛を施さんために遣るをいう。ゆえにミッションに権威が伴い、同時にまた愛が伴う。うるわしいことばである。キリストの福音の出現を待って初めて成りしことばである。その何であるかを明らかに示すものは、ロマ書十章十四、十五節におけるパウロのことばである。いわく、

いまだ信ぜざる者をいかで呼び求むることを得んや。いまだ聞かざる者をいかで信ずることを得んや。いまだ宣ぶる者あらずば、いかで聞くことを得んや。もしつかわされずば、いかで宣ぶることを得

んや。しるして、平和（おだやか）なることばを宣べまた善き事を宣ぶる者のその足はうるわしきかなとあるがごとし

真の福音のある所にミッションは必ずおこなわる。今や世界いたる所に福音のミッションがおこなわる。これを伝道と称して、誤解されやすい。道を伝うるはその一部分である。愛を施すが主眼である。そしてこの尊き事業はイエスご自身が創始（はじ）めたまいしところのものである。

イエスご自身が、つかわされし者、すなわちミッショナリー（宣教師）であった。彼が宣教師の模範である。そして彼はこの時まで、お一人で宣教に従事したもうた。弟子たちはその傍観者たるにすぎなかった。しかるに今、神につかわされし彼が人をつかわさねばならぬ時が到来した。「飼う者なき羊のごとく、人々悩み、また流離（ちりぢり）になりしゆえに、これを見て、あわれみたもう」とある。救いを要する人は多くある。そして彼らいずれも悩み、傷を負い、いたくしいたげられ、しかのみならず、一群となって豺狼の徒に当たるあたわずして、流浪離散してその困惑するところとなる。これを見てイエスの心は痛まざるを得なかった。世にあわれむべきものにして羊のごときはない。彼に自衛の武器あるなく、ただ牧者の保護によりてのみ安全である。そして人はすべて羊である。天国の市民たり得べき性質を有する者はことにしかりである。そして人の場合においては、彼は自分があわれむべき者でありながら、その事を知らず、その反対に、自分は強くある安全であると思う点において、羊よりもいっそうあわれむべき者である。この状態を見て、霊魂の牧者なるイエスの心に強き憐愍の情は起こらざるを得なかった。牧者が離散せる羊に対する憐愍の情……それが動機となりて、ここに十二使徒の派遣すなわちクリスチャン・ミッション、今日いわゆるキリスト教伝道が始まったのである。

牧者なくして悩み離散せる羊に対するイエスの憐愍の心（ギリシャ語の splanchna 脾臓、古人によりて情の出所として思わる）よりキリスト教伝道は始まったのであるとここにしるさる。そしてこの清き泉より発して、すべての伝道は清く、また有効的である。そしてこの泉以外より発する伝道はすべて濁り、したがって無効である。今や冷静なる頭脳（あたま）が何よりも貴まるが、頭

脳より出でたる伝道は効少なくして失敗に終わるが常である。いわんや教勢拡張のための伝道、国威宣揚のための伝道、社会奉仕のための伝道、その他すべて政治家的野心をまじえたる伝道、今日この世におこなわるる多くのいわゆる伝道……これらのすべてが、イエスの開始したまえる伝道と全く性質を異にするは、いわずして明らかである。内臓の深き所よりわき出づる憐愍の情……世に実はこれにまさりて深き清き動機はないのである。「父がその子をあわれむがごとくに、エホバはおのれをおそるる者をあわれみたもう」(詞篇一〇三・一三)とある。父なる神の憐愍の心……人類の救いはこの心をもって始まったのであって、ミッションすなわち今人のいわゆる伝道もまたこの心をもって始まらねばならぬ。

そしてイエスの心をもって今日の世界を見て、憐愍の心は起こらざるか。あえて野蛮人といわず、いわゆる文明国の民なる者が祝すべき幸福なる者であるか。さらに問う、われら自身が憐愍を要せざる者であるか。われらは自由を誇るといえども、その自由たるや真の自由にあらずして、奴隷や囚人が束縛に慣れてこれを自由と称するに至りしの類ならずや。その証拠には、われら何人も福音によりて自己にさめて、まことに悩みまたしいたげらるる者なるを悟るのである。ことに流離散乱の状態にいたっては何びともその事実なるをいなむことはできない。牧者を離れたるわれらはテンデン、バラバラである。隣人相知らず、兄弟相助けず、一団となりて動くの利益と快楽とを知らない。天よりこの状態を見て、神はわれらをあわれみたまわないであろうか。ことにキリスト信者の離散にいたっては実に憐愍の極である。この世のおおかみらに追い立てられながら、彼らは相共に助けておのを守り敵に当たるを知らない。はなはだしきにいたっては、相互を苦しめて、その疲労困憊、失敗に泣くを見て喜ぶの状態である。まことに離散せる人類は牧者を要す。われら相互に一つの牢(おり)の内に一つの群れとならんがために、一人の善き牧者を要す。神はその目的をもって、そのひとり子を世につかわしたもうた。イエスもまたその目的をもって、ミッションすなわち宣教を開始したまいて今日に至ったのである。

憐愍の情に動かされて、イエスは弟子たちにいいたもうた、「収穫(かりいれ)は多く、働く者は少なし。ゆえにその収穫の主に、働く者を収穫場に送らんことを願うべし」と。多くの人はイエスのこのことばを通読して、その意味のあるところに注意しない。そもそも収穫とはだれのものであるか。われらのもの、わが教会のものと多くの人は思う。教勢拡張の機会多し、しかしこれを利用するの人物に乏しと、彼らは主のこのことばを解せんとする。しかしもちろんさることではない。「収穫の主」は神である。神はおのが田圃(はたけ)の収穫を要求したもう。これは正当の要求であって、これを拒むは人の罪、また大なる不利益である。事はマタイ伝二十一章三十三節以下その他においてしるされたる、ぶどう園の主人の場合である。神はおのが設けし果園の実を要求したまいつつある。しかるに人はこれを拒んで、持ち主のものをおのがものとなさんとしつつある。この状態を目撃して、神のために熱心(聖憤)の起こるべきが当然である。しかしてイエスは、ガリラヤ湖畔における数カ月にわたる伝道の結果として、この熱心を起こしたもうたのである。ローマの軍人百夫の長、鬼につかれたるガダラ人、彼に癒やされたるらい病患者、盲者、唖者等、いずれも神の善き収穫たらざるはなし。これを放棄しおけば、異邦人、狂人、不具者として、人に卑しめられ踏みつけらるるのみ。されどもこれを助け導けば、神の倉庫に収めらるべき貴き収穫物である。これを思えば、神に対する熱心にかられて、さらに宣教(ミッション)を継続しまた拡張せざるを得ないというのが、イエスのこのお言葉の意味である。すなわち人に対しては憐愍の情、神に対しては忠誠の心、この二つが動機となりて、イエスの宣教は始まったのである。

「収穫は多く、働く者は少なし」、「まれなり」と読むべし。収穫の材料はいずれの所にも存す。「町のちまたに行きて、貧しき者、不具者、盲人、足なえなどをここに連れ来たれよ」(ルカ伝一四・二一)と主はいいたもうた。彼らはいずれも貴き収穫として父の倉庫に収めらるべき者である。これを思うて、金銀宝石のわが足下にころがるの観ありである。いわゆる求道者の少なきをかこつ必要はすこしもない。「目を挙げて見よ。はや田はいろづきて収穫時になれり」と、イエスが他の所においていいたまいしがごとくである。救わるべき者、救われんと欲する者はいくらでもある。ただ働く者がまれなるのである。全くないではないが、はなはだまれなるのである。イエスの心をもってミッションに従事する者が少ないのである。それゆえに収穫が挙がらないのである。いわゆる伝道師は、イエスの時代においても、今の時代におけるがごとくに多くあった。されども彼らはいずれも雇われたる牧羊者であって、おのが収穫を計る者であって神の収穫を目ざす者でない。ゆえに羊はその声に従わず、田はいろづけるも収穫はないのである。人に対する憐愍と神に対する熱心とに励まさるる働き人、すなわち真の伝道師、これはまことにまれである。そして収穫の多きに対して働く者の少なきは実に悲歎のきわみである。

ここにおいてか切なる祈願が起こるのである。「収穫の主が働く者を収穫場に送らんことを」とのその祈禱である。単に善き伝道師の起こらんことではない。神が善き伝道師を起こして、これをご自身所有の園に実を収めんために送りたまわんことである。伝道師は求めて得べからず、祈って与えらる。ルカ伝六章十二節以下によれば、「イエス、祈禱のために山に行き、よもすがら神に祈れり。夜明けて、彼、弟子を呼び、その中より十二人を選びて、これを使徒と名づく」とある。イエスご自身が祈禱によりて十二使徒を得たもうたのである。ましてわれらにおいてをや。

人の立場より見るも、また神の要求したもうところによるも、真の伝道師の出現ほど必要なるものはない。われら、これがために祈るは当然である。されどもさらに適切なる祈禱は、われら各自が自身神の選びに当たらんことである。あるいはわが子、わが娘がその選びにあずからんことである。預言者イザヤの場合のごとくに、われもしエホバの声として「われ、たれをつかわさん。たれかわれらのために行くべきか」とのことばを聞かば、われもまた若き預言者と共に心に答えていうべきである。「われ、ここにあり。われをつかわしたまえ」(イザヤ書六・八)と。欧米諸国において、多くの有為の青年男女が、この声を聞いてかくのごとくに答えた。そして彼らのある者は万難を排して、あるいは北氷洋の沿岸に、あるいはアフリカ、シナ、蒙古等、人生の幸福と称すべき何ものもあらざる所に行きて、神の収穫の業に従事した。偉大と称すべし、名誉というべしである。単に一葦帯水を隔つるわが隣邦シナを見るも、数千の欧米人は福音の使者として、政治上、商業上、何の目的とするところなくして、霊魂の収穫に従事しつつある。まことにうらやましき至りである。「ゆえに収穫の主に、働く者を収穫場に送らんことを祈り求むべし」。しかしてその働く者の自分なることを祈るべし。あるいは自分の最も愛する者なることを祈るべし。そしてこれは犠牲であって決して犠牲でない。喜びの極である。「刈る者はその工銭(あたい)を受けて、永生に至るべき実を集む。かくて、まく者(神)と刈る者と共に喜ばん」と、主はいいたもうた。人生の幸福は結婚と成功となりとの近代人の思想のごとき、イエスの目の前には一顧の価値なきものである。私は断言してはばからない、人生最大の幸福は、人に対する清き隣愍の情と神に対する熱き忠誠の心とにかられて、イエスのごとくに天国の福音を宣べ伝え、また民の中なるすべての病、すべての疾(わずらい)を癒やすことであることを。

三九　十二使徒の選任

マタイ伝一〇章一―四節
マルコ伝三章一三―一九節
ルカ伝六章一二―一六節

マタイ伝十章二節は左のごとくに読むべきであると思う。

十二使徒の名は左のごとし。第一にペテロと呼ばれしシモンとその兄弟アンデレ、ゼベダイの子ヤコブとその兄弟ヨハネ、ピリポとバルトロマイ、トマスと税吏マタイ、アルパヨの子ヤコブとタダイ、カナン党のシモンとイスカリオテのユダ、これすなわちイエスを売りし者なり

兄弟一組、シモン二人、ヤコブ二人、またルカ伝六章十六節に「ヤコブの兄弟ユダ」という名を見れば、ユダもまた二人あったことを知る。十二人の中に、よく知られたる者は、ペテロ、ヨハネ、その兄弟ヤコブ、ならびにイスカリオテのユダの四人である。少しく知られたる

者は、アンデレ、ピリポ、マタイ、トマスの四人である。少しも知られざる者は、バルトロマイ、アルパヨの子ヤコブ、タダイ（ヤコブの兄弟ユダの別名であろう）、カナン党のシモンの四人である。十二使徒の中にすら、その名のほかに行動功績の少しも伝えられざる者が四人あったことを知りて、無名の信者もまた神の前に無為無能の信者でないことがわかる。使徒は重職なりといえども神の器(うつわ)たるにすぎず。あがむべきは神であって、器でない。その功績の現わるるといなとは小なる問題である。イエスはその弟子たちに告げていいたもうた、「悪鬼のなんじらに服ししことは喜びとするなかれ。なんじらが名の天にしるされしを喜びとすべし」(ルカ伝一〇・二〇)と。イエスの十二使徒としてその名を天にしるされしことが最大の名誉また特権である。新しきエルサレムの「都の石垣に十二の土台ありて、その上に小羊の十二使徒の名あり」(黙示録二一・一四)という。天の記録においては、使徒中第一位を占めしシモン・ペテロも、無名にひとしきカナン党のシモンも、その賜わりし栄光は同じである。乾燥無味なるがごとくに見ゆる使徒名簿録の中に、慰安の福音の伏在するを見る。

西洋のことわざにいわく、「われに人の友人を示せよ。われはこれによりて、その人の何たるかを示さん」と。すなわち人はその友人によりて知らるとのことである。同じく師はその弟子によりて知らる。イエスの選びし十二弟子によりて、イエスとその教えの何たるかが明らかに示さる。第一に明らかなるは、十二使徒の中に一人の学者また貴族また富者また宗教家のなかったことである。いずれも労働または事務の人、平民また中流以下の人、特に信仰篤き平信徒であった。その中の四人はたしかに漁業家、日雇いの漁夫ではなかったが、みずから漁撈に従事する者であった。マタイは税吏であって小官吏であった。その他の者に関してその職業を知るあたわずといえども、ペテロをかしらに持ちし使徒団の中に、専門の学者または宗教家があったと思われない。しかも時代は決して無学の時代ではなかった。キリキヤのタルソにおいて、エジプトのアレキサンドリヤにおいて、盛んなる大学があって、哲学、文学、政治、経済、芸術がその最高の形において攻究せられた。ことに国都エルサレムにおいて、高遠なるユダヤ神学はヒレル、ガマリエルらの碩学(せきがく)によりて講ぜられ、あまたの学生はその足下に坐して天啓の奥義に達せんとした。イエスはその弟子を学者の中より選ばんとして、適材を得るに決して難くなかった。しかしながら、イエスご自身が学者でなく、彼の福音が学者に合わなかった。ご自身が労働の人であって、その福音が労働によりてのみ解せらるべきものであった。彼は彼の福音が、この世の知者または識者によりて受けられずして、かえって無識階級によりて迎えられしを喜びて、いいたもうた、「天地の主なる父よ、この事を知恵ある者と賢き者とに隠して幼な子にあらわしたもうを感謝す。父よ、しかり、それかくのごときは聖旨(みこころ)にかなえるなり」(ルカ伝一〇・二一)と。学問を軽んじ労働を重んずる点においてイエスは例外である。釈迦も孔子も、プラトーもアリストートルも、弟子といえば学問の弟子でありしに対し、ひとりイエスの弟子は学問を離れて行為(おこない)の人であった。イエスの弟子と称して、彼の門下生ではなかった。彼と共に働く者、彼のごとくに歩む者、彼のごとくに神に仕うる者であった。彼は弟子をまねくにあたって、「われに従え」といいたもうた。われと思想を共にせよ、わが人生観、宇宙観、芸術観をいだけよとはいいたまわなかった。ペテロとヨハネとマタイ、彼らをもって代表せらるる人が、彼の意(こころ)にかなう人であった。

キリスト教会はもともと十二使徒をもって始まったものである。ゆえに文化的でなく、学問的でなく、もちろん芸術的でなく、ガラリヤのいなかものをもって代表されたる団体であった。彼らのうち、カリオテ人のユダ一人がユダヤそだちの者であって、その者が師を売りし者であった。しかるに今はいかに。今のキリスト教会はガリラヤ人の教会であるか。そのしからざるを何びとも知る。「まず第一にペテロと呼ばれしシモン」という。しかしながらペテロは今の教会のかしらたり得べき者でない。その監督、牧師、伝道師、執事、長老はいずれも漁夫または税吏の階級に属する者ではない。イエスの設けたまいし教会と今日のそれとの間に天地雲泥の相違がある。

十二使徒の一人を、カナン党一名ゼロデ党のシモンと称した。カナン党とは、今日でいう過激派であった。過激手段に訴えて革命を実行せんと計った党派であった。その中の一人がイエスに召されてその弟子となり、ついに選ばれて使徒の一人となったのである。もちろんクリスチャンとなりて過激思想を継続したのでない。されどもイエスは、彼が過激派の一人でありしのゆえをもって彼をしりぞけたまわなかった。その手段は誤っていた。されどもその精神に採るべきところがあった。聖霊の恩化により、過激派のシモンもイエスの温良なる使徒となった。過激の人といえば蛇蝎のごとくに忌みきらう今のキリスト教会は、この点においても大いに省みるところがなくてはならぬ。

イエスはかかる人たちをもって世界教化の大事業を始めたもうた。この事に関し、パウロはいうた、「兄弟よ、召しをこうむれるなんじらを見よ。肉によれる知恵ある者多からず、能(ちから)ある者多からず、貴き者多からざるなり。神は知者をはずかしめんとて世の愚かなる者を選び、強き者をはずかしめんとて弱き者を選びたもう……これ、すべての人の神の前に誇ることなからんためなり」(コリント前書一・二六―二九)と。神が事をなしたまわんがためには、学問、教養、地位、所有はかえって妨害である。真の天才はかえって器(うつわ)の劣りたるをもって現わるるがごとくに、神の能はかえって平凡無能の人をもって揚がるのである。

そして今日においてもなお真の教会はガリラヤ人の教会である。すなわち世の卑しき者、かろしめらるる者、すなわち無きがごとき者をもって成る教会である。キリストの教会は依然として平信徒の教会である。知者、学者、教会者はこれにくみするあたわず、彼らは教会を主宰すると称して実はその外に立つ者である。もし彼らが真の教会に加わらんと欲せば、まずその知恵と知識と才能と、これによりて得し地位とを、キリストのみ前にささげて、みずから幼な子となりて彼の祝福にあずからねばならぬ。無学はもちろん誇るべきにあらずといえども、学問もまたたよるべきでない。そして多くの誤謬が学問によりて伝えらるる今日、われらは学問を過重視してはならない。最も健全にして確実なる知識は、目または耳を通して来たらずして、手と足とを通して来たる。最良の教育は、信仰をもっておこなわるる筋肉労働である。イエスがその福音をガリラヤの労働者にゆだねたまいしは、その中に深き理由があって存す。世界が今や労働者の手に帰しつつあるは、イエスのみ手に帰しつつある前兆である。英国における労働党の勝利のごとき、この点より見て意味深長である。今日まで、政治といえば、オックスフォード、ケンブリッジ両大学の出身者に限られたものが、今はただの労働者の手に渡ったのである。そして彼らのなすところがはるかに政治学専門家のなすところにまさるという状態である。宗教においても同じである。今や宗教は神学者すなわち宗教専門家の手を離れて、これまた平信徒の手に渡りつつある。大学の教授に重きを置くの時代は去りつつある。ナザレのイエスを主として仰ぐペテロ、ヨハネ、ヤコブの徒が世界を支配せんとしつつある。人類の幸福この上なしである。人世最もたよるべきものは学校と書籍とより得たる知識ではない。活動と実験とより得たる常識である。思想家に導かれて、国は滅びてしまう。

四〇　伝道師とその責任

マタイ伝一〇章五－一五節
ルカ伝一〇章一－一二節

十二使徒は模範的信者であり、また模範的伝道師である。彼らは専門的宗教家にあらずして、平信徒すなわち普通信者であった。知識階級の人にあらずして、労働階級の人であった。彼らはいずれも不完全の人であって、生来の聖人または君子でなかった。ことに注意すべきは、彼らがみずから選んで使徒となったのではないことである。彼らは今日のいわゆる伝道志願者でなかった。「イエス、山に登りて、その意(こころ)にかなうところの者を呼びしかば、来たりて彼につけり」(マルコ伝三・一三)とある。「なんじら、われを選ばず、われ、なんじらを選べり」(ヨハネ伝一五・一六)と、彼ははっきりといいたもうた。使徒はアポストロス、「つかわされし者」の意である。パウロが自己を、「イエス・キリストのしもべ、召されて使徒となり」と称せしはこのことである。使徒は、召されしことについては、自己に責任がなかったのである。ただゆだねられし職責を全うすることにおいて彼らの責任は存したのである。「この世にありて家宰（いえつかさ）に求むるところは、その忠信ならんことなり」（コリント前書四・二）とパウロがいいしとおりである。この事をわきまえずして、使徒の何たるか、キリスト教伝道師の何たるかがわからない。伝道師は慕うべき敬うべき理想的人物ではない。また人の万事に干渉してその指導者たるべき者でない。伝道師の責任は、彼を選びてつかわしたまいし神に対してあるのであって、つかわされし人に対してあるのでない。伝道師の謙遜また勇気また安心また権威はここにある。

第八節　「なんじら、価なしに受けたれば、価なしに施すべし」伝道師は真理の受け次ぎ人である。神より授けられしものを人に授くる者である。第二十七節において「われ暗きにおいてなんじらに告げし事を、明るきにおいて述べよ。耳をつけて聞きし事を、屋根の上にいいひろめよ」とあるはこの事である。自分の理想また研究の結果をいいひろめるのでない。神のことばを宣べ伝うるのである。旧約の預言者が「エホバかくいいたもう」といいしその権威をもって人に臨むのである。ゆえに、これに世のいわゆる報酬のありようはずがない。福音は無代価である。伝道師の報酬は神ご自身がこれを払いたもう。されども価なしに施すというて、「施し」すなわち慈善事業でない。神のみことばの伝達である。ゆえに神をおそれて人をはばからない。パウロがいいしごとくである。「われら、神の選びを得、福音を伝うることをゆだねられたるによりて、語るなり。こは人を喜ばするにあらず。わが心を察したもう神を喜ばするなり」（テサロニケ前書二・四）と。伝道師は人の友である前にまず神のしもべである。ゆえに人の批評を恐れない。またその好意に投ぜんとしない。

第九節　「なんじら、金または銀または銭を帯ぶるなかれ。旅袋、二枚の下着、くつ、つえもまたしかり。そは働き人のその食物を得るは適当なればなり」衣食の準備はなすに及ばず、これを求道者より仰ぐべしとのことである。糧はこれを敵に仰ぐがナポレオンの軍略であった。前には価なしに施すべしと命じたまい、すぐ後には糧を徴発すべしと教えたもう。矛盾のごとくに見えて矛盾でない。福音を売るのではない。これを求むる者に与うるのである。しかして喜んで伝道師を迎えざる者は福音を求むる者でない。求道者にとりては、物資の提供は義務であるのみならず、福音要求の証拠である。ゆえにかかる者を尋ねて道を説くべし、もし普通の待遇を拒む者あらば、足のちりを払いてその家を去るべしとのことである。これ苛酷なるがごとくに見えて、実は最も賢明なる道である。かくのごとくにして、犬に聖き物を与え豚の前に真珠を投げ与うるの危険を避くることができるのである。イエスご自身が決して福音の安売りをなしたまわなかった。彼を信ずる者には惜しみなく与えたまいしといえども、信ぜざる者には慎んでご自身をあらわしたまわなかった。「彼らが信ぜざるによりて、多くのふしぎなるわざを、ここ(ナザレ)になしたまわざりき」とあるがごとし。

かくてキリスト教伝道はその初めより自給伝道であった。ナポレオンが戦争をしてそれ自身の代価を払わしめしように、イエスは伝道をしてそれ自身の代価を払わしめた。福音は大勢力である。これを伝うるにあたって必要なる物資の欠乏を告ぐるがごときことのありようはずがない。父の園に働くのである。ゆえに金銀または衣類食糧を特別に準備して労働に従事する必要はない。「労働者がその食物を得るは適当なり」。そして神は労働にあずかる者をしてその代価を払わしめたもう。かくして、まく者も刈る者も共に喜ぶのである。そしてイエスご自身がこの伝道法を採用したもうた。使徒もまたこの道によりて働いた。彼らは、今日の伝道師がなすがごとくに、教会より既定の俸給を受けて、これをたよりに伝道しなかった。彼らの倚頼(たより)は彼らにゆだねられし神のことばにあった。これありて、彼らは聖霊が導くままに行き、何の不自由なくして伝道に従事した。今日の伝道に失敗多きは、イエスの示したまいしこの簡単なる道を採らないからである。

神は伝道師を養いたもう。好き求道者を起こして、彼らをもって彼を養いたもう。あだかもザレプタのやもめをもって預言者エリヤを養いたまいしがごとく、またプリスカとアクラを起こしてパウロをその家に迎えしめたまいしがごとくである。不信者もまた神のたなごころの中にある。彼はたやすく不信者をもって伝道師をささえたもう。

福音を安く売るなかれ。福音を安く買うなかれ。真理の価値は払いし代価によりて定まる。多く払いし者は多くこれを貴び、少なく払いし者は少なくこれを貴ぶ。高き代価を払いて福音を求め得し者にして、これを捨てし者あるを聞かない。背教者はたいていは安く福音を買い求めし者である。

四一　迫害の道

マタイ伝一〇章一六—二三節
マルコ伝一三章九—一三節
ルカ伝二一章一二—一九節

第十六節　「見よ、われ、なんじらをつかわすは、羊をおおかみの中につかわすがごとし。ゆえに、へびのごとく賢く、はとのごとく素直なれ。」実に著しきことばである。羊とおおかみ、へびとはと、四つの動物をもって現わされたる二つの対照である。天然は最良の表号的文字である。羊といい、おおかみといいて、深い意味がいいあらわされる。人はおおかみ、信者ことに伝道師は羊、ゆえに、ある場合にはへびのごとく、ある他の場合にははとのごとくにおこのうべしとの教えである。

人はおおかみであるという。はたしてそうであるか。世には少数なりといえども真の善人があるではないか。不信者社会を一概におおかみと称するは酷評のはなはだしきものではないか。しかり、人は普通の場合にはそのおおかみ性を現わさない。自分が強者で、弱者に対する時には、慈悲良善の性を具（その）うるがごとくに見える。しかしながら、一朝自分の利益を侵害せらるるや、ことにその罪を指摘せらるる時は、たちまちにしておおかみと化し、その悪魔性を発揮する。慈愛に富める父母も、その子がキリストを信ずるに至りし時にこれを窮迫するの状態は、おおかみが羊を苦しめる状態に異ならない。人のいかに悪しきかは、キリストの福音をもってこれに臨む時に判明する。「すべて悪をなす者は光を憎み、そのおこないをとがめられざらんがために、光に来たらず」（ヨハネ伝三・二〇）とイエスがいいたまいしがごとくである。人には生まれながらにして何びとにもおおかみ性がある。その性が福音に接してことに著しく発揮するのである。いわく「キリスト教以外に迫害なし」と。「罪の定まるゆえんはこれなり。光、世に来たりしに、人、そのおこないの悪しきにより、光を愛せず、かえりて暗きを愛したり」（同三・一九）とあるがごとし。自己の罪を定めらるる時に、人は怒りて、おおかみが羊を苦しめるごとくに神の子供を苦しめるのである。それがキリスト教の迫害である。

生まれながらの人はおおかみであるに対して、再生の恩恵にあずかりし信者は羊である。彼は悪魔性を除かれしと同時に、防衛攻撃の武器をことごとく取り上げられたのである。彼は神にありて強くならんがために、自己は弱くせられたのである。動物の中に羊ほど弱きものがないように、人の中に真のクリスチャンほど弱き者はないのである。彼は打たれても、たたかれても、抵抗することができないのである。意気地なしといえば意気地なしである。されども事実である。「われはむしろ喜びて自己の弱きに誇らん」（コリント後書一二・九）とパウロがいいしごとくである。ゆえに不信者が喜ぶことにして信者を苦しむることのごときはない。ここに聖人を気取る弱き者があるのである。彼をいかに扱うとも自由勝手である。彼がもし反抗しまたは抗議を申し込めば、愛の欠乏をもってかえって彼を責む。信者は不信者に対しすべて負うところがあって、不信者は信者に対し何の負うところがない。人類の歴史において、不信者を扱う道であった。残忍酷薄の極とは、世の人たちがイエスの弟子を扱う道であった。事はローマの昔に限らない。日本の今日においてもしかりである。人のおおかみ性を充分に味わわんと欲せば、自身神の小羊の真の従者とならねばならぬ。これを称して「キリストに定まれる患難」という。特殊の患難である。人が真のクリスチャンとなる時に、世は彼に対しておおかみとなるのである。われらは信仰上のこの事実を忘れてはならない。

それゆえに、へびのごとく賢く、はとのごとく素直でなくてはならぬ。「蛇（じゃ）の道はヘビ」というが、クリスチャンもまた蛇の道を知らねばならぬ。パウロは「われら、サタンに勝たれざらんために、彼の詭計（はかりごと）を知らざるにあらず」といふたが、われらにもまたこの知恵がなくてはならぬ。クリスチャンとして人を疑うは最もつらいことであるが、しかしサタンはサタンであって、彼を天使と誤りて、彼を益せず、われは彼の滅ぼすところとなる。信者に悪意があってはならぬ。それと同時に、彼にサタンの詭計を見破るの知恵がなくてはならぬ。愛しながら、おどされず欺かれざる道を取らねばならぬ。実にむずかしい道である。しかしながら、十字架の道であって、栄光にいたるの道である。

「はとのごとく素直なれ」旧き邦訳（注、明治訳）には「おとなしかれ」とある。原語は「無害なれ」との意である。文字によりてその意味を定むるはすこぶる困難である。しかしながら前後の関係より見て、またイエスご自身のご生涯より見て、「悪に抗するなかれ」と解するが最も適当であると思う。はとのごとく柔和なれ。二十三節にいう「この町にて、人、なんじらを責めなば、他の町にのがれよ」との態度である。イエスご自身がのがれるだけのがれて、ついにご自身を敵の手に渡したもうた。この世の人の立場から見て、最も意気地なき態度である。しかしながら、これは実に大勇者にあらざれば取るあたわざる態度である。「柔和なる者はさいわいなり。その人は地を嗣ぐことを得べければなり」とある。「なんじら（逃れ遁（のが）れて）、イスラエルの町々をめぐりつくさざるうちに、人の子は来たるべし」とある。勝利は神によりて来たる。この信仰の勇気ありて、われらは優にサタンとその従者とに勝つことができる。信者は自分の信仰を守るためには戦うが、人を倒すためには戦わない。教会のキリスト教が千九百年の歴史を有しながら今なお世に勝つあたわざるは、その伝道の方法として、イエスがここに示したまいし道によらなかったからである。

四二　恐るるなかれ

マタイ伝一〇章二四―三三節

恐るることは必ずしも悪いことではない。恐怖は意志健全の証拠である。狂人に恐怖はない。恐怖は悪に対する天然の警告である。死の恐怖ありて死を避けんとし、悪の恐怖ありて悪を避けんとする。真の勇者に大なる恐怖があった。徳川家康の戦場における戦慄は有名である。主イエスのゲッセマネの園における恐怖はわれらのよく知るところである。「わが心いたく憂えて死ぬばかりなり」と。またいいたもうた、「わが父よ、もしかなわば、この杯をわれより離ちたまえ」と。人はいう、イエスは死を恐るる怯者なりと。しからず、怯者ではない。真の人である。この恐怖ありて、これに打ち勝って、真の勇者たることが現われたのである。クロンウェル、ワシントン、いずれもそうであった。死を遊戯のごとくに思う者の内に真の勇者のありようはずがない。恐るる理由なきを知って恐れざるに至って、勇者の勇者たることが判明するのである。

真の信仰に多くの恐怖が伴う。伴うが当然である。単に人の顔を恐るるの恐怖ばかりでない。われ、聖旨にそむくにあらずやとの危惧より起こる恐怖である。世は正しくしてわれひとり誤れるにあらずやとの心配である。神はわれを怒りたもうにあらずやとの懸念である。これはいずれも恐怖の因（もと）である。そしてイエスは、かかる恐怖をいだかんとする場合に、弟子たちを慰めんために、この教訓を垂れたもうたのである。人はクリスチャンとなりて、良心がいっそう鋭敏になり、その結果として、何事にも恐れやすくなるのである。したがって人の声を神の声として聞きちがえやすくある。あるいは災害の身に臨む時に、これを神の刑罰として取りちがえやすくある。そしてかかる危惧懸念を取り払わんがために、イエスはここに三つの「恐るるなかれ」の諭（さと）しを発したもうたのである。

その第一は、人の誹謗を恐るるなかれとの諭しである。クリスチャンは正義と仁愛を追求する者であれば、人に称揚せらるべきが当然であるように思わるるが、事実はその正反対である。世がきらう者にして実はクリスチャンのごときはないのである。人生実はこれにまさるのふしぎはないのである。しかし事実である。人は神の子をベルゼブルすなわち悪魔のかしらと呼んだのである。単に狂人とか、危険人物とか、平和の攪乱者とか、称したのではない。悪人、しかも悪魔、悪魔のかしらと呼んだのである。イエスご自身がこの事には驚きたもうたのである。しかしながら、それが人間である。光を呼んで暗という。それが罪人の罪人たる何よりも好き証拠である。ゆえに、人にそしられたりとてクリスチャンは恐れてはならない。この事については、人の声は決して神の声ではない。まことにその反対が真理である。人の声は悪魔の声である。たとえ社会の世論なりといえども、国民の声なりといえども、キリストとその弟子とを国賊または逆臣または不孝の子と呼ぶ声は悪魔の声である。ゆえに恐るるなかれとイエスは諭したもうたのである。

る。かくそしられた信者は、主がそしられたまいしようにそしられたにすぎない。ゆえに恐るるに足りない。かえって感謝すべきである。

かかる場合にことに注意すべきは、「おおわれて現われざるものなく、隠れて知られざるものなし」とのことわざに現われたる真理である。世は汚名を付して光をおおわんとするも、光はついに光として現われざるを得ない。この世においてたいていしかりである。来世においては確然しかりである。「ヤソは国賊なり。親不孝なり」との誹謗は、わが国においてさえ、すでにほとんど消滅するに至った。私のごときすら、ずいぶんと思い切った る誹謗を受けた。しかるに今やいまだ棺に入らざる前に、その大部分はすでに消散するに至った。世の、キリストとその真の弟子とに関する批評ほどまちがったるものはない。しかるに、多くの場合において、キリスト教会そのものが世の目をもって信者相互を見て、大なる罪を犯すのである。

第二は、迫害を恐るるなかれとの諭しである。身を殺して魂を殺すことあたわざるものは恐るるに足りない。恐るべきものは、魂と身とを地獄に滅ぼすものである。そのものは何であるか、わからない。ある人は神であるといい、ある他の人は悪魔であるという。されども、そのいずれであるにもせよ、恐るべきものはこれである。すなわち身と共に魂を滅ぼすものである。不義、利欲、怯懦(きょだ)、これいずれも魂を滅ぼすものである。餓死は恐るるに足りない。恐るべきは、餓死を恐れて、いうべき事をいわず、なすべき事をなさない事である。今回の対米問題のごときも、この精神をもって当たらなければならない。博士アレキサンダー・ブルースは、「これは安逸を欲する悪魔である」との解釈を下しているが、この際ことに注意を要する解釈であると思う。

第三は、不時の災難に会うを恐るるなかれとの諭しである。災難は何びとにも来たる。されども災難そのものは天罰ではない。悪人に臨めば天罰である。善人に臨めば恩恵である。ことにイエスを信じて神の子とせられし信者にとりて、無意味に災害の臨む理由(わけ)はない。

「二羽のすずめは一銭にて売るにあらずや。しかるに、なんじらの父の許しなくして、その一羽といえども地に落つることなし。なんじらの頭の毛またみな数えらる。ゆえに恐るるなかれ。なんじらは多くのすずめよりまされり」。実に深い、うるわしい諭しである。

四三　愛の衝突

マタイ伝一〇章三四―三九節

キリストが世にくだりたまいし目的の一つはたしかに「地に平和を出ださんため」であった。クリスマスの夕、牧羊者は天使の歌うを聞いた。「地には、平和（おだやか）、人には恩寵（めぐみ）あれ」と。しかるに主はここに「地に平和を出ださんためにわれ来たれりと思うなかれ。平和を出ださんとにあらず。刃(やいば)を出ださんために来たれり」といいたもうた。矛盾であるように見える。しかし矛盾でない。平和は最後の目的であって、刃はこれに達するの道である。そしてその途上にある時に、信者は、主の降世は刃を来たすためではなかったかと思うのである「十字架なき所に冠なし」とのことばのごとき、この事をいうのである。「女、子を産まんとする時はくるしむ。されど、すでに生めば、前のくるしみを忘る。世に人の生まれたる喜びによりてなり」（ヨハネ伝一六・二一）と主のいいたまいしもまたこの事を教えんためである。平和は高価である。刃を通らずして、真の平和は来たらない。

ここに刃とあるは、戦争の意ではないと思う。もちろん宗教戦争なるものはなかったではないが、しかし信者が進んで刃を取って不信者と戦うという事のありようはずがない。ルカ伝十二章五十一節によれば、イエスはこの場合には「刃」とはいいたまわずして「分争」といいたもうたとある。すなわち「われは安全を地に与えんとて来たると思うや。われ、なんじらに告げん。しからず。かえって分争(わかた)しむ」とある。そしてヘブル書四章十二節に両刃(もろは)の劔のよく物を断つことがしるされてあるがごとくに、マタイ伝のこの場合において、刃は分争と解するが正当であると思う。有名なるオランダの公法学者にして聖書学者なるグロウシウス（Grotius）がこのことばを解釈して、non bellum sed dissidium（戦争にあらず、分裂なり）といいしはまことに当を得たるものである。イエスの世に来たりたまいし結果として、人の間に一致が破れて分争の起こるのは、信者何びともが実験し、また目撃するところである。これは実にやむを得ないのであって、この道を通らずして、真の平和は地に臨まないのである。

第三五節　「それわが来たるは、人をその父にそむかせ、娘をその母にそむかせ、よめをそのしゅうとめにそむかせんがためなり」とある。はなはだおだやかならぬことばである。「そむかせ」の訳字は強すぎる。改訳(注、大正訳)の「分かたん」の方が真意に近い。子をその父より、娘をその母より、よめをそのしゅうとめより分かたんためなりというが原語の意味であると思う。そして注意すべきは、子、娘、よめらの、より若き者が、父、母、しゅうとめら、より老いたる者と分かるるにいたるとのことである。イエスはご自身の説きたまいし福音を、新しき布または新しきぶどう酒にたとえたまいしように、これは元来若き心に受けいれられやすきものである。古今東西を問わず、キリスト教は特に青年男女の宗教である。これその常に生気溌溂たるゆえんである。儒教が老爺に喜ばれ仏教が老媼に迎えらるるとは全くその性質を異にする。ゆえに子はその父より分かれ、娘はその母より分かるるに至るのであって、まことにやむを得ないしだいである。そしてキリスト教に限らない。すべての進歩思想がそうである。改革は常に青年より始まる。よし齢においての青年ならずといえども、心においての青年をもって始まる。実に年はとりたくないものである。そして永遠に生きたもう復活(よみがえ)れるキリストと共にありて、われらは常に若くして、世の老人らと相対することができる。

第三七節　「われよりも父母を愛する者はわれに協(かな)わざる者なり」と。かくいい得しイエスはただの人ではない。人に父母以上の権威をもって臨む者は、神の機能をそなえたる者でなくてはならない。イエスは地上における神の代表者、ゆえに彼のみ、ひとり彼のみ、父母に対する以上の服従を、人より要求することができる。これはまことに重いことばである。まずイエスの何びとたるかを深くきわめずしては解することのできないことばである。信仰のゆえに父母より分かれざるを得ざる子も、またそれゆえに子を責むる父母も、まず深くこの事をきわめなければならない。しかる後に、問題は容易に解決せらるるのである。

「父母を愛し、子女を愛す」という。いずれもギリシャ語の phileō であって、agapaō でない。前者は情の愛であって、後者は道理の愛である。イエスはここに、父母または子女に対する情愛のゆえにわれに従わざる者は、わが意に協わざる者なりといいたもうたのである。まことにしかりである。アシシのフランシスが父に分かれ、ルーテルが父の命に従わざりしは、全人類のために最も善きことであった。もちろん情は容易に傷つけべきものでない。しかし道理はたしかに情以上である。今回の対米運動のごとき、この明白なる教えに従って従事すべきである。情においては多くの忍びがたきところがある。しかし明白なる正義の道が蹂躙せられしその場合に、われらは愛情に引かされて、なすべき事を避けてはならない。クリスチャンは情の人であるよりは道理の人である。パウロがいいしがごとくに、「われら、真理に逆らいて能力なし。真理に従いて能力あり」(コリント後書一三・八)である。そして「われは真理なり」といいたまいしイエスは、われらより絶対的服従を要求したもう。今日の場合に、主は、われらの内の多くの者にいいたもうと信ずる、「われよりも米国または米国人を愛する者は、われに協わざる者なり」と。愛情はより低い愛である。信者はアガペーすなわち聖愛に従って歩まねばならない。

第三八節　「その十字架を取りてわれに従わざる者は、われに協わざる者なり」十字架他なし、情を捨てて道に従う事である。イエスの十字架もまた他の事ではなかった。情愛か、聖愛か、二者の内いずれを選むべきか、人の永遠の運命はその選択いかんによりて定まるのである。この世の平和は情愛に従うことによりて得られ、神の国の平和は聖愛に身をささぐることによりて与えらる。十字架はここにある。これをになわずして、われらの父なる神および主イエス・キリストより恩寵と平和とを賜わることはできない。人生はつらくある。されども栄光は十字架にありである。十字架である。剱でない。悪に耐うる事であって、これに抗する事でない。悪は自滅的であれば、われより進んでこれを滅ぼすに及ばない。されども悪に従うてはならぬ。明らかにこれを悪と呼ばねばならぬ。そうして悪の犠牲となりてその絶滅を計らねばならぬ。これがキリストの十字架である。

義と情と、二者いずれを選ぶべきか。婦人と小児と小人とは情を選び、偉人とクリスチャンは義を選ぶ。不人情なるがごとくに見ゆる義人、それがほんとうの人である。われら何びともかかる人たるべく努めねばならぬ。

四四　冷水一杯

マタイ伝一〇章四〇―四二節
マルコ伝九章四一節

信者に患難(なやみ)多し。彼は世人に、不忠の臣、不孝の子、逆臣、国賊、悪魔の族(やから)とさえ呼ばれる。彼はその家の者をさえ敵として持たねばならぬ。彼の生涯は十字架である。常に聖愛のために情愛を殺さねばならない。しかしながら彼は全然孤独でない。徳孤ならず必ず隣ありと東洋道徳がいうがごとくに、信仰孤ならず必ず友ありである。信者を受くる者がある。福音の使者を迎うる者がある。われらは単独をかこつべきでない。

そして感謝すべきは、神ご自身が信者と利害栄辱を共にしたもう事である。「なんじらを受くる者は、われを受くるなり。またわれを受くる者は、われをつかわしし者を受くるなり」と主はいいたもうた。信者とキリストと父なる神とは同体であるという。いかばかりの栄誉、いかばかりの福祉ぞ。その事を示されただけで充分である。そして勝利はすでにわがものであることがわかる。信者はキリストと苦難を共にするがゆえに、また栄光をも共にするのである。

そして主は信者を受くる者に報いたもう。信者は神の使者であれば、使者をねぎらうの報賞(むくい)は神ご自身これをにないたもう。そして人は種々の資格において神の使者を受ける。あるいは預言者として、あるいは義人として、あるいは福音の伝達者として、彼を受ける。そして受くる資格のいかんによりて報賞は異なるというのである。伝道者が世人にいかに受けらるるか、その事はイエスがあらかじめ告げたまいしところである。

人は多くの場合において、福音の使者を預言者として受ける。イエスご自身が彼の国人に預言者として受けられた。イエス、その弟子に問うて「人々は人の子をたれというや」といいければ、彼らは答えていうた、「ある人はバプテスマのヨハネ、ある人はエリヤ、ある人はエレミヤ、また預言者の一人なり」(マタイ伝一六・一三―一四)と。神の聖旨(みこころ)を伝え、公義によりて世をさばく者、聖憤に燃ゆる人、罪悪を仮借せざる者、イエスと彼の使者とはかかる者であると思い、その資格において彼らを受くる者がある。そして彼らは誤らないのである。福音の伝達者はその一面においてはたしかに預言者である。彼は罪を憎み悪をきらう。イエスのなしたまいし事に「なんじの家のための熱心、われを蝕（くら）わん」（ヨハネ伝二・一三以下）とのことばにかないしものがあった。そして預言者として伝道者を受くる者は預言者の報賞を受くという。すなわち預言者より学び得る事を彼より学ぶを得べしという。イエスをバプテスマのヨハネと同じ者と見る者は、ヨハネの弟子がその師よりあずかりしと同じ感化と教訓とに、イエスよりあずかることができる。しかしながら、イエスは預言者であると同時にまたそれ以上であった。彼は罪のあがない主であった。永生の供給者であった。彼を単に預言者と見て、わずかにその一面を見るにすぎない。されども一面たりとも見るは、はるかに見ざるにまさる。イエスとその使者とを預言者として受けて、これに相応する恩恵が伴う。

　人はまた多くの場合において、福音の使者を義人として迎える。すなわち道徳の先生として尊敬する。これまた誤りたる見方でない。伝道師（信者全体もまたしかり）はその一面においてたしかに道徳家である。そして道徳家として彼を受くる者は、きよき高き道徳について大いに彼より教えらる。しかしながら伝道師は単に道徳家でない。彼は罪のゆるしの福音の伝達者である。神と人との和平（やわらぎ）の美（よ）きおとずれの告知者である。福音の使者より道徳を学んで満足する者は、いまだ彼の与え得る最大最善のものを受けざる者である。されども、道徳といえども受くるは受けざるにまさる万々である。キリスト教道徳は最高最美の道徳である。これを学んで、多くの人が、キリスト教のすべてを知りつくしたりと思うは怪しむに足りない。義人なるのゆえをもって信者と伝道師とを受くる者は、これに相応する報賞（むくい）を受くべしである。

　しかしながら、預言者としてのみならず、また義人すなわち道徳家としてのみならず、福音の使者としてイエスの弟子を迎え、これに冷水一杯なりとも与うる者は、必ずこれに相応する報賞を神より受くべしとのことである。冷水一杯とは、小慈善ということではない。世にきらわるる者に好意を表することであって、小に似て実は大なる善行をさしていうのである。世にベルゼブル、国賊、逆臣と称せらるる者に、イエスの弟子なるのゆえをもって、この弱き小さき者の一人に、冷水一杯を恵む者は、必ずその報賞を失わじと、イエスは力をこめて述べたもうたのである。そしてかかる人は実際にははなはだまれである。世と共にほめ共にそしるが人情である。しかるに、世論に反し、大胆にイエスの弟子に対し同情を表する者は、神の子ご自身に仕えまつるのであって、かかる者は、その行為に相応する報賞にあずかるべしというのである。そしてその報賞とは何かと問うに、イエスを知るの知識これである。そして彼を知るは限りなき生命である。助けなきイエスの弟子を助けて、その報賞として永生の恩賜にあずかるという。冷水一杯の報賞としては過大なるがごとしといえども、神の子をいたわりまつりし報賞と思えば、決して過大ではないのである。

まことに福音の使者は預言者であるが、しかも預言者以上である。義人すなわち道徳家であるが、しかも道徳家以上である。彼は神につかわされし平和の使者である。パウロがいいしがごとくに、「神、キリストにありて、世をおのれと和らがしめ、その罪をこれに負わせず、かつ和らがしむることば」をゆだねられたる者である。かかる者として彼を受けし者が、神より最大の恩恵にあずかるべしとのことである。

四五　イエス、バプテスマのヨハネに疑われたもう

マタイ伝一一章二―六節
ルカ伝七章一八―二三節

空の鳥さえずり野のゆりの咲くガリラヤ湖畔の楽しき福音宣伝は長くつづかなかった。全き人イエスの生涯においても蔭の映（うつ）る時が来た。そしてその蔭はだんだんと濃くなって、ついにはゲッセマネの園の暗き夜となったのである。しかし今はまだ夜が来たのではなかった。しかしながら蔭は蔭であって、夜の来たる予兆（しらせ）であった。そして明煌々たるイエスのおん身にとりては、蔭はいかにつらくあったであろう。いわんや、その疑いの蔭が、彼を最も善く解したりと思われしバプテスマのヨハネによりて投げられしにおいてをや。イエスはまず彼の親友に疑われたのである。そしてついにその

弟子の裏切るところとなりて十字架の死を遂げたもうたのである。悲惨といえば悲惨である。しかしながら復活の朝に会わんがためにはこれが必要であったのである。

「さてヨハネ、獄(ひとや)にて、キリストのなししわざを聞き、その弟子二人を彼につかわしていわせけるは、来たるべき者はなんじなるか、またわれら他に待つべきか」と。ヨハネが分封(わけもち)の君ヘロデによりて獄に投ぜられし事については、マルコ伝六章十四節以下につまびらかであれば、ここには語らない。彼は義を唱えし結果として、死海の東岸マケーラス城内の暗き牢獄に投ぜられたのである。彼はかしこにつながれて種々の思案にふけったであろう。そしてその内最も大なるものは、彼がキリストとして彼の国人に紹介せしイエスに関することであった。彼は思うた、イエスははたしてキリストであるか、もしそうならば、なぜキリストたるの実を挙げないのであるか。なぜ彼は大能を現わして、異邦人の政(まつりごと)を滅ぼして、国をイスラエル人に返さないのであるか、罪は依然として世に跋扈するではないか、ヘロデ・アンチパスのごとき劣等の人が王として国を支配するではないか、イエスが世に現われて以来、さしたる大改革は国におこなわれないではないか、「手には箕(み)を持ちてその打ち場をきよめ、麦は集めてその倉に入れ、からは消えざる火にて焼くべし」(マタイ伝三・一二)とは、ヨハネがキリストについて述べしことばではないか、しかるにイエスのなせるところを見るに、このことばにかないしところなく、義人はあがめられず、悪人は罰せられず、世は依然として罪の世としてのこるではないか、ことにヨハネ自身について思うに、彼、義のために獄に入れられしも、イエスは彼のために一臂の力を貸すことなく、彼を悪人が扱うがままにまかして顧みず、これ、はたしてキリストの行為として見ることができるか、自分が神の小羊として世に紹介せし者を疑うは恐るべき罪である、されども疑いは疑いとして感ぜらるるをいかにせんと。ヨハネはかく思うて、罪とは知りつつも、意を決して、二人の弟子をつかわして、イエスの解答を求めたのである。彼の心中たるや実に推察すべきである。

この疑問に対して、イエスは答えていいたもうた、「盲者は見、足なえは歩み、らい病人はきよまり、つんぼは聞き、死にたる者はよみがえらされ、貧しき者は福音を聞かせらる」と。言は簡単である。これがわがキリストたるの証拠である。この事を聞きまた見てわれを疑わざる者はさいわいなりと、イエスはヨハネにいいつかわしたもうた。その意味は、「われは奇跡をおこのうた。わが奇跡を見て、わがキリストなるを信ずべし」ということではない。この場合において、奇跡は問題でない。奇跡を施されし人の種類が問題である。盲者、足なえ、らい病人、つんぼ、これを総称すれば貧者、彼らが癒やされ、福音を聞かせらる。これはたしかにキリストが現われし証拠ではないか。王とか、政治家とか、大臣とか、県知事とか、学者とか、博士とか、富者とか、高位高官の人とか、そんな人たちが顧みられずして、貧者が恵まれしという事、その事がキリスト出現の誤りなき証拠ではないかと、イエスはヨハネにいいつかわしたもうたのである。

「女の生みたる者の中に、いまだバプテスマのヨハネより大いなる者は起こらざりき」とイエスは後にいいたもうた。されども、この最大の偉人ヨハネといえども、人たるの範囲を脱し得なかった。彼の理想もまた人間的であった。彼もまた今日の多くのいわゆるキリスト信者のごとくに、キリストによりこの世の驚天動地的の大改革を要望した。しかしながら真のキリストはそんな者ではない。彼が目を注ぎたもうところは世の見るところと全く異なる。貧者、すなわち病人、不具者、この世とこの世の教会とが無きにひとしき者と思う者、救いを彼らに施すのがキリストのキリストたるゆえんである。ヨハネはいまだこの事をさとらなかった。今日の信者もこの事をさとるにははなはだ難くある。「いためる葦（あし）を折ることなく、煙れる麻を消すことなし」（一二・二〇）というのがキリストである。ああ、われらもまたヨハネと共にキリストを大改革者、大政治家、大活動家と解して、彼を誤解し、彼について つまずくのである。

いうまでもなく、キリストの感化力は普遍的である。彼は世の光であって、人として彼のあたたまりをこうむらざるはない。されども彼の感化は最下層より始まる。ゆえにわれら彼の恩恵にあずからんと欲すれば、自身貧者とならなければならない。すなわち、へりくだりて、盲者たり唖者たるを自覚しなければならない。

四六　イエス、ヨハネを弁護したもう

マタイ伝一一章七―一五節
ルカ伝七章二四―二八節

イエスがヨハネの使者を受けたまいしも、またその質問に答えたまいしも、彼が群衆と共にあって彼らを教えたまいつつありし間であった。そして「彼らの帰れる後」、正確にいえば、使者が帰途につくやいなや、いまだ彼らの姿が消えざる間に、彼はヨハネの弁護を始めたもうた。イエスのことばの簡単にして深刻なりしは、彼がヨハネをさげすんだからではない。その反対が事実であった。ヨハネはイエスを疑うたが、イエスはヨハネを疑いたまわなかった。表(あらわ)に彼を責めながら、裏には彼を弁護したもうた。真の友人はすべてかくのごとし。人がその友を弁護せしことばにして、イエスのヨハネの弁護にまさるものはない。

第七節「なんじら、何を見んとて野に出で行きしや。風に動かさるる葦なるか」ヨハネの勢力が一時は非常に偉大なりしがゆえに、彼の説教を聞くことが一種の流行となり、たれもかれも彼を見んとて荒野に行いた。しかし彼らの多くはヨハネのたれなるを知らなかった。ヨハネはヨルダン川のほとりに風に動かさるる葦のごとき者ではなかった。彼は世論に動かされて立った説教師ではなかった。ヨハネ伝一章第六節に「ここに神のつかわしたまえるヨハネといえる者あり」とあるがごとくに、彼はまことに神の人であった。人の要求(もとめ)によりて動かず、神の聖旨(みこころ)によりておこなう人であった。彼を「風に動かさるる葦」すなわちこの世の人望家のごとくに見しは大なる誤解である。

第八節　風に動かさるる葦にあらず。さらば権者におもねる懦夫(だふ)でありしか。しからずとイエスは答えたもうた。「やわらかき(美しきではない)衣を着たる者は王の宮にあり」と彼はいいたもうた。原語のままに訳すれば、「やわきをまとう者は権者の家にあり」となる。そしてバプテスマのヨハネはたしかに、軟弱他にこびるの人ではなかった。彼はこの世の権力の庇保の下に動く説教師ではなかった。彼は義のためには王を面責し

てはばからざる、剛直、岩のごとき人であった。

風に動く葦にあらず、権におもねる弱者にあらず。さらば何か。預言者なるか。しかり、預言者以上である。彼は女の生みたる者のうち、すなわちアブラハムの裔（すえ）の中にて最も大なる者であった。最後に現われし預言者であって、旧約に終わりを告げて新約を紹介せし者である。キリストの前に現わるべくいわれしエリヤである。彼によりて天国はイスラエルに紹介され、彼に教えられて、多くの人々は励みて天国に入らんとし、また入ることを得たのである。実に偉大人物、神の使者である。しかるにイスラエルは彼をいかに扱いしか。その王は、おのが不義をおおわんがために彼を獄に投じた。その民の多数はめずらし半分に彼の教えを聞き、しばらくは彼をほめたて、ただちに彼を忘れ、彼を捨てた。「耳ありて聞こゆる者は聞くべし」である。彼らは神がイスラエルに与えたまいしこの偉大人物、この大光明をいかに扱いしか。深くおのれに省みて、恥じ、改むべきであると。イエスはかくのごとくにバプテスマのヨハネを弁じて、彼の国人を詰責したもうた。まことにイエスを知りし者はヨハネ、ヨハネを知りし者はイエスである。ヨハネにしてもし自己にかかわるイエスのこの弁護のことばを聞きしならば、彼は感謝の涙にむせびて、かつて一回たりともイエスのキリストたることを疑いし軽卒浅慮を堪えがたきほどに恥じたであろう。

寛大なるイエスよ。彼はかくのごとくにして、われら各自を、神と人との前に弁護したもう。彼はわれらの悪しきによりてわれらをさばきたまわず、善きによりてわれらをとりなしたもう。彼は今日の宣教師や教会信者のごとくに、われらの欠点をとらえてわれらの価値を定めたまわない。面前にありては強くわれらに当たりたもうといえども、蔭になりては強くわれらを弁護したもう。彼は友人の模範である。彼のごとくにして、世のいわゆる友人を多く持つあたわずといえども、ほんとうの友人はかくのごとくにして持つことができる。われらは、イエスがわれら各自を扱いたもうがごとくに、相互を扱わなければならない。

イスラエル人としてのヨハネに欠点の指摘すべきところはなかった。「彼は預言者以上の預言者、エリヤの再生とも称すべき者であった。されども、天国の最も小なる者は彼よりも大なり」と、イエスはいいたもうた。最も小なる者は最も大なりという。これはヨハネを小さくなさんがために発せられしことばではない。神の子の救いにあずかりし者の光栄いかに大なるか、その事を告げんがために、ヨハネ賞賛の辞の内にイエスが加えたまいしことばある。そしてこれは事実を誤らないのである。まことに天国の最小なる者はヨハネよりも大なるのである。そはヨハネは女の生みたる者であるに対して、天国の子供は霊によりて生まれし者であるからである（ヨハネ伝三章参照）。質が全然ちがうのである。「人、キリストにある時は、新たに造られたる者なり」（コリント後書五・一七）とパウロがいいしとおりである。あたかも、卑しき人といえども、最も高価なる馬または犬よりも貴くあるがごとしである。ヨハネ自身も、たぶん殉教の死を遂ぐる前にこの光栄にあずかったのであろう。しかしこれは彼といえどもみずから励みて達し得る境涯ではない。神の恩恵により、入ることのできるさいわいである。「なんじら恩恵によりて救いを得。これ信仰によりてなり。おのれによるにあらず。神のたまものなり」（エペソ書二・八）と、パウロがいいしとおりである。たとえヨハネといえども、恩恵による信仰によらずしては、天国の民となることはできないのである。クリスチャンは最大の人よりも大なりといいて、イエスは深い大なる真理を述べたもうたのである。

（一九二三年十二月―一九二四年十月「聖書之研究」、一九二五年九月「初版」）

十字架の道

序文

キリストの十字架にキリスト教はある。十字架の道、これキリスト教である。キリスト教に他に何があっても、もしキリストの十字架がないならば、キリスト教はないのである。キリスト教は道徳の道にあらずして贖罪の道である。そして贖罪は十字架の上におこなわれたのである。キリストは人に人道または天道を教えんために世に来たりたまいしにあらず。人類の罪を負いてこれを除かんために来たりたもうたのである。キリストの十字架に、この深い普遍的の意味がある。この意味において十字架を解して、聖書と人生とを解し得るのである。私はかくいいいて誇張をいうのではない。まじめの真理を語るのである。私の全生涯の研究と実験との結果を語るのである。ゆえに、いかなるペンもこの至大至高の問題について書き尽くすことはできない。哲学的詩人ゲーテがいいしがごとくに、ただ悲哀の殿堂においてのみ、これを了解することができる。私の了解はきわめて浅いものである。一たび雑誌に掲げしものを一書にまとめて、求道の友の道しるべたらんことを期するのである。

昭和三年(一九二八年)十一月二十日

内村鑑三

一　イエスの都入り

マタイ伝二一章一―一一節

イエスの伝道的ご生涯はこれを三部に分かつことができる。その第一はガリラヤ伝道、第二は異邦伝道、第三はエルサレム伝道である。第三は、伝道と称するよりもむしろ殉教というべきである。イエスは民を教うるためにエルサレムに上(のぼ)りたまいしにあらずして、死ぬるために行きたもうたのである。マタイ伝二十章十七節

以下にいわく、

イエス、エルサレムに上る時、途上にて、人を離れ、十二弟子を伴いて、彼らにいいけるは、われらエルサレムに上り、人の子は祭司の長(おさ)と学者たちに渡されん。彼ら、彼を死罪に定めん。また、あざけり、むち打ち、十字架につけんために異邦人に渡すべしと

死はイエスの覚悟したまえるところであった。されども「預言者はエルサレムのほかに殺さるることなし」(ルカ伝一三・三三)と彼がいいたまいしがごとく、彼はエルサレムにおいて死すべく心を定めたもうた。ゆえに彼はガリラヤならびに異邦の伝道を終えた後に、ことさらにみずから求めてエルサレムに上りたもうたのである。ルカはイエスのこの決心をしるしていうた、「イエス、天に挙げらるる時満ちんとしたれば、み顔を堅くエルサレムに向けて進まんとしたまえり」(ルカ伝九・五一―大正訳)と。常人の心をもってして解しがたきはイエスのこの都上りである。彼はみずから死を求めたもうたのである。聖都エルサレムにおいて死するの必要を感じたもうたのである。何のためにしかるか。肉の人は今に至るもその理由を知らない。されども霊の人はよくこれを知る。イエスご自身が明らかにその理由を示して、いいたもうた、

人の子の来たるは、人を役(つか)うためにあらず、かえって人に役われ、また多くの人に代わりて命を与え、そのあがないとならんためなり(マタイ伝二〇・二八)

と。人類の歴史において、イエスの都上りほど意味深長なるものはない。その記事のドラマ的なるはこれがためである。人生の悲劇喜劇を総合したるものが、エルサレムにおけるイエス最後の一週間である。

マタイ伝にしたがえば、イエスの都入りは左のごとくであった。

彼ら、エルサレムに近づき、オリブ山のベテパゲに至りし時、イエス、二人の弟子をつかわさんとして彼らにいいけるは、なんじら、向こうの村に行け。ただちに、つなぎたるろばの、その子と共にあるに会わん。これを解きて、われに引き来たれ。もし、なんじらに何かいう者あらば、「主の用なり」といえ。さらばこれをつかわすべし。かくなせるは、預言者のことばにかなわせんためなり。すなわち

シオンの娘に告げよ
なんじの王、なんじに来たりたもう
彼は柔和にして、ろばに乗りたもう
荷を負うろばの子に乗りたもう

弟子行きて、イエスの命ぜしごとくなし、ろばとその子を引き来たり、その上におのが衣を置きければ、イエス、これに乗りたまえり。群衆の多数はその衣を道に敷けり。またある者は木の枝を切りて、これを道に敷けり。しかして前に行ける群衆と後に従う群衆とは叫んでいえり、

ホザナ、ダビデの子に
さいわいなり、主の名によりて来たる者は
ホザナ、いと高き所に

かくて彼、エルサレムに入りたまいける時、全都こぞりて騒ぎ立ち、いいけるは、「この人は誰なるや」と。群衆答えけるは、「彼は預言者イエスなり。ガリラヤのナザレの人なり」と（マタイ伝二一・一―一一）

以上を、イエスの凱旋的（がいせんてき）入城式と見ることができないではない。群衆が衣を敷き、青葉をまいて、ホザナ（万歳）を歓呼して彼を迎えたのである。彼の得意思うべしである。山地将軍や乃木将軍が、陥落せる旅順城に乗り込んだ時もかくあったのではあるまいか。イエスは今やダビデの裔（こ）として、王都エルサレム受取のために入城式をおこないたもうたということができる。

しかしながら、これこの世の君たちの入城式でなかったことは明らかである。イエスご自身が、これ死を迎うるための都上りであることを知りたもうた。かつまた彼は群衆の歓迎を喜ぶような方ではない。世人のいわゆる公的承認は、彼が最もきらいたもうところであった。ゆえに、この場合における群衆の歓迎は、イエスが期待したまいしところでなかったに相違ない。彼にもし入城式執行の意志がありしならば、それは彼の少数の弟子たちと共に粛々とおこなわるべきものであったろう。しかるに意外にも群衆の加わるところとなりて、彼は少なからず聖意（みこころ）を痛めたもうたであろう。実に聖者の目より見て群衆の万歳のごとくいやらしきものはないのである。

イエスの来城式であった。正統の王はその都を受け取るべく進みたもうた。されども一剣を腰に帯ぶるなく、

一兵の彼の身を守るなく、平和の君はことさらに馬に乗らずして、ろばに乗りたもうた。「彼は柔和にして、ろばに乗りたもう」と預言者がいうたとおりである。実にうるわしき、あがむべき王である。彼にくらべて、この世の王たちは顔色なしである。

イエスの入城式である。すべてのキリスト信者は彼にならうべきである。勝って、かぶとの緒を締めるでは足りない。勝たんがために負けるのである。威権をつくりいて敵をおどさないのである。かえって、へりくだりて弱きを示して恐れないのである。イエスはエルサレム入都の際、柔和にして、ろばに乗りたもうた。そこに神の子の姿が現われた。

福音書における受難週間

イエスのご生涯の内に、最後の一週間は、その最もたいせつなる部分であった。その事は、福音書記者がその大部分をその記事に供しているのでわかる。マタイ伝は二十八章であって、その内八章はいわゆる受難週間の記事である。簡潔なるマルコ伝は十六章の内六章、すなわち三割七分をこれに与えている。ルカ伝は二十四章であって、その内六章は受難週の記事である。ヨハネ伝のごときは二十一章の内九章、すなわち四割三分をこれに割りあてている。よって知る、福音書記者らの目に映じたるイエスの受難はいかに重大でありしかを。イエスはまことに死ぬるために世に来たりたもうたのである。「人の子の来たるは……多くの人に代わりて命を与え、そのあがないとならんためなり」と、彼ご自身がいいたまいしとおりである。

二　イエスの宮きよめ

マタイ伝二一章一二―一七節
マルコ伝一一章一五―一八節
ルカ伝一九章四五―四六節
ヨハネ伝二章一三―二二節

四福音書によれば、イエスは二度、宮きよめをおこないたもうた。伝道の初めとその終わりとにおいて、これをおこないたもうた。前者をしるすものがヨハネ伝である。後者は三福音書によりてしるさる。二度であるか一度であるか、よくはわからない。しかし二度と見てさしつかえないと思う。マタイ伝によれば、イエスは都上りの当日にこれをおこないたもうたとあり、マルコ伝によれば、翌日おこないたもうたとある。すなわち当日は調査にとどめ、翌日決行したまえりとのことである。ゆえに一時の怒りによりてなした事にあらず、深慮の結果なしたまえりとのことである。神殿の俗用を深く憤りたもうたからである。四つの記事の内で最も活気あるはヨハネ伝のそれである。「なわをもて、むちを作り……」とある。実に「なんじの家のための熱心、われを蝕（くら）わん」との概があった。

何びともここに見のがすことのできないことは、イエスは決して「やさしいイエス様」でなかったことである。ここにいわゆる「小羊の怒り」（黙示録六・一六）が遺憾なく発揮せられた。イエスは小羊であった。されどもこの小羊に怒りがあった。彼は救い主であると同時に審判人（さばきびと）である。彼の目は明白なる不義をゆるすにはあまりに聖くあった。すべて誠実なる人は怒る。怒らざる人は不実の人である。カーライルの英雄崇拝論に、モハメットの「ひたいの青筋」の一条がある。モハメットの誠実はこれに現われたという。いわんや神の子においてをや。真の愛は怒る。ルカ傳に従えば、宮きよめは、「ああエルサレムよ、エルサレムよ」の歎声を発したまいし後におこなわれたりとある。「すでに近づける時、城中を見て、これがために泣き、いいけるは」（一九・四一）とある。この愛がありて、この怒りがあったのである。

宮きよめは単に宮きよめでなかった。神殿の奪還またはその占領であった。イエスはここに神の正子として父の家を要求したもうたのである。「わが家は祈禱の家ととなえらるべし」（マタイ伝二一・一三）といい、「わが父の家を商売（あきない）の家とするなかれ」（ヨハネ伝二・一六）という。わが父の家である、ゆえにわが家であるというが彼の主張であった。イエスはここに彼が神の子たるの権利を主張したもうたのである。しかしてこの権利を主張し得る者は、天上天下、彼を除いて他に一人もない。ゆえに彼がなしたごとくに宮きよめをなし得る者は他に一人もないはずである。小羊ならざるわれらは、「小羊の怒り」そのままを繰り返してはならない。

イエスの要求はいれられなかった。祭司と学者とは神殿を私用して、イエスは彼らの除くところとなった。しかしながら彼は彼の神聖にして正当なる要求を撤回したまわない。彼は再び宮に現われたもう。しかしてこれをご自身の手に収めたもう。彼の再臨がその時である。

旧約マラキ書三章にいわく、

なんじらが求むるところの主は
忽然その宮に来たらん
なんじらが喜ぶところの契約の主は
見よ、彼は来たりたまわんと
万軍のエホバ、いいたもう
彼、来たる日に誰か堪え得んや
彼あらわるる日に誰か立ち得んや
彼は金を吹き分くる火のごとし
また布さらしの使う灰汁（あく）のごとし
彼は銀を吹き分けこれをきよむる者のごとく坐せん
彼はレビの子らをきよめん
金銀のごとくに彼らをきよめん
かくして彼らはエホバにささぐるに至らん
義をもてささげ物をささぐるに至らん
その時、ユダとエルサレムとのささげ物は
エホバの喜びたもうところとならん
古き日におけるがごとく
先の年にありしがごとく
エホバの喜びたもうところとならん

イエスはかくのごとくして再び現われて徹底的に宮をきよめたもう。しかして彼の初めの宮きよめは、この終わりの宮きよめを予表してなされたものである。預言は成就されずしてはやまない。神の宮は必ず神の子によりてきよめらるるにきまっている。

宮きよめは、今日のことばをもっていえば、教会改革である。教会は神の宮であって、これは地上にあっては神の子に属するものである。しかもその内にありて彼のみ名のみがとなえられて彼の聖旨（みこころ）はおこなわれない。教会は大体において今なお盗人の巣であり、また商売の家である。これをきよむるの困難は昔のエルサレムの宮をきよむるの困難と同じである。そして幾たびか教会改革の声は挙がったが、その徹底的実行は今なおおこなわれない。ハッス、サボナローラ、ウィクリフらがこれを試みて、教会の焼き殺すところとなった。教会改革は、今の時代においても、イエスの宮きよめだけ、それだけ無効である。しかし教会改革が徹底的に完全におこなわるる時がある。それは契約の使者すなわちキリストが忽然その宮に来たりたもうその時である。教会改革はキリストの再臨を待っておこなわるるのである。われらはその時まで待てばよいのである。ただしイエスにならい、生命を賭して福音の真理の証明(あかし)をなすことを怠ってはならない。

三　のろわれしいちじく

マルコ伝一一章一二―一四節
同　　　　一九―二六節
マタイ伝二一章一八―二二節

この奇跡は、イエスがなしたまいし他の奇跡にくらべて大いに異なる点がある。第一に、イエスの奇跡は大体において生かす奇跡であるに対して、これは殺す奇跡である。第二に、春まだ早くして、いちぢくのみのるべき時にあらざるに、実(み)を要求して、これを与えざればとてのろいしというは、これ、むりの要求であって、神の子の行為としては受け取りがたきふしがある。この二つの点より考えて、この奇跡は解するに最も難(かた)いものである。

しかしながら、難解のおもなる理由は、これを単に奇跡として見るからである。これは奇跡であるよりはむしろ比喩である。簡単なる奇跡をもって示されたる比喩である。葉あるも実なき木は捨てらるとの事実をもってして、表白するも実行なき信仰はしりぞけらるるとの教訓を伝えんとの比喩である。いわゆる acted parable である。演ぜられたる比喩である。旧約聖書にはこの種の比喩があまた載せられてある。アガボという預言者ありて、ユダヤよりカイザリヤに来たり、パウロの帯を取り、おのれの手足を縛りて、かくのごとく、エルサレムにあるユダヤ人は、この帯の持ち主すなわちパウロを縛りて、異邦人の手に渡さんといいたり(使徒行伝二一・一一)とあるは、この種の比喩である。最も力強きいい方である。ことばをもってするよりもはるかに強いいい方である。イエスはここに預言者として、この演ぜられたる比喩をもって、エルサレムの近き将来について預言したもうたのである。

当時イエスの目前に横たわりしエルサレムは実に葉ありて実なきいちじくであった。すなわち信仰の外形は盛んであったが全然その内容を欠く状態であった。神殿は高く天にそびえ、儀式は厳格に日々おこなわる。されども神を敬うの敬虔(つつしみ)なく、人を愛するの愛がなかった。白く塗りたる墓のごとくに、「外はうるわしく見ゆれども、内は骸骨とさまざまの汚れに満」(マタイ伝二三・二七)ちていた。学者とパリサイの人らとは、口には盛んに信仰を唱え、伝道と称して教勢拡張には熱心であったが、信仰の根本たる愛と謙遜と慈悲とには全然欠けていた。神はすべての燔祭と礼物よりもまさりて、おのれのごとく隣を愛することを好みたもうとは知りつつも、エルサレムの宗教家らは神を祭るにせわしくして、隣人相互を愛することを忘れた。すなわち彼らは、葉は繁れども実をとどめざるいちじくであった。かかるものは長く地をふさぐべきでなかった。切って捨てられ、火にて焼かるべきであった。葉は繁りて偽りの希望を人に与え、近づいてこれにいたれば一物の身を養うなし。ことばと儀式と教義と制度とは完備し、かつうるわしくあるも、実行を欠ける宗教はかくのごとし。これは切りてただちに焼かるべきもの、しかしてエルサレムは、葉は繁りて実をとどめざるいちぢくである。ゆえに神はこれをのろいたもうといわんと欲して、イエスはここに、この小にしてしかも意味深遠なる奇跡をおこないたもうたのである。

かく見れば、木一本枯らしたればとて決して悪いことでない。人生の大真理を教えんためにいちじく一本を失いたりとて少しも惜しむべきでない。もちろん木の罪を罰せんためではない。木をもって信仰の大真理を教えんためである。この奇跡のゆえをもってイエスを責むる者のごとき、信仰の初歩だも知らざる者であるといわざるを得ない。

ペテロをもって代表されたる弟子たちは、この時、いまだこの奇跡の意味を解せずして、イエスのふしぎなる能力(ちから)に驚いた。一言をもって木を枯らすことのできるイエスの大なる能力に驚いた。主はこの時、弟子たちの見解の浅きを責めたまわなかった。ただ彼らの疑問に応じて、祈禱の効力について教えたもうた。信じて祈れば必ず聞かる。聞かれんと欲せば、すでに聞かれたりと信じて祈らざるべからずとのことであった。真(ま

（こと）の祈禱は預言である。神の聖旨（みこころ）により必ず成る事を神に向かって訴うることである。ゆえに聞かるるのである。聞かれざるを得ないのである。

しかして真の祈禱に愛が必要である。愛に欠けて、祈禱は聞かれない。ゆえにイエスは教えていいたもうた、

> またなんじら立ちて祈禱（いのり）するとき、もし人を恨むことあらば、これをゆるすべし。そは天にいますなんじらの父になんじらもまたそのとがをゆるされんためなり

これが効力（ききめ）ある祈禱の必要条件である。この条件に欠けて、祈禱は神に受けられないのである。まず心より、他のわれに対して犯せる罪をゆるすことである。しかしてその心をもって神のみ前に立ちて祈る時に、祈求（ねがい）は必ず受けいれらるというのである。しかして事実はそのとおりである。イエスの祈禱に大能の伴いしはこれがためである。しかして注意すべきは、ユダヤ人をのろいしイエスのこの奇跡もまた彼らを愛するの愛より出でしことである。イエスは祭司ならびにパリサイの人らを怒りまた責めたまいしも、彼らを憎みたまわなかった。「父よ、彼らをゆるしたまえ。彼らは何をなせしかを知らざればなり」とは、彼が十字架の上より発したまいしことばであった。われらは主が教敵をのろいたまえりと読んで、われらの敵をのろうてはならない。公義のために悪人は悪人として扱わざるを得ずといえども、彼らに対し「恨み」すなわち悪意をいだいてはならない。なすに難い事である。されども、なさねばならぬ事である。

四　イエスの教権問題

マタイ伝二一章二三―二七節
マルコ伝一一章二七―三三節
ルカ伝二〇章一―八節

イエスはエルサレムに上りて大いに教権をふるいたもうた。第一に、宮をきよめて、これを「わが父の家」または「わが家」と称したもうた。また宮に入りて、祭司、学者、長老輩より何の許可をも受けずして、公然公衆を教えたもうた。ここにおいてか、教職の側（がわ）より彼に対して、「何の権威をもてこの事をなすや」との

質問が起こらざるを得なかった。ここにいう「権威」とは、人より来たる権能である。昔も今と異なることなく、教職はすべて教会が授けたものであって、教会の許可なき者は伝道の権能なき者と思われた。しかるにイエスにこの教会の許可がなかった。彼は僻陬（へきすう）ナザレの大工の子であって、規則だちたる宗教教育を受けず、したがって正当の教会より伝道免許を受けざる者であった。しかるに、かかる者が、いなかにありて伝道に従事するにとどまらず、信仰の本山に来たりてその腐敗をなじり、神殿に坐して民を教うるに至っては、教職たる者は立ってこれを責めざるを得ない。彼らがイエスの教権の出所を問いしはまことに当然のことである。

「何の権威をもてこの事をなすや。誰がこの権威をなんじに与えしや」との教職の問いに対し、イエスは「われは神の子たるの権威をもてこの事をなす。天にいますわが父はわれにこの権威を与えたまえり」と答うれば、事はいたって簡単であって、問題はただちに解決されるように見える。されどもイエスはかかる道を取りたまわなかった。彼は質問に答うるに質問をもってしたもうた。これはもちろん確答を避けんがためでなかった。その反対に、最も徹底せる答えをなさんがためであった。第一に、イエスは神の子であったがゆえに謙遜の人であった。ゆえに自分で自分を弁明するを好みたまわなかった。自分は他人をほめもすれば弁護もする。しかしながら自分の資格または権能を述ぶることはできない。第二に、この場合においてかかる陳述をなすも全く無益である。祭司と長老らとはすでにイエスを排斥せんと心を定めていたのであって、いかなる弁明も彼らを動かすことはできなかった。この事をよく知りたまいしイエスは、ご自身の何たるを打ち明けて彼らを説服せんとなしたまわなかった。法は人によって説くという。イエスはただに善人でなかった。彼は知者であった。彼は敵に答うるにその道をもってしたもうた。

「ヨハネのバプテスマはいかに。これは天よりか、人よりか」と彼は彼らに問いたもうた。これは彼らにとり大なるジレンマ的質問であった。「天より」と答うれば、「何ゆえに従わざる」といいて責められ、「人より」と答うれば、世論の反対するところとなる。神をも恐れ人をも恐るるこれらの宗教家は、イエスのこの質問に対し明答を与うることができなかった。ゆえに「われら知らず」と答えた。イエスは彼らに対し、「われもまた何の権威をもてこれをなすか知らず」とは答えたまわなかった。「なんじらに語らず」と答えたもうた。すなわち、なんじらがヨハネの権能の由来をきわめざる間は、わが事を語るも解すあたわざるがゆえに、語らずとの意である。

自分の立場を弁護するに、よく知れわたりたる他人の場合をもってする。イエスがここに取りたまいしはこの論法である。これは反対者を窮地に追い込めて彼らをいい込めんためではない。彼らにわが立場を明らかに示さんためである。教権の事については、イエスの立場はヨハネの立場と同じであった。ヨハネにもまた、人より出で、また人によりて来たりし教権はなかった。されども彼の行為が、彼が神につかわされし預言者たることを証明して誤らなかった。彼が殉教の死を遂げて以来、ユダヤ全国はこぞりて彼が真の預言者たることを認めた。しかも彼ヨハネはエルサレム本山より預言の免許を受けた者でなかった。彼は普通の人であった。宗教家ならざる信仰家であった。そしてもしヨハネにして彼の教権をふるい得たならば、何ゆえにイエスもまたおのが教権をふるい得ないか。ことにこの神の人は、イエスを神の子、われよりも大なる者として世に紹介したではないか。ゆえにもしヨハネを信ずるならばイエスをも信ずべきである。教職らがヨハネを尊崇すると称してイエスを排斥せんとするは明白なる矛盾でないかと、彼はここにいいたもうのである。

イエスはここにまた教職らが人を恐るるの弱点を曝露したもうた。彼らは自己の確信によりて歩まずして、民の世論に従っておこなった。かくして彼らは自己の教権を汚している。「われら、民を恐る。そはみなヨハネを預言者とすればなり」と彼らは心の中にいうた。かかる者は他の教権を云為（うんい）する権能なき者である。イエスはかつて彼らに対していいたもうた、「なんじらは互いに人のあがめを受けて神より出づるあがめを求めざる者なるに、いかでよく信ずることを得んや」（ヨハネ伝五・四四）と。説教伝道をこの世の栄職と思い、教会はこれを教師に授け、教師はこれを教会より受く。かくのごとき者がいかで信仰の事を知らんや。教権は人がただちに神より授かるものである。ヨハネはかくのごとくにして授かり、イエスもまた同じである。「人よりにあらず、また人によらず」といいて、パウロもかくのごとくにして神よりただちに使徒職を授かった。そして大なる信仰家はすべて教会によらずしてただちに神につかわされた者である。古い事は措（お）いて問わずして、比較的に新しい時代において、真の信仰を人類に吹き入れた者は、たいていは教会によらず、または教会に排斥された者である。新教は旧教を離れて起こり、メソジスト教会は英国聖公会より分離して成った。その他、組合教会、バプチスト教会等、その起原（おこり）を尋ぬれば、いずれも今日でいう無教会であったのである。しかして新たなる信仰の現わるるごとに古い教会はこれに対して問うていうのである、「なんじは何の権威をもてこの事をなすや。誰がこの権威をなんじに与えしや」と。されども、かくのごとくに他を詰問する教会は自己に問うべきである、「わが教会はいかにして起こりしか」と。すべての教会は古い教権を離れて起こったものである。キリスト教そのものがかくのごとくにして起こったものである。ことにプロテスタント主義の諸教会はしかりである。

　教権は神が人に賜うものであって、人が授け得るものでない。さらば人はいかにして教権を認識し得るかというに、その行動（はたらき）によりてである。神のわざをなす者が、神がつかわしたまえる人である。神はそのつかわしたまえる人に能力を賜い、彼をしてその聖旨（みこころ）をおこなわしめて、彼の教権を証明したもう。

五　悪しき農夫のたとえ

マタイ伝二一章三三—四六節
マルコ伝一二章一—一二節
ルカ伝二〇章九—一八節
イザヤ書五章

祭司の長（おさ）および民の長老らの「なんじは何の権威をもてこの事をなすや。誰がこの権威をなんじに与えしや」との問いに対し、イエスは直接の答えを与えたまわなかった。ただ問いをもって問いに応じて、彼らの反省を促したもうた。しかしながら彼は他の方法をもって、彼の何者たるか、いかなる権能の所有者なるかを示したもうた。彼は間接に、たとえ話をもって、彼らの問いに答えたもうた。これはこの場合において最も賢き方法であった。彼らはこれがゆえに、ただちに手を彼に触れることはできなかった。同時にまた彼の答えの意義を見のがすことはできなかった。大敵を前に控えてイエスが取りたまいし道はすべて適切であった。死に臨んで余裕綽々たる彼の態度に、人間のとうてい及ばざるところがある。

教会はぶどう園、神はその持ち主、教職はこれを借り受けし農夫である。しかして時を経れども農夫は借り主に借り料を払わざるがゆえに、彼はしばしば、しもべをつかわしてこれを要求した。しかるに農夫らはこの正当なる要求を拒み、しもべの一人をむち打ち、一人を殺し、一人を石にて撃ち、また後につかわされし多くのしもべらに対し同一の態度に出た。最後の手段として、持ち主は彼の嗣子たる一子をつかわした。しかるに農夫らは、これを機会に嗣子を除いて全財産をおのが手に収めんとし、ついに彼を園より追い出して殺した。そしてこれがイスラエルの歴史を語るものでないか。しもべは預言者、子はイエスである。しかしてエルサレム教会の教職らは今や悪しき農夫にならい、神の最後の使者たるその一子を殺さんとしている。「なんじらの何たるか、われの何たるか、またなんじらが今われに何をなさんとしているか、このたとえによりて明らかなるべし」と、イエスはここに祭司の長および民の長老らに告げたもうたのである。いかなる答えもこれにまさりて深刻なるあたわず。

第一に学ぶべきは、持ち主の寛大なることである。彼は「ぶどうを作り、まがきをめぐらし、その中に酒ぶねを掘り、塔を建て、農夫に貸して、他の国へ行けり」という。彼は用意周到に成れる完備せる田園を農夫の一団に貸し渡し、彼らを信頼し、彼らの行為に干渉せざらんがために、故意に土地を離れて他国に行いた。思えらく、彼らは彼の意気に感じ、よく田園を耕し、喜んで納貢の義務に応ずるであろうと。しかるにその結果は正反対であった。農夫らは持ち主の寛大を彼の軟弱と解し、彼を愚弄し、彼に対し勝手放題をなした。しかしてついに彼の嗣子を殺して、田園全部を横領せんとした。されども彼らは全然彼を誤解したのであった。彼は愛のゆえに寛大であったのであって、軟弱のゆえに寛大であったのではない。彼の寛大は義をもって制限せらる。寛大なる条件に加うるに寛大なる手段をもってするも、なお正当の要求に応ぜざれば、余すは義の審判（さばき）である。「これらの悪人をいたく討ち滅ぼし、期（とき）に及びてその実（み）を納むる他の農夫にぶどう園を貸し与う」までである。

第二に学ぶべきは、農夫らのずうずうしさかげんである。彼らは持ち主の愛に狎（な）れ、その寛大を利用し、安心して不義を継続した。彼らは思うた、持ち主は国に行いて帰らず、たぶん永久に帰らぬであろう、しかしてぶどう園は貸与なるも、実は贈与に異ならず、ゆえに持ち主の名によりて納貢を要求するがごとき、これ潜越と称すべきである、いざ、われら、その使者なりと称する者を殺してその産業をわれらのものとすべしと。彼らは互いにかくいいて、そのごとくおこなった。彼らはその心に自己の罪を感じないではなかった。されども一には欲にかられ、二には持ち主を侮るのあまり、浅薄なる理由を付して、自己が欲するままをなした彼らは持ち主の「愛」を唱えた。これはいかなる場合においても決して怒らざる絶対無限の愛であると思うた。彼らは自己が欲するがごとくに主人を解し、勝手放題に彼を扱いて、少しも自己の心をとがめなかった。

イスラエルは、その主人なるエホバと彼の使者に対してかくのごとくにおこなった、しかしてついにその一子を十字架につけて、万事おのが思うようになると思うた。されども神もまたその聖旨を遂げたもうた。聖書にしるせるがごとくに、「家造りの捨てたる石は家の隅のかしら石とな」（詩篇一一八・二二）った。イエスは殺されて実に殺されなかった。彼はイスラエルに捨てられて、新しきイスラエルの家長となった。そして彼を捨てし者は捨てられ、「いたく討ち滅ぼされ」、「壊（やぶ）れ」、また砕かれた。「これみな主のなしたまえる事にして、われらの目に奇（く）しとするところなり」である。

イスラエルの歴史は人類の歴史である。エルサレムの教職らはイスラエルを代表して神とその使者とにかくおこないしがごとくに、イスラエルは人類を代表して神とその一子とに対してかくおこのうたのである。他人の事は措（お）いて問わずとして、日本人が神とキリストに対してなせるもまたこのたとえのとおりである。神を侮りキリストをさげすむ事において日本人はイスラエルに異ならない。日本人もまた神を侮りキリストをあざけりて今日に至った。その事において、イスラエルと同じ報いを受けざるを得ないのである。

六　王の婚筵のたとえ

マタイ伝二二章一－一四節
ルカ伝一四章一五－二四節参照

祭司の長および民の長老の詰問に対し、イエスは三つのたとえをもって間接にこれに答えたもうた。第一は二人の子のたとえ、第二は悪しき農夫のたとえ、第三は王の婚筵のたとえである。第一はバプテスマのヨハネについて、第二は聖子ご自身について、第三は使徒たちについてのたとえであった。しかしてまた第一第二が天国を正義の道と見てのたとえであるに比して（マタイ伝二十一章三十二節「それヨハネは義（ただ）しき道をもて来たりし…」を参照せよ）、第三は、天国または福音を饗宴と見てのたとえである。福音に審判の一面はあるが、その他の一面は確かに饗宴（ふるまい）である。キリストの福音は、神が賜う大なるごちそうである、正義の要求に応ぜざるが罪であると同時に、好意の提供をしりぞくるもまた罪である。そしてユダヤ人は神の正当の要求に応ぜざりしのみならず、その慈愛の招待をしりぞけたのである。彼らがついに神に捨てられ、国を奪われ、町を焼かるるに至るは当然であると、イエスはこれら三つのたとえをもって教えたもうたのである。

何びとの家にとりても婚姻は家の慶事である。ゆえに、みずから喜び人に喜びを共にしてもらいたきは自然の情である。ゆえに、いずれの国においても、婚姻は祝賀の絶頂として認めらるるが、ことにユダヤならびに近東諸国全体においてしかりである。人はその産を尽くして、婚姻に伴う饗宴を盛んにする。まして酋長または王においてをや。彼は彼が招きし人らの全部が彼の招きに応じて来たって、彼が供うる饗筵にあずからんことを欲す。この場合において、招待を辞するは無礼である。重き理由なきに婚筵の招待を辞する事ほど、人の感情を傷つくるものはない。イエスはここに言葉をもって人間のこの情をえがいて、神とユダヤ人との関係を明らかにしたもうたのである。

神はそのしもべなる使徒らをもって、ユダヤ人を、その子の福音に招きたもうた。しかるに彼らはつまらない理由のゆえにこれを辞した。辞して、ある者は畑に行いた。ある他の者は商売に行いた。これすでに大なる侮辱である。しかるに、ある者はさらに進んで王の使者らを捕え、はずかしめ、また殺した。ユダヤ人らは、天国の福音を、いたって軽い、つまらないものとして取り扱った。かくて彼らは神の怒りに触れざるを得なかった。「王これを聞きて怒り、軍勢をつかわして、使者を殺せる者を滅ぼし、またその町を焼けり」とあるとおりの運命に会うた。民の不幸、王の失望、この上なしであった。

しかし婚筵の準備はすでに成った。何びとかこれに招かれざるべからず。されども招かれし者が辞したれば、招かれざる者が招かれざるべからず。ユダヤ人が辞したれば、異邦人が彼らに代わって招かれたのである。すなわちロマ書九章二十五節においてパウロが述べし

神、ホセアの書（ふみ）に「われは わが民ならざりし者をわが民ととなえ、愛せざりし者を愛する者ととなえん」、また「なんじらわが民ならずといわれたりしそのところの彼らも、生ける神の子ととなえらるべし」といえるがごとし

とのことばが事実となりて現われたのである。

七　カイザルの物と神の物

マルコ伝一二章一三―一七節
マタイ伝二二章一五―二二節
ルカ伝二〇章二〇―二六節

パリサイ派は国権主義の独立党であった。ローマ政府の保護の下に存在するヘロデ王朝に反対し、「国をイスラエルに還（かえ）さん」と称し、ユダヤ国の独立を期待したるものであった。ヘロデ党はその正反対であって、ローマ皇帝の権威にたよりてヘロデ王朝を維持せんと欲するものであった。ゆえに、ふだんは氷炭相いれざる党派であったが、イエスに対しては二党が結合したのである。この世の党派はすべてかくのごとし。彼らは利益のために相争うがゆえに、利益のためには容易に一致する。イエスは両派にとり共同の敵であった。その当時の人にとりて、パリサイの人とヘロデの党（ともがら）とが提携したりとは、今日の日本において憲政会と政友会とが提携したりという以上の奇観であったろう。しかし怪

しむに足らず。この世の人らが聖善の主なるキリストに対する時は常にこの道を取るのである。

「貢(みつぎ)をカイザルに納むるは善きや、いなや」と。実に陰険きわまる質問である。イエスを苦しめるための質問として、これ以上のものはない。「善し」と答うれば、独立を熱望する民を怒らせ、「悪し」と答うれば、叛逆のゆえをもって政府に訴えらる。民の敵か、政府の敵か、イエスはその態度を明らかにすべく迫られたのである。あだかもわが国の官吏教育家らがキリスト信者を苦しめんとて、「キリスト教とわが国国体との関係いかに」との質問をしばしば提出すると同じく、悪意より出でたる質問であった。神の子ならざるわれらはこの質問をかけられていかに苦しめられしかを知って、イエスのこの場合における困難を推し量る事ができる。

しかしイエスはわれらと異なり、りっぱにこれに応ずるの道を知りたもうた。彼は質問者に向かい、彼らが納税用として使用すべく命ぜられしローマ政府鋳造の銀貨デナリを持ち来たるべく彼らに要求した。しかして彼らにこれを示して、その貨幣に打ち込まれし像とその周囲の文字との誰を現わすかを反問したもうた。しかして「カイザルなり」との答えを得て、これに対して答えたもうた、

カイザルの物はカイザルに返し、神の物は神に返すべし

と。実に驚くべき言葉であった。反対者はこれに対し一言も返す言葉がなかった。

デナリはローマ皇帝勅命の下に鋳造せられし貨幣であって、帝国に納むる諸税はすべてこの貨幣をもってなされた。これカイザルの物をカイザルに返すのであって、帝国の統治を受くる者の何びともなすべきことであった。納税は臣民第一の義務である。ゆえに納税と称して貢を献納するのではない。借りし物を返すと同然である。カイザルが受くべき物を彼に返すのである。服従独立の問題にあらず、義務実行の問題である。カイザルは秩序を供し、民はこれに対して貢として税を払う。貸借関係の実行である。質問者の dounai dōmen (納む、与うる) に対し、イエスは apodote (返せ、払え) をもって答えたもうた。

カイザルの物に対し神の物があった。当時のユダヤ人の間に二種の銀貨が流通した。一はデナリであって、ロ

ーマ政府に納税のために用いられた。その他のものはシケルであって、これは神殿に献金のために用いられた。その意味において、デナリは皇帝の物、シケルは神の物であった。イエスはここに「デナリはこれを政府に納めよ、シケルはこれを神殿に献ぜよ」といいたまいたりと解して、多く誤らないのである。ゆえに、ある人は、イエスはここに政教分離を教えたもうたのであると解するが、その意味もあるいはその内に含まれてあるかも知れぬ。イエスがここに教えたまいし事をさらに精細に伝えしものが、ロマ書十三章六―八節においてパウロが述べしことばである。いわく、

　なんじら、貢を納めよ。彼ら（有司）は神の用人にして、常にこの職をつかさどれり。なんじら、負債は何びとにもこれを返すべし。貢を受くべき者には貢を、税を受くべき者には税を、畏(おそれ)を受くべき者には畏を、敬(うやまい)を受くべき者には敬を返すべし。なんじら互いに愛を負うほかは、何びとにも何ものをも負うなかれ

と。そして人に対してのみならず神に対しても、負債はこれを償却せざるべからず。神もまたわれらより要求したもうところのものがある。神はわれらにすべてを賜いたれば、われらは彼にすべてを償却せざるべからず。神に対して、われらは、これは「わがものなり」と称すべき一物をも有しない。ゆえにすべてを献ぜざるべからず。しかしてまず第一にわがハートを献ぜざるべからず。わが所有はもちろん、われ自身がなんじのものなりと称して、彼のみ前に全心全霊をささげざるべからず。実にパウロがいえるがごとく、この身を神の意(こころ)にかなう聖き生ける供え物として彼にささげまつるは、「これ、なすべきの祭なり」（ロマ書一二・一）である。カイザルの物はカイザルに、神の物は神に、この正当の要求に応じ得る者はいずこにあるか。パリサイ派とヘロデ党の者らは、イエスにこの質問を発して、自己らの傷を指摘せられたのである。ゆえに「彼らはこれを怪しとせり」とありて、イエスの知恵と権威と洞察とに驚いたのである。国体問題をもってわれらに迫るわが国の偽忠臣(にせちゅうしん)と偽愛国者に対しても、われらは同一の筆法をもって彼らを説服すべきである。

八　復活に関する論戦

マタイ伝二二章二三—三三節
マルコ伝一二章一八—二七節
ルカ伝二〇章二七—四〇節

パリサイ派とヘロデ党の人らは納税問題をイエスに持ちかけて撃退せられければ、次にサドカイ派の人が彼らに代わりて彼に論戦を試みた。サドカイ派の主張の一つは復活の否定であった。彼らは復活に関する難問題を提示してイエスを沈黙せしめんとした。問題は申命記二十五章五—十節に掲げられたるモーセ律の一カ条に関するものであった。もし復活が実際にあるとすれば、死後において有妻者が無妻者とならねばならぬという仮定的場合である。当時の神学者はかかる問題を戦わして楽しんだのである。後世においてもこれに類するものがあった。小児が豚の鼻になわを通して引く、豚はなわに引かるるか、はたまた小児に引かるるかとの、中古時代の煩瑣神学者の提出せる問題のごときがその一つである。真剣に答うるの必要なき問題である。もし私であったならば、あまりにばからしき問題であるがゆえに、取りあわなかったであろう。

しかしイエスは深切（カインド）でありたもうた。そして彼を苦しめんとするサドカイ派の人々のためのみならず、そこにいあわせし他の人々のために、ことにまた後世のわれらのために、このばからしき問題をとらえて、これに深き有意義の説明を与えて、彼らとわれらとを教えたもうた。イエスに触れて、何ものも大教訓の題目とならざるはなかった。実に無比の大教師である。たとえ大哲ソクラテスといえども、このナザレ人には及ばなかった。

イエスは答えていいたもうた、サドカイ派の学者らがこの愚かなる質問を提出するは、彼らが「聖書をも神の能力をも知らざるによる」と。神学者、聖書を知らずと、大工の子に教えらる。かかる神学者はいつの世にもある。時には聖書を知らざるのみならず、聖書を軽蔑し、これを度外視する神学者さえある。ゆえに彼らは信仰の深い事を解しないのである。旧新約聖書を深くきわめた者は復活を疑わない。パウロがコリント前書十五章において述べしがごとくである。

聖書にかないて、キリスト、われらの罪のために死し、聖書にかないて葬られ、第三日によみがえり、(三―四)……聖書にしるして、死は勝ちにのまれんとあるにかなえり(五四)

ナザレのイエスはエルサレムの神学者以上の聖書学者であった。しかして多くの平信徒が神学博士以上の聖書学者である。

イエスはこれらの神学者に教えていいたもうた。復活とは、彼らが思うがごとき、この身このままが生き返る事でない。そう思うがゆえに、かかるばからしき問題が起こるのである。復活 ANASTASIS は、よみがえり(陰府(よみ)より帰る)にあらずして、新たに造らるる事である。人は来世において今世の生涯をつづけるのではない。神より新たなる体を賜わりて、全然別種の生活状態に入るのである。ゆえに復活を解するに、聖書知識と共に神の能力を知るの知識がいる。パウロはコリントにおいて、信者の復活の信仰を転覆せんと計る者をさして、「なんじらの内に神を知らざる者あり」(コリント前書一五・三四)というた。神を知らず、聖書を知らず、ゆえに復活がわからないのである。今もなおしかりである。

人は神の能力により復活状態に入って、めとらず、またとつがず、また死ぬる事なし。「そは天の使者とひとしく、復活の子にして神の子なればなり」(ルカ伝二〇・三六)とあるがごとし。生殖の必要なきに至って性的差別の必要なきに至り、ために結婚生活の必要なきに至るというのである。しかして、そうなくてはならない。われらは来世において今世の継続を願わない。われらは今世にはすでにあきあきしたのである。われらは新しき天と新しき地とを望む。そしてこれにかなう新しき生活を望む。二世を契ると称して、今世においていだける恋愛を来世においてまで楽しまんと欲するがごとき、それこそ愚の極、迷信の極である。

マルコ伝によれば、イエスはこの質問に対し、最後に左のごとくに答えたまえりという。

死にし者のよみがえる事につきては、モーセの書、柴の篇に、神、彼に語りて、「われはアブラハムの神、イサクの神、ヤコブの神なり」といいたまいしを、なんじら読まざるか。神は死にし者にあらず。生ける者の神なり。なんじら大いに誤れりと。「柴の篇」とは、出エジプト記第三章である。これ神学者らの何びとも暗誦(そらん)ぜるところ、されどもその真の意味を彼らは知らなかったのである。「われはアブラハムの神……」とエホバがモーセに告げたまえりというは、今もなお多くのキリスト信者が思うがごとくに、「われはかつてアブラハムを守り導き恵みし神なり」ということではない。もしそうであるならば、「われはアブラハムの神たりき」というがほんとうである。エホバはここに「われはある、アブラハムの神で」といいたもうたのである。高調して読むべきは「われ、ある」の二字である。EGO EIMI われはある。「神、モーセにいいたまいけるは、われはありてある者なり」(出エジプト記三・一四)とあるそのことである。「われはある、アブラハムの神で、またイサクの神で、またヤコブの神で」と。その事は何を示すかというに、これらの列祖は神にありて今生きているということを示す。列祖が生きているというは、神が生きていましたもう証拠になるが、それよりもさらに強い論法は、神が生きたもうがゆえに彼によりたのみし列祖は生きておらねばならぬということである。イエスが別れに臨んで弟子たちにいいたまいしと同じである。いわく「われ生くれば、なんじらも生くべし」(ヨハネ伝一四・一九)と。

神はいいたもうた、「われはある」と。彼はありてある者、すなわち永遠の実在者である。ゆえに、彼にたより、また彼にありて生くる者は、彼に似て生くる者でなくてはならぬ。かくのごとき者が妻を争うというがごときは背理の極である。実に「なんじら大いに誤れり」である。この明晰深刻なる解答に接して、「人々、これを聞きて、その教えを驚けり」(マタイ伝二二・三三)といい、「学者たち、答えていいけるは、師よ、善くいえり。この後あえてイエスに問う者なかりき」(ルカ伝二〇・三九)という。イスラエルの学者にしてかくのごとくに聖書を解した者はなかった。今日でいえば、イエスは最大の exegete(注解者)であった。エルサレムを挙げて、この人に当たるべき学者はなかった。「先生、善くいわれました」と。それ以上彼らはいい得なかった。実に気持のよい論戦であった。

しかしながら問題はいたって明白である。実はこれを問題となすに足りない。パリサイ派の人ら自身が、毎朝毎夕繰り返していうではないか。

イスラエルよ、聞け、われらの神エホバはただひとりのエホバなり。なんじ心を尽くし、力を尽くしてなんじの神エホバを愛すべし（申命記六・四―五）

と。これが第一にして大なる戒めである。第二もまたこれに同じである。

おのれのごとく、なんじの隣を愛すべし（レビ記一九・一八）

と。そして以上は律法部類に属するが、律法にとどまらず預言もまたこれにかかわる。すなわち旧約全体が以上二カ条の戒めによって立つのであると。

まことに明々白々である。あえて問題となすに足りない。これを問題となすは、彼らの心が曲がっているからである。偽りなき純正の人は、かかる明白なる問題に対し何の疑義をもさしはさまない。そしてかかる問題に対して「いうは答うる」である。さぎはさぎ、からすはからすといえば、問題は解決するのである。世の中に自明の真理を問題となすがごとき愚かなることはない。されたのである。

九　第一の戒め

マタイ伝二二章三四―四〇節
マルコ伝一二章二八―三四節
ルカ伝一〇章二五―三七節参照

パリサイ派の人らはヘロデ党の人らとくみして、納税問題をもってイエスに迫りて、その撃退するところとなった。次いでサドカイ派の学者らは復活問題をもって彼を試みて、かえってその啓発するところとなった。最後にパリサイ派の学者らは首（こうべ）を鳩（あつ）めて凝議するところあり、ついに彼らの一人をしてさらにイエスに問うところあらしめた。いわく、「師よ、律法の内、いずれの戒めか大なる」と。これ彼らにとり難問題の一つであって、これをイエスに問いかけて彼を苦しめんとした。聖書に六百有余の戒めありて、その内いずれか大なるとは、当時の神学者らの頭脳を悩ませし議題であった。ナザレの預言者は、この問題に対し、いかなる解答を与うるであろうか。

ども人は往々にしてこの過誤(あやまち)におちいるのである。神を離るるの結果として心狂いて、その判断までが狂うのである。「律法の内、いずれの戒めか大なる」と。愚問である。問う者の愚をあらわして誤りないのである。

問題は明白である。同時にまた深遠である。「神は一なり」というは、単に神は一位なりということではない。神は一体であって、その内に分離矛盾あるなしということである。単に多神教に対して一神教を唱えたのではない。不完全なる神に対して完全なる神を唱えたのである。私は一人であるが一つでない。私に内心の分離がある。罪の人はすべて二重人格または三重人格である。されども神は一つである。神は完全に調和せる一体として働きたもう。斉一である。神は一なりという事の内に、われらのすべての希望がこもっている。彼は一なるがゆえに、その唯一の目的、すなわち全世界における義の完全なる実現に達せずしてはやみたまわないのである。

この神は愛すべき者である。「主なるなんじの神を愛すべし」である。神は単におそるべきでない。研究して探り求むべきでない。祭をもて仕うべきでない。愛すべきである。子が恩愛の父母を愛するがごとくに愛すべきである。神の大なるに怖(おじ)て、彼より遠ざかりてはならない。あるいは彼の聖なるをおそれて、彼を祭り上げてはならない。万物の造り主なる真の神を、父として、最善の友として愛すべきである。実に深い、うるわしい、貴い戒めである。しかしてこの神を愛するに全身全霊全力を尽くして愛すべきである。マルコ伝に従えば、「心を尽くし、精神を尽くし、意(こころざし)を尽くし、力を尽くして愛すべし」とのことである。ある人いわく、心は heart であって、人の内的能力の全部をさし、精神は soul であって、情性を、意 mind は知能を、力 strength は意志または意力をさしていうと。あるいはそうであるかも知れない。神の一体なるに対し、人もまた一体となりて彼を愛すべしとのことである。愛が忌むものにして二心のごときはない。心だけで愛して頭脳はこれを承知せざるがごときはほんとうの愛でない。知情意合致して愛する愛こそ真の愛である。そして神はかくのごとくにして愛すべき者である。全身全力をこめて愛すべき者である。詩人が彼をほめまつる時の心の状態もまたそれである。

わがたましいよ、エホバをほめまつれ
わが内なるすべてのものよ、その聖きみ名をほめまつれ（詩篇一〇三・一）

と。統一せる心理状態をもって神に仕えよというのである。

第一の戒めはそれである。これを示して答えはすんだのである。しかるにイエスはこれに第二を加えたもうた。「おのれのごとく、なんじの隣を愛すべし」と。彼はここに問われし以上を答えて、反対者をして立つに所なからしめたもうた。第二は第一によって立つのであって、それよりも局限せられたる戒めである。神は全身全力を挙げて愛すべし、すなわち自己以上に愛すべし、隣はおのれのごとくに愛すべしというにあらず、おのれを愛するがごとくに愛すべしというのである。おのれを捨てて隣を愛すべしというのである。神は人が自己を愛することを許したもうた。自愛は罪ではない。されども自己を愛するの愛をもって隣を愛すべきである。イエスはここに、彼が伝道の初めにおいて教えたまいし事を繰り返したもうたのである。すなわち黄金律と称せらるる、山上の垂訓の一節である。

このゆえに、すべて人にせられんとおもう事は、なんじらもまたそのごとく人にせよ。これ律法と預言者なるなり（マタイ伝七・一二）

第一の戒めは宗教。第二の戒めは道徳。第二は実は第一の一部である。されども第一が実際的に現わるる時に必ず第二の形を取る。道徳は宗教ではないが、真の宗教は必ず道徳となりて現わる。

全身全力を挙げて神を愛すべし、おのれのごとくに隣を愛すべし。これでキリスト教は尽きている。しかるに事実いかに？　今日のキリスト教界においても、昔のパリサイ人の内においてのごとくに、愛神愛人は決して第一の戒めでない。彼らは他の問題をもって争う。彼らは人が神を信じ他を愛するだけで喜ばない。自分の教会に入り、自分と同じ意見をいだいて、同じ儀式にあずかるを見て初めて満足する。しかし真のキリスト教は一目瞭然である。神を愛する事が第一、隣を愛する事が第二である。その他はどうでもよい問題である。

一〇 ダビデの主

マタイ伝二二章四一―四六節
マルコ伝一二章三五―三七節
ルカ伝二〇章四一―四四節

イエスは今までは彼の反対者に対して守勢に出でたもうた。彼らをして彼に対し質問を発せしめ、徹底的にこれに答えて、彼らを教えたもうた。しかして彼らがこの上さらに質問の矢を放つの勇気なきを見て取りたもうや、彼は守勢より攻勢に転じたもうた。彼は今よりみずから質問を発して、彼らをして彼に対し答えしめたもうた。しかして答うるの言葉なきを見たもうや、彼らを責め、彼らの虚偽を曝露し、彼らの滅亡を宣告し、彼らをして彼に対し暴力をもって争うよりほかに道なきに至らしめたもうた。衝突はついにここに至らざるを得なかった。光明と暗黒との衝突であった。そして暗黒は光明を呑(の)み去った。されども光明は消ゆるがごとくに見えて再び暗黒のうちより生まれ出た。論争は十字架を紹介するための序幕であった。必然の死を前に控えての論争であった。そこにその重みと深みとがある。人のまさに死なんとす、その言うや善しというが、神の子がまさに死なんとして発したまいし言葉でありしがゆえに、ことごとく真をうがち底に徹したのである。

質問戦は「なんじは何の権威をもてこの事をなすや」との問いをもって始まった。イエスは直接にこれに答えたまわずして、間接に答えたもうた。されどもさらに明白にこれに答うるの必要があった。イエスにつける権能の何たるかを知らんと欲せば彼の何者なるかを知らざるべからず。されども、今ただちに「われはキリストなり」といいたもうといえども、彼らはこれを受けいることができない。ゆえにここに質問を発して、彼らの反省を促したもうた。「なんじら、キリストについていかに思うや。彼はたれの子なるか」と。「ダビデの子なり」と彼らは答えた。「されども聖書はダビデがキリストを呼んで主といっているではないか。詩篇第百十篇を見よ。ダビデが主としてあがめし者がいかでその子たり得んや。いかに?」とイエスは反問したもうた。この問いに対し、学者ならびにパリサイの人らに、答うるの言葉がなかった。

イエスは反対者を苦しめるためにこの問いを発したもうたのではない。彼らをして、キリストのたれなるか、しかして彼ご自身がキリストなることを教えんために、かく彼らに問いたもうたのである。キリストはダビデの裔(こ)として生まるべしとは聖書が示すところであって、その点についてイエスは学者たちと争いたまわなかった。ダビデの子であるが、さらにそれ以上である。ダビデの主である。あだかもマリヤの子である以上に彼女の主であると同じである。その事がわからずして、キリストのたれなるかはわからない。学者たちは聖書をそらんじながらこの事がわからなかったのである。したがってナザレ人イエスがキリストなることにとうてい気づき得なかったのである。

キリストは、大王ダビデが主としてあがめし者である、そしてわれはその者なりと、イエスはいわんと欲したもうたのである。聖か狂か。かつて中江藤樹が釈迦の「惟我独尊」の言を評して、「この言を発せし人は最も傲慢なる者なり」といいたりとのことであるが、自己を大王の主なりととなえしイエスもまたこの批評に当たる者ではあるまいか。近代人はイエスのこの問いに対し、かえってパリサイの学者たちに同情して、かかる難問を発して彼らを困らせしイエスに対しひそかに反対をいだくであろう。

人はいう、聖書の内にイエスが明白に「われは神なり」といいたまいし言葉はないと。されど彼はここに、キリストは大王の主なりと明言したもうた。そして他の個所において、われはキリストなりと明言したもうた。聖か狂かは別問題として、イエスがみずから神の子キリストなりと信じたまいしことは疑うことができない。そして事は信仰また思想問題でない。実際問題である。ダビデが彼の裔として生まるべきキリストをおのが主としてあがめしにとどまらず、「なんじらの先祖アブラハムはわが日を見んことを喜び、かつこれを見て楽しめり」(ヨハネ伝八・五六)とイエスがいいたまえりとあるがごとくに、アブラハムもまた彼を主として仰いだのである。そしてイエスがこの驚くべき言葉を発したまいし以来千九百年、多くの国王、大帝、大学者、大美術家、大と称せられしすべての階級の人たちが、彼を主としてあがめたのである。アルフレッド大王、クロンウェル、ヴィクトリア女王、彼らもまたダビデ王同様に、イエスを主としてあがめたのである。そしてヨセフの子イエスを主としてあがむることは恥辱ではなくして無上の光栄である。迷信ではなくして最上の知恵である。まことに国家人類の運命はイエスに対するその態度によりて定まるのである。神は預言者イザヤをもって、この人に関して宣べたもうた、

なんじに仕えざる国は滅び
その国々は全く荒れすたるべし（イザヤ書六〇・一二）

と。「神の子キリストなるイエスに仕えざる国は滅ぶべし」というのである。不道理千万であると人はいうであろう。されども、トルコを見よ。エジプトを見よ。インドを見よ。ペルシャを見よ。思い半ばに過ぐるであろう。あえていわゆるキリスト教国がキリストの聖旨にかなう完全なる国であるというのではない。されども、不完全きわまりながらも、イエスに主として仕うるの点においては、より善き国と称せざるを得ない。国の興るも滅ぶるも、つまるところ、ナザレ人イエスに対するその態度によりて定まるとは、ふしぎなる、しかも争うべからざる事実である。

イエスはいかにもして、祭司の長ならびに民の学者たちをして、ご自身に関することの事を知らしめんと欲したもうた。されどもイエスといえどもご自身の事は語るにははなはだ難（かた）くあった。ゆえに間接に、遠まわしに、この事について語りたもうた。福音書のこの個所はこの心をもって読まねばならぬ。

それダビデ、聖霊によりてみずからいう、「主、わが主にいいけるは……」と。かくダビデみずから彼を主ととなえたり。さればいかでその子ならんや（マルコ伝一二・三六―三七）

と。これ反対者を苦しめんためのコナンドラム（なぞ）ではない。彼らの平康（やすき）にかかわる大問題である。詩篇第百十篇の意味のわかった者が、おのれとおのが属する国家民族との救いにかかわる大問題のわかった者である。「なんじのつかわしたまいし者を知るは、これ限りなき生命なり」である。「なんじら、キリストについていかに思うか」と。主は今日もわれらにこの質問を発したまいつつある。われらはこれに対しいかに答えつつあるか。

一一　パリサイ人とキリスト教会

マタイ伝二三章一—一二節
マルコ伝一二章三八—四〇節参照

イエスと教職との衝突において、彼は最後まで忍耐の態度を取りたもうた。彼らの責問に会うて、彼はあくまで説明誘導の途に出でたもうた。彼は彼らの滅びんことを欲したまわなかった。ゆえに、いかにかして彼らをして彼のたれなるかを知らしめて、ついに神の子を十字架につけるの大罪を犯すことなからしめんと努めたもうた。されどもイエスの努力は無効であった。彼と教職との間には、了解の橋を架することのできない深い広い溝(みぞ)が横たわった。問答はついに破裂に達せざるを得なかった。しかして十字架は歩一歩と近づいて来た。

しかして破裂に先立って注意があった。もはや教職に注意するの必要はなかった。学者とパリサイの人らについて、イエスの弟子たちに注意するの必要があった。人がその罪を悔い改めざる場合には、彼にかんがみてその罪を避くるの必要がある。「なんじら、パリサイのパン種をつつしめよ。これ偽善なり」(ルカ伝一二・一)との教えはこの事である。学者とパリサイの人になろうなかれ。イエスの弟子たる者は、彼らと全然その行動(おこない)を異にしなければならない。

第一の注意は、偽りの教師を排斥せざることである。学者とパリサイの人とはモーセの位に坐す。ゆえにすべて彼らがなんじらにいうところを守りておこなうべし。されども彼らがおこなうところをなすなかれ。そは彼らはいうのみにしておこなわざればなりと。教職は教職として尊敬すべきである。モーセの権威をもって語る者に、モーセに対すると同じ尊敬をもって対せざるべからず。神のことばは何びとを通して臨むも神のことばである。ゆえに謹んでこれに服従すべきである。されども教師の行為にならうといなとはわれらの自由である。しかして偽りの教師の場合においては、彼が伝うる神のことばは守りて、その行為はなろうべからずとの教えである。真に深い知恵のある教えである。教師の行為をもってその教えを判断してはならない。イエスのこの教えにして服膺(ふくよう)せられんか、あまたの教会騒動はなくしてすむのである。多くの場合において、最も悪しき教師が最も善き教えを伝える。水を運ぶ管（くだ）を飲むのではない。生命の水を飲むのである。管の善悪によって水の善悪をさばいてはならない。

しかしながら行動（おこない）は別である。人は何びとも神のことばを受けてこれを行動として現わさなければならない。そして行動においてわれらはパリサイの人になろうてはならない。彼らは重くかつ負いがたき荷を人に負わしめて、おのれは指一本をもってこれを動かさんとしない。すなわち戒律を下すのみにして、これをおこのうの能力を供（あた）えない。なすべし、なすべからずと命じて、善をなし悪を避くるの動機を与えない。されどもイエスはかかる教師でなかった。彼の戒めは厳格であった。彼はそれと共にこれをおこのうの能力を賜うた。彼ご自身がわれらの罪を負いたまいて、われらをして彼のみ足の跡に従うことを得しめたもうた。つづめていえば、パリサイの人の教えは律法であって福音でなかった。恩恵の伴わざる道徳であった。彼ら自身すらも擔（にの）うあたわざる重荷であった。われらは彼らの跡を踏んで、十字架の救いの伴わざる山上の垂訓を説いてはならない。

いわゆるパリサイ宗とは、人に見られんための宗教、社会に認められんがための宗教、教師といわれ師父といわれ博士としてあがめられんための宗教であった。すなわち全然俗化せる宗教であった。そしてイエスは焼き尽くすの熱心をもってこの宗教を排斥したもうた。彼は、学者とパリサイの人の宗教と、ご自分の宗教とをくらべて、お弟子たちに教えていいたもうた、

なんじらの内、大いなる者は、なんじらのしもべたるべし。おおよそ自己を高うする者は低くせられ、自己を低くする者は高くせらるべし（マタイ伝二三・一二）

と。意味は最も明瞭であって、何びともこれを誤解すべきにあらず。経札とは、聖書の句を書いて、これを守り札のごとくに、ひたいまたは腕に結んだものである。

解しがたきは、イエスのお言葉の意味でなくして、彼の弟子なりと称する者たちが、この明白なる彼のお言葉に文字どおりにそむいて今日に至ったことである。今日といえども、キリスト教国において、キリスト教会において、しかしてややともすればわれらの間にありて、パリサイ宗が文字どおりに実現するのである。教会は何よ

りも人に見られんことを欲する。社会に認めらるるをもって勢力を得たりといいて喜ぶ。日本基督教会と、組合教会と、日本メソジスト教会と、日本聖公会とが日本の四大教会であって、宗教的日本の天下は彼らの間に四分さるべきものであると公言してはばからない。「なんじらはラビの称を受くるなかれ」とイエスは明らかに教えたまいしにかかわらず、教会は神学士、神学博士、監督、長老等の称を設け、そして教師らはこれを受けて喜び、また誇るのである。「地にある者を父ととのうるなかれ」との明訓あるにかかわらず、ローマ天主教会はその首長を称してパパまたはポープという。「法王」は意訳であって、「父」というがその字訳である。イエスは人を父と呼ぶなかれと教えたまいしに対して、天主教会は、「いな、われらはわれらの教会の首長を父と呼ぶ」と明らさまに反対を表している。イエスは明らかに「導師の称を受くるなかれ」と戒めたまいしにかかわらず、すべてのキリスト教会は、あだかも主のこのおん戒めに正反対を表するがごとき態度をもって、その教師を呼ぶに Reverend の敬称をもってする。かくのごとくにして、マタイ伝二十三章五節以下十一節までの主イエスのお言葉は、全部一々、彼のみ名をもってとなえらるる教会によりて破られている。世にふしぎなる事とてかくのごとき事はない。

かくあらぬがキリスト教会の特徴であらねばならぬ。そしてかくあらしむるは単に教師の罪でない。いわゆる平信徒もまた大いにあずかりて力あるのである。彼らは福音の真意を解せずして、自身ただちにキリストに導かれんとせずして教師によるがゆえに、教師はおのずから「学者またはパリサイ人」となるのである。キリストの教会においては師は一人、すなわちキリストである。しかして信者はみな同等の兄弟姉妹である。この事のわからない者はキリスト信者でない。ゆえに教会につらなる資格のない者である。人の弱きを唱えて教職制度の必要を唱うる者は、いまだ福音は人の弱きに勝つの能力なるを知らざる者である。

一二　小羊の怒り

マタイ伝二三章一三―三六節
ルカ伝一一章三九―五二節参照

黙示録六章に「小羊の怒り」ということがある。その十七節にいわく、「小羊の怒りの大いなる日、すでにいたれり。たれかこれに抵(あた)ることを得んや」と。小羊の怒りとは稀代(きたい)ないい方である。柔和なるが小羊の特性である。「世の罪を負う神の小羊を見よ」(ヨハネ伝一・二九)とバプテスマのヨハネはイエスをさしていうた。「彼、ののしられて、ののしらず、苦しめられて、激しきことばを出ださず……彼、木の上にかかりて、われらの罪をみずからおのが身に負いたまえり」(ペテロ前書二・二三―二四)とペテロは彼についていうた。かくのごとき者に怒りがあるとは矛盾のように聞こえる。無限の愛に怒りがありようはずはない。神の小羊に怒りがあってはならないと多くの人はいう。されども聖書は明らかに「小羊の怒り」という文字を載せ、しかしてマタイ伝二十三章にその実例を示している。イエスは怒りたまえりとは、福音書に二、三回しるしてあるが、ここには彼が非常に怒りたまいし事実が詳細に記載される。「ああ、なんじら、わざわいなるかな、偽善なる学者とパリサイの人よ」と七回繰り返されてある。人の口より出でたる最も激烈なるのろいのことばである。このことばがイエス様のことばとして受け取ることができようか。されども事実はおおうべからずである。愛の源なる神は怒ってはならないとは、人がかってにきめたことであって、事実はそうでないのである。よし聖書のこのことばが道理に合わないとするとも、神は時々雷霆(いかずち)となりてとどろき地震となりて篩(ふる)いたもうのである。神は人の意見に従いておこないたまわない。彼は怒るべき時には怒りたもう。そして神の小羊が怒る時にたれかこれに抵ることを得んや。神の義憤の現われである。それゆえに恐ろしくある。神を侮りてやまざればついにこの怒りに触れるのである。

イエスはこの時まで忍びに忍びたもうた。祭司の長(おさ)および民の長老たちの質問に対し、柔和にかつ親切に答えたもうた。彼はこの時まで、いまだかつて一回も、既成教会に対し攻撃的態度を取りたまわなかった。されども彼の愛がことごとく蹂躙せられ彼の忍耐がことごとく嘲弄せらるるを見て取りたまいしや、彼の聖憤はついに発せざるを得なかった。これはまことに小羊の怒りである。怒りのための怒りでない。愛のための怒りである。愛が執拗(しつよう)なる抵抗に会うて、熱して火となったものである。ゆえに徹底的に怒り得たのである。聖く怒るは、聖く愛するだけ、それだけむずかしくある。聖書はイエスについてしるしていう、「いまだこの人のごとくいいし人あらず」(ヨハネ伝七・四六)と。また「いかばかりこれを愛する者ぞ」(同一一・三六)と。いまだイエスのごとく語りし人なし。またいまだ彼のごとく愛せし人なし。しかしてまた、いまだ彼のごとく怒りし人なし。われらはイエスにおいて愛の模範を見るのみならず、また怒りの模範を見るのである。マタイ伝第二十三章は怒りの模範を示すものとして貴くある。人は怒る時にかくのごとくに怒るべきである。

「ああ、わざわいなるかな、なんじら偽善なる学者とパリサイの人よ」。原語を直訳すれば左のごとくになろう。

ウーアイ、なんじらに

学者とパリサイ人よ

偽善者らよ

「ウーアイ」とは、災禍(わざわい)とか苦難(くるしみ)とかいうべきことばである。英語の Woe と同じく、意義のほかに感情を現わすことばである。オノマトープすなわち擬声辞の一つである。「ああ、災禍(わざわい)なんじらにいたらんとす」と訳して、真意を通ずるであろう。災禍なんじらにあれかしという呪詛ではない。いたらんとすという預言である。彼らの罪を挙げて、その必然の結果として彼らに臨まんとする災禍をさしたのである。「ウーアイ、ああ、われこれをいうに忍びず。災禍なんじらに臨まんとす」とイエスはここにいいたもうたのである。

「学者とパリサイ人」。職業的聖書学者と職業的宗教家、今日でいえば神学者と牧師、伝道師、宗教学と伝道牧会を職業とする者である。ゆえにその内に祭司もあれば教法師もある。宗教を職業として扱う者の総称である。そしてイエスがきらいたまいしものにして宗教業者のごときものはなかった。学者と教法師とは聖書の文字と戒めとを、祭司とパリサイ人とは祭事と信仰をもてあそぶ者である。彼らはいずれも神の聖事を軽く扱う者であって、その罪は最も重くある。彼らは生ける神の生けることばを、死せる文字または機械に化する者である。「それ儀文は殺し霊は生かす」とあるがごとくに、彼らは儀文をもって人の霊魂を殺しつつある。これを見て神の小羊は怒らざるを得なかった。学者とパリサイ人は今もある。聖書を言語学と考古学と文学的批評の材料として使うのほか、これを用うるの道を知らざる者、今日の欧米諸大学に設けられたる聖書学講座が取り扱う問題はおおむねこれである。そしてパリサイ人！　彼らは自己拡張のために宗教を用うる者である。宗教界における帝国主義の応用者である。他(ひと)の教会を倒しておのが教会を興さんとする。伝道と称して、海山を歴(へ)めぐりて、一人をもおのが教会に引き入れんとする。おのれに従う者が信者、従わざる者が異教徒。誠実もなければ親切もない。彼らの伝道の唯一の目的は、おのが後従者を作るにある。彼らは信仰個条と、バプテスマと、聖餐式とをこれがために利用する。彼ら自身が地獄の子であって、彼らによりていわゆる信者になりし者は、彼らよりも倍したる地獄の子とせらる。政治家の圧制は憎むべしとするも、宗教家のそれははるかにそれ以上である。彼らは神と来世とを利用しておのが勢力を張らんとする。「偽善者よ」。神と人とを偽る者なるがゆえにかく称す。ギリシャ語のヒポクリテスは俳優の意(こと)であるという。舞台の上に善人を演ずる者である。偽善者必ずしも根本的の悪人でない。世には無意識の偽善者がある。自身偽善者なりと知らずして偽善をおこなう者がある。しかしながら偽善者は偽善者であって、神はこれをきらいたもう。偽善者は白く塗りたる墓である。外はうるわしく見ゆれども、内は骸骨とさまざまの汚れにて満つ(マタイ伝二三・二七)。内と外とが全くちがう。やもめの家を呑(の)みながら、偽りて長き祈禱をなす(マタイ伝二三・一四)。その信仰はすべて、ことばと習慣と思想との信仰である。

一三「わざわいなるかな」七回

マタイ伝二三章一三節以下
ルカ伝一一章三七節以下

わざわいなるかな第一　人の教師たらんと欲する者はまずみずから救われざるべからず。みずから救わるるは、人を救い得る資格の第一である。しかるに多くの教師は、みずから救われし実験を有せざるに、人の救いに従事す。かくて彼らは天国を人の前に閉じて、みずから入らず、かつ入らんとする者の入るを許さないのである。みずから救われざるは大なるわざわいである。されども人の救わるるを妨ぐるはわざわいの極である。そしてみずから救われし確実なる実験を有せざる者が伝道に従事して、このわざわいにおちいるのである。自身平安を獲(う)るあたわず。ゆえに人に平安を与え得ざるはもちろん、彼が平安に入るを喜ばず。さらに進んで平安に入るの道をふさいで、彼をして入るあたわざらしむ。

わざわいなるかな第二　人を平安に導くあたわず。ゆえにおのが党派を立てて、一人なりともおのれに似たる者を作らんとす。その目的を達せんがためには、あまねく海山を歴（へ）めぐり、一人をもおのが宗旨に引き入れんとす。しかしてすでに引き入るれば、これをおのれに倍したる地獄の子となす。世にいとうべきものにして党人のごときはない。しかしてその内最もいとうべきものは宗教的党人である。信仰なき伝道はいわゆる改宗勧誘運動に化しやすくある。いつの世においてもかかる運動が伝道の名の下におこなわれた。人の霊魂を救わんとするにあらず、わが教会の勢力を張らんとす。この目的によりて成りしいわゆる信者は、天国の民にあらずして地獄の子である。その熱心は、神と真理とに対する熱心にあらずして、おのが属する教会に対する熱心である。かくして宗派戦を起こして、信者相互をそしり、ののしり、のろい、殺して、神に奉仕したりと思う。もし主イエスが彼のみ名をもってとなえらるる今日の教会を見たまいしならば、彼はいかに怒りたもうであろう。偽善なる学者とパリサイの人に対し小羊の怒りを発したまいし彼は、必ずやそれ以上の怒りを発して、彼の教会内におこなわるる偽善を焼き尽くしたもうであろう。

わざわいなるかな第三　誠実の人は誓約を慎む。彼の言葉そのものに誓約の価値があるからである。宮をさし、祭壇をさし、天をさして誓わざるを得ざるに至りしは、彼の誠実が減退せし何よりも好き証拠である。誓約に区別をなし、その間に有無軽重を認むるに至りて、誠実は地を払うに至れりというべし。あだかも今日の社会において証文のますます煩雑を加うるがごとき類である。印鑑を要し、収入印紙を要し、証人の連印を要し、さらに進んで公正証書となすを要す。しかしてなお安心するあたわず。誠実を欠いて約束の履行を誓約に求むる時に、事のここに至るは当然の順序である。「しかり、しかり、いな、いな、これより過ぐるは悪より出づるなり」である。単純なるイエスは複雑なるパリサイ人の教えに堪えなかった。

わざわいなるかな第四　偽善なる学者とパリサイの人は小事に厳にして大事に寛であった。彼らは律法のことばに従い、はっか、いのんど、クミンというがごとき小なる野菜に什一の税を課して、義と仁と信というがごとき大事はこれを顧みなかった。「これ、おこのうべし。かれもまた廃すべからず」である。小事はこれをおこのうべし。されど大事はこれを廃すべからずである。仁義を怠りて、小事にいかに忠実なりといえども、神に対し人に対し忠実なるあたわず。小事はなしやすし。大事はなしがたし。日曜日に代えて土曜日をもって安息日となすがごとき、何びともなし得るところである。されども正義によりて動かず、全国を相手に福音のために戦うがごとき、これ真の勇者にあらざればなすあたわざるところである。学者とパリサイの人は小人であった。ゆえに小善に忠実であり得て、大善に忠実であり得なかった。しかして悪事に対しては、その反対に、小悪を避けて大悪を犯した。ぶよを漉(こ)し出だして、らくだを呑んだ。小なる負債はこれを償還して、大なる負債はこれを踏み倒した。しかして偽善者のなすところ、今日もなおしかりである。

わざわいなるかな第五　偽善者は外をきよめて内を怠る。器(うつわ)に注意して内容を顧みず。食器の清潔ならんことに心を用いて、これに盛る飲食物の性質いかんを問わず。思う、器にして清からんか、内容もおのずからきよまるべしと。盲者よ、その反対が真理である。まず内容をきよめよ。さらば器もまたきよまるべし。会堂の壮厳なるによりて信者をきよめんとするもあたわず。信者をきよめんか、会堂はおのずからきよまるべし。器を重大視して、これを使用する精神を軽視するが、偽善者の特性である。制度、方法、組織、団体、これらはみな器たるにすぎず。すなわち杯と皿とである。これに満たすに貪欲と淫欲（放縦）とをもってして、いかなる用器も聖潔なるあたわず。

わざわいなるかな第六　偽善者は外を飾り、内を慎まず。白く塗りたる墓に似て、外はうるわしく見ゆれども、内は骸骨とさまざまの汚れとにて満つ。この世の聖人君子はすべてこの類である。彼らは努めて外を飾るにとどまる。内は不平、傲慢、嫉妬にて満つ。いわゆる修養は修飾にすぎず。人の努力は自己を改むるに足らず。まずおのが汚れを認め、神の大能をもってわがうちに新たなる心を造り、彼に自己をきよめていただくよりほかに、きよくせらるるの道あるなし。学者とパリサイの人とは、今の多くの道徳家また宗教家と同じく、神の子の贖罪の恩恵にあずからんとせざりしがゆえに、彼らの偽善状態より脱出することができなかったのである。

わざわいなるかな第七　偽善者は建碑の民である。おのが義を義人の墓碑に現わして、みずからは義にそむきて怪しまず。いう、「われら、もし先祖の時にあらば、預言者の血を流すことにくみせざりしものを」と。されども、もし預言者に直面せんが、彼らはこれを殺して、預言者殺しの裔なることを証す。イエスの前に立ちし学者とパリサイの人とがその人であった。しかして、いにしえの聖人、義人、殉教者に対しては賞賛の辞を重ねて惜しまざる人も、真の聖人のおのが前に立つあれば、これを讒謗罵詈（さんぼうばり）してやまざるが常である。「へび、まむしの類よ、なんじら、いかで地獄の罰をまぬかれんや」とイエスは彼らに対していいたもう。邪知に富めるがゆえにへびである。毒を蔵するがゆえにまむしである。しかして、へびとまむしとがくさむらを焼き尽くす火にて焼かるるがごとくに、これらの偽善者らは地獄の刑罰に会うであろう。しかり、会うが当然である。

ここに「わざわいなるかな」が七回繰り返された。始めの三回はその教えの誤りたるがゆえに、終わりの三回はおこないの悪しきがゆえに、しかして中の一回は、教えとおこないとが二つながら悪しきがゆえに。

一四　イエスの愛国心

マタイ伝二三章三七―三九節
ルカ伝一三章三四―三五節
同一九章四一―四四節

イエスに愛国心があった。彼はただの個人主義者でなかった。彼は個人さえ救われれば国はどうでもよいという個人主義者でなかった。彼は国を国として愛したもうた。彼はイスラエルにかかわる神の聖旨を信じたもうた。「救いはユダヤ人より出づ」といいて、ユダヤ国の天職を信じたもうた。世にイエスの愛国心にまさる聖き正しき愛国心はなかった。われらはすべての事について彼より学ばねばならぬが、愛国心についても彼より学ばねばならぬ。われらはイエスがイスラエルを愛したまいし心をもって日本国を愛さねばならぬ。

そしてイエスの愛国心は彼のすべての行為において現われたが、ことに彼が国都エルサレムにいたりし時に現われた。すべてのイスラエル人はエルサレムを愛した。エルサレムは彼らの愛国の目標であった。預言者はすべて熱烈にエルサレムを愛した。イザヤ、エレミヤ、エゼキエル、ダニエルらの四大預言者ことにしかりである。彼らにとり、イスラエルといえばエルサレムであった。単に中央集権というただけでは足りない。中央生命である。エルサレムはイスラエルの目のひとみであった。神の聖殿の所在地であった。「エホバはその聖殿にいます」といいて、エルサレムはエホバがその民の間に宿りたもう時の地上最も聖き一点であった。

イスラエルがいかにエルサレムを愛したか、その情熱を歌ったものが詩篇第百三十七篇である。たぶん世界文学の中で、愛国の至情を述べたことばで、これよりも痛切なるものはあるまい。

エルサレムよ、もしわれ、なんじを忘れなば
わが右の手にその巧みを忘れしめよ
もしわれ、なんじを思い出でず
われ、なんじをわがすべての喜びのきわみとなさずば、わが舌をわがあごにつかしめよ（詩篇一三七・五―六）

そしてこの情が福音化されてキリスト信者の賛美歌と

なりて現われしものが、「ああ母なるエルサレムよ」の一篇である。

O mother dear Jerusalem,
When shall I come to thee ?
When shall my sorrows have an end,
Thy joys when shall I see ?

ああ、なつかしき母なるエルサレムよ
いつ、われ、なんじにいたるを得ん
いつ、わが悲しみに別れを告げて
なんじの供（その）うる喜びを見ん

イスラエルの慕いしエルサレムが、キリスト信者の望む天国の型となった。「われ、聖き都なるエルサレムの、備え整（ととの）いて、神の所を出でて、天よりくだるを見たり……」のことばがそれである。預言者が慕いしエルサレム、イエスが愛して涙をそそぎたまいしエルサレム、キリスト信者が待ち望むエルサレム、古今東西を通して人類の希望をつなぐエルサレムである。イエスはエルサレムを愛して、国を愛しまた世界を愛したもうたのである。

「ああエルサレムよ、エルサレムよ、預言者を殺し、なんじにつかわさるる者を石にて撃つものよ」（マタイ伝二三・三七）という。聖き都は盗賊の巣となった。神の都は悪魔の占領するところとなった。神殿は存し、祭はおこなわれ、祭司と民の長老らは教えを説くといえども、エホバの神は聖山を去りたまいて、今や、つかわされしその一子をさえ殺さんとしている。これを見て、イエスは泣かざらんと欲するもあたわなかった。悲劇は、危機に臨むも危機をさとらざる事である。神殿あり礼拝あり教職あり神学あるがゆえに神の恩寵は絶えず、信者は安全なりと思う事である。祭司の目に栄光が輝きし時に、イエスお一人のおん目には滅亡があざやかに映った。涙は衆人と共に流す時はさほどにつらくないが、一人で流す時に堪えがたくつらくある。滅亡は確かに目前に横たわる。しかるに宗教家は政治家に和していう、「康し、康し」と。この内にありて神の子はひとり胸を打ちて叫びたもう、「ああ、エルサレムよ、エルサレムよ」と。天下の憂いに先んじて憂うぐらいではない。天下が憂えざる先に泣くのである。都人は彼を見てあざけったであろう、「泣き虫よ」と。かつて私の愛国心が今よりもはるかに熱烈なりし時に、彼大隈重信侯が私を評していうたとのことである、「内村というふやつは、たぶん、ごぜんに茶をかける代わりに涙をかけて食うのであろう」と。そして今より二十年前の私の涙ですら、かくのごとくにあざけられたのであるがゆえに、イエスの聖きおん涙が、当時のエルサレムの政治家らにいかにそしられ笑われしかが推量される。民は楽天家を愛して悲観者をきらう。イエスは預言者エレミヤの後を受けて、エルサレムの滅亡を預言したもうた。これが、彼が十字架につけらるる主なる原因となった。そして二人の場合において、滅亡は排斥の後に来たった。

「めんどりの、ひなを翼の下に集むるごとく、われ、なんじの赤子を集めんとせしこと幾たびぞや。されどもなんじらは欲せざりき」。イエスは他の所においていいたもうた、「われと共ならざる者はわれにそむき、われと共に集めざる者は散らすなり」(マタイ伝一二・三〇)と。イエスと共に集まりてのみ、ほんとうの結合があり、結合に伴う救いがある。イエスが民をその翼の下に集めんと欲したもうそのおん目的はここにある。ゆえに彼は幾たびかエルサレムに上り(ヨハネ伝がこの事をしるす)、その民をみ翼の下に集めんとした。集めんと欲して努力したもうた。されども彼らは欲しなかった(原語は特に ehthelehsa ehthelehsate を用う)。主は欲したもうた。民は欲しなかった。両者の意志に根本的相違があった。ゆえに主の努力は無効に帰して、民は行くべき所に行いた。イエスは救わんと欲し、民は救われんと欲しなかった。それは、見る目が異なったからである。イエスは信仰をもって見、民は肉眼をもって見たからである。ぜひもなきしだいである。されども悲しみのきわみである。

「見よ、なんじらの家は荒れ地となりて、のこされん」。「なんじらにのこされん」と読むべし。「家」とは、神殿、宮殿、市街全部を含む都城である。「見よ、なんじらの家はなんじらにのこされて、荒れ地とならん」と読むことができる。「なんじらにのこさる」。なんじらの自由にまかせらる。神はなんじらのなす事に干渉せざるべしと。実に恐ろしい宣告である。神に警(いまし)められ、むち打たるる間は希望がある。しかしながら、神に見放され、わが思うがままになすべく放任されて、われは滅亡に定められたのである。かかる場合において、地が荒れ地となるは自然の成り行きである。その場合に、神が特別に罪を罰したもうのではない。彼がみ手を引きたまいし結果として、荒廃がおのずから臨むのである。「なんじらの家はなんじらにのこされん」と。罪人はいうであろう、「まことにけっこうである。われはわが思うとおりになさん」と。そしてその道が滅亡である。神を求めず神をしりぞくる国が滅び、家が傾き、身が滅ぶるのはこれがためである。

三九節　主が最後に都に上りたまいし時に、群衆は弟子たちと共に叫んでいうた、「ダビデの子、ホザナよ、主の名によりて来たる者はさいわいなり」(三一・九)と。そして祭司、学者、民の長老らは、イエスに対する民のこの歓迎をきらい、いかにかしてこれを打ち消さんと計った。彼らは正当の王を拒否しつつある。覆滅これがために彼らの上に臨まんとしている。しかしながら、彼らがイエスを歓迎すべく余儀なくせらるる時が来たるであろう。彼らもまた貧しき群衆と共に彼に対して「主の名によりて来たる者はさいわいなり」といわざるを得ざる時が来たるであろう。それはいつであるか。主の再臨の時である。その時、彼を十字架につけし者までが彼をあがめざるを得ざるに至るであろう。黙示録一章七節にいえるがごとし、

彼は雲に乗りて来たる。すべての目、彼を見ん。彼を刺したる者もこれを見るべし。かつ地の諸族、これがために嘆かん

と。イエスは敗北の後に勝利を期したもうた。そして彼の再臨は審判の時でなく赦免の時であるであろう。エルサレムの滅亡は復興となりて現わるるであろう。「地の諸族、これがために嘆かん」とありて、彼らは再臨のイエスを拝して、おのが罪を悔いて、彼を栄光の主として迎えまつるであろう。恩恵の主は滅亡の黒雲のかなたに悔改復興の光を認めたもうた。

イエスは情の人であって、熱烈なる愛国者でありたもうた。彼は神の子でありたればとて冷静なる審判人（さばきびと）ではなかった。彼はすべての偉人を代表して、泣くことを恥としたまわなかった。「すでにエルサレムに近づける時、イエス、城中を見て、これがために泣き、いいけるは……」とルカ傳十九章四十一節以下はしるす。人生に、ことばをもってしてはとうてい、いいあらわすことのできない悲歎がある。その時に、涙がそれをいいあらわすのである。禽獣に涙はない。涙は言語と

共に人の特有である。涙なき者は人にあらず。イエス泣きたまえりといいて、彼はめめしい人であったというのではない。人らしき人であったというのである。そして人生に貴きものとて、勇者の涙にまさるものはない。

イエスは人類の救い主である、ゆえに彼の愛は抱世界的であって、これは彼を生んだ国に限らるべきものでない、自国に対して厚くして他国に対して薄きがごときは人類の王たるべき者の取るべき態度でないという者がある。しかし事実はそうでなかった。イエスは特にイスラエルとその民を愛したもうた。

イエス、十二人をつかわさんとして、命じいいけるは、異邦の道に行くなかれ。またサマリヤ人の町にも入るなかれ。ただイスラエルの家の迷える羊に行け。行きて、天国近きにありと宣べ伝えよ(マタイ伝一〇・五―七)

と。このことばに現われたるイエスは確かに自国に厚くして他国に薄かった。彼はイスラエル人として特にイスラエルを愛したもうた。そしてその情がほとばしり出たものが「ああエルサレムよ、エルサレムよ」とのうめきである。愛国は人の至情である。これあるがゆえに、人は人であるのである。人の愛国心は少しも彼の人類愛を減じない。その反対に、人類愛に燃えし人はすべて愛国心の強い人であった。イエスはエルサレムに注ぎし愛をもつて万国の民を愛したもうたのである。

見よ、強くイタリアを愛せしダンテが人類愛の模型でありしことを。同じ事を、ミルトン、クロンウェルらについてもいうことができる。日本今日の博士、学士、学生のごとくに、愛国心のほとんど消滅せし人たちより、愛という愛を、そのいかなる形においても望むことはできない。

一五　エルサレムの覆滅

マタイ伝二四章
マルコ伝一三章
ルカ伝二一章

イエス、都に上り、祭司の長および民の長老らと衝突し、彼らの質問に答え、進んで彼らの偽善を責め、また彼らのために泣き、彼らの最後の救いについて希望を述べたもうた。彼はお一人、彼らは多数、彼はいなかの一平民、彼らは都会の貴族、学者たちであった。この世の勢力を比較して、彼と彼らとはとうてい敵手（あいて）にならなかった。されども論場において相対して、イエスは常に勝者の地位に立ちたもうた。「たれ一人、彼に答うることあたわず。この日より、あえてまた問う者なかりき」（マタイ伝二二・四六）とありて、彼らはイエス一人に沈黙のうちに封じ込められたのである。ここに一人の権威ある者がこの世の権者の内に立った。エルサレムを挙げて、一人の彼に対抗し得る者がなかった。ここに霊が全く肉を圧伏した。預言者と祭司とが相対した場合は前にもあったが、しかしイエスの場合におけるがごとき預言者の全勝を見たことはない。もし議論が万事を決するならば、イエスはここにユダヤ人の王として立ちたもうたのである。

しかし「今はなんじらの時、暗黒が勢力をふるう代なり」とイエスがいいたまいしがごとくに、今は道理と言葉が勝ちを制する時代でない。イエスはやがて負けて、彼の敵がまさに勝ちを制せんとしていた。弟子たちもまた彼の大胆なるに驚いた。イエスの眼中、教職なく神殿なきがごとくであった。今日の言葉をもっていうならば、イエスは既成教会に対して戦いをいどんだのであった。彼の大胆さかげんに、常人の想像しあたわざるところがあった。彼はかつて神殿をさして「なんじら、この宮をこぼて。われ、三日にてこれを建てん」（ヨハネ伝二・一九）とまで極言したもうたとのことである。蟷螂（とうろう）の斧を振るって竜車に向かうとはこの事ではあるまいか。そしてこの場合をしるしたるものがマタイ伝二十四章一節、二節である。すなわちイエスが学者とパリサイの人らを詰責して後に、宮より出で来たれる時に、弟子たちは進みて宮の構造をさしてイエスにいうたのである、

先生、ごらんなさい、この壮大なる神の宮を。これは建つるに四十六年かかったものであります。そしてその内にありて教うる祭司、学者、民の長老らは、古き制度によりてその権能を保護せらるる者であります。しかるに貴師（あなた）はこれらを有って無きがごときものとして扱い、ご自身、滅亡を招きたもうたのではありませんか

と。イエスの偉大は充分にこれを認めしも、これを神殿

の壮大なるに対して見て、弟子たちに心配なきあたわずであった。

しかるに彼は彼らの心配を打ち消していうた、

なんじら、すべてこれらを見ざるか。われまことになんじらに告げん。この所に一つの石も石の上にくずされずして残ることあらじ

と。いう意(こころ)は「心配に及ばず。滅ぶるものはわれにあらず。この宮なり。そして宮に附属する教職階級なり。国民がよってたよるこの宮は、この教会堂は、壊(くず)れ崩(くず)れて、一つの石も他の石の上にくずれずしては残ることあらじ」とのことであった。確信か狂気か。これを聞いて弟子たちは驚愕仰天せざるを得なかった。かかる事ははたしてあり得べきかと、彼らは自己に問い、相互に語り合うたに相違ない。

この疑問を心にいだいて、弟子たちはイエスのもとに来たり、彼が今やオリブ山に坐し、谷を隔ててエルサレムの神殿をながめつつありたまいし時に、彼に尋ねていうた、

その時はいつですか。永遠無朽と思われしこの神殿が崩るる時はいつですか。それは恐るべき時、世の終わりとして見るべき時であります。そしてそれはまた貴師(あなた)がイスラエルをさばきたもう時、貴師の勝利の時であります。その時はいつ来たりますか。またその来たる前兆はどうでありますか

と。あだかも大預言者に日本国の滅亡を預言されて、日本人が恐懼して質問をもって預言者に迫るがごとき状態であって、冷静に哲学的に考うべき場合でない。マタイ伝二十四章、マルコ伝十三章、ルカ伝二十一章を研究せんとするにあたって、この緊張せる心の状態を見のがしてはならない。これは非常の場合である。熱したる質問に対し熱したる言葉をもって答えたる場合である。聖書学者がこの章の注解に困難を感ずるは、イエスと弟子たちのこの時の心理状態に自己を置くことができないからであると思う。これは、書斎において、字典と文典と注解書とをもってする問題ではない。国の滅亡を前に控え、事変の到来とその意義とにかかわる重大問題である。愛国者が血の涙を流しながら読むにあらざればわからない章である。

この章の主要問題はこれである。すなわち神の子はこの世の勢力と衝突してその殺すところとなる。されども

それがために敗れない。彼は政府よりも教会よりも、ピラトよりもカヤパよりも大である。エルサレムは一たび神の子を十字架につけるが、神の子は再び来たりてエルサレムをさばき、彼がおこなわんと欲するすべての義をおこないたもう。彼は神殿よりも大である。彼が真（まこと）の神殿である。神は彼にありて人の間に宿りたもう。ゆえに、弟子たちは、イエスが敵の滅ぼすところとなりたればとて失望してはならない。彼は暫時世を去るのであって、再び来たりて世を治めたもう。勝利は永久に彼のものである。彼は天地の主である。人類の王である。彼の手に天然の力がある。彼は弱い人の子ではない。強い神の子である。エルサレムの神殿の壮大なるは、彼の壮厳なるにくらぶべくもないとのことである。すなわち、マタイ伝二十四章のいわゆる「イエスの終末的説教」は特に彼の終末観を述べたものでない。彼の敗滅に会うて失望せんとする弟子たちを力附けんためになされたる説教である。その点において、ヨハネ伝十四章以下と目的を共にするものである。ゆえに、その要点はすでにマタイ伝十六章二十一節以下において示されたるものである。

この時より、イエス、その弟子に、おのれのエルサレムに行きて、長老、祭司の長、学者たちより多くの苦難（くるしみ）を受け、かつ殺され、第三日によみがえる事等を示し始む（二一）。それ人の子は父の栄光をもて、その使者たちと共に来たらん。その時、各自のおこないによりて報ゆべし（二七）

以上を敷衍（ふえん）したるものが第二十四章である。難解といえば難解である。されどもイエスを神の子と信じて読む以上、解するに難（かた）いところはない。彼が神の子である以上、かくあるのが当然である。神の子を滅ぼすの能力はどこにもない。「この石の上に落つる者は砕かれ、この石の上に落つれば、その者紛砕さるべし」（二一・四四）とは、彼が前にご自身についていいたまえるところである。長老、祭司の長、学者たちは、神がシオンにすえたまいし永遠の岩の上に落ちてまさに紛砕されんとしている。その事を述べたものが第二十四章である。

そして単にエルサレムにとどまらない。いかなる民族、いかなる国家、いかなる制度、いかなる階級でも、神の子に逆らいて、同一の運命に遭遇せざるを得ない。イエスをないがしろにし、その福音をしりぞけて、国も民も安全なることはできない。彼らはエルサレムが滅びしと同様に滅び、長老、祭司らがさばかれしと同様にさばかる。キリストは人類の救い主であると同時にその審判主(さばきぬし)である。彼をさばきし者はさばかれずしてはやまない。その点において、わが日本も例外なることはできない。イエスは日本国よりも、またその政治家、軍人らよりも強くある。彼らは幸徳秋水をして「イエス樸滅論」を著わさしめしが、イエスはしばらくは樸滅されしが、再び来たりて彼らを樸滅したもう(もし彼らが悔い改めざれば)。そこに再来の意味がある。キリストの再臨は教義上の議題ではない。実際上の問題である。キリストは生きていましたもう。彼は宇宙の主宰である。彼を侮り彼を侮辱して、何ものもその恐るべき報いを受けざるを得ない。

そして全世界がキリストにそむく以上、これもまたエルサレムと同様に滅びざるを得ない。ゆえに、そむけるエルサレムの滅亡はそむける全世界の滅亡の縮図と見てさしつかえない。同一の法則が万事を支配する。ゆえに、イエスがここにエルサレムの滅亡を語りたまいつつある間に全世界の滅亡を語りたまいつつあるは少しも怪しむに足りない。彼のおん目より見て、二者が同一の事であるからである。すべて神の子に逆らう者は滅ぶ。ユダヤでも、ローマでも、日本でも、米国でも、全世界でも。「それ神にはかたよりなければなり」である。そして、すでにあった事はまたあるのである。キリストを十字架につけて、エルサレムが、彼が預言したまいしように滅びしがごとく、すべて彼をはずかしめし国も人も、同じように滅びたのである。しかしてまた滅ぶるのである。天罰または天譴(てんけん)なるものはあることなしといいたればとてそれまでである。あるをいかにせん。神は評論家の論説に遠慮したまわない。

しりぞけられしキリストは不意に来たりたもうであろう。人々、無事平安を祝し、飲み、食い、とつぎ、めとりつつある時に来たりたもうであろう。その時、屋根の上にある者は、その家の物を取らんとて下るひまもないであろう。盗人が思わざる時に来たるがごとくに主は来たりたもうであろう。その日は前もって定かに知るあたわず。されどもその来たるは必然である。

主は来たりたもう時に秘密に来たらずして公然と来たりたもう。彼は「ここにあり、かしこにあり」といいて探り求むべき状態において現われたまわない。初臨の時と異なり、彼は野にありたまわず、また家に宿りたまわない。電(いなずま)の東より出て西にひらめくがごとく、彼は全地に臨みたもう。彼の再来は世界的大事件である。その小再臨と称すべきものも国家的大事件であった。エルサレムの滅亡がそうであった。見る目をもって見れば、東京の震災がそうであった。そして全人類がキリストに対してその反逆を継続して、大規模の再臨を見んとしているのである。

再臨は急激におこなわる。されどもこれに前兆がある。その一面は暗黒の増加である。罪が熟して審判が来たる。暗黒その極に達して滅亡いたる。多くのにせ預言者起こりて多くの人を欺き、また不法満つるによりて多くの人の愛情失(う)す。その時に主は来たりたもう。その他の一面は福音の普及である。「天国のこの福音を万民に証せんために、あまねく世界に宣べ伝えらるべし。しかる後に末期(おわり)いたるべし」とある。一面においては暗黒の増加、他の一面においては光明の増加、しかる後にキリストの再臨ありて、暗黒は失せて、光明は世に満つるのである。危機は急激に臨むが、これにいたるの道は緩慢である。あだかも慢性病が急変して死に至るがごとしである。しかも新生命を招来するための死である。再臨の光明的半面を忘れてはならない。

一六　十人のおとめのたとえ話

マタイ伝二五章一――一三節
ルカ伝一二章三五――三八節参照

イエスはこの世の政府または教会の殺すところとならんとしていたもうた。されども彼はこれがために滅ぶるのではない。彼は死してよみがえり、去りて再び来たりて、彼がなさんと欲するところをなしたもうべしとは、彼の預言また確信であった。そして彼は人の思わざる時に、不意に来たりたもうべしとのことであった。盗人の来たるがごとくに、人々の予知せざる時に来たりたもうべしとのことであった。そしてその事をたとえをもって教えたまいしものが、有名なる十人のおとめのたとえ話である。

場面は、イエスが好みたまいし婚筵のそれである。花婿は花嫁を迎えんために彼女の家に行き、今や彼女を携えておのが家に帰らんとしていた。彼の家にありては、彼と彼女とを迎えんための準備成り、彼らの到着を待ちて大饗筵が開かれんとしていた。そして饗筵の第一幕は、花嫁を携え帰れる花婿の歓迎であった。この任に当たる者が花恥ずかしきおとめであって、たぶん花婿の親戚友人の内より選まれた者であろう。これ晴れの役目であって、少女はすべてこれに当たらんと欲し、これに選まるるを大なる名誉と感じたであろう。しかしながら、名誉に伴う義務は重くあった。よく役目を果たさざれば、家に恥辱を招くのおそれがあった。少女は怠らず、一生懸命にその任を果たすべきであった。

選まれし少女は十人であった。しかるに、いずれの国にもあるがごとくに、その内のある者は賢く、ある者は愚かであった。この場合において、半数は賢く、半数は愚かであった。知者は準備を怠らず、燈火に充分の油を注ぎ、いつ花婿が帰り来たるも彼と彼の一行とを迎うるの用意があった。愚者はしからず。ゆだねられし任務を軽く見て、油はわずかに少量を備うるにすぎず、それも宵（よい）の内に使い尽くして、いざという場合にはすでに余すところがなかった。用意周到の少女らと、何事にもあさはかなる少女らとであった。前者はまじめに花婿花嫁出迎えの任につき、後者は遊び半分にこれに当たった。前者は責任を知る者、後者は責任を知らざる者であった。世に責任感に欠けたる者にして少女のごときはない。彼らは責任をになわざるをもって少女たるの特権であると思う。若い時は再び来たらず、花か蝶のごとくに、おもしろく、おかしく、月日を送るが彼女の権利であると思う。

しかるに彼らの気質をためす時が来た。花婿到着の時が遅れた。宵の感興はすでに過ぎて、夜半の静粛の時となった。少女らは待ちくたびれて、彼らの内の愚か者は眠りについた。彼らにとり、これはたぶん初めての経験でありしがゆえに、彼らは、かくなすも、べつに悪事であるとは思わなかったのであろう。花婿はたぶん花嫁の家に夜をすごして翌朝家に帰るのであろう、まじめに夜中に迎えんとせしがまちがいであったのであろう、いずれにしろ少女である、重き責任を問わるるべきでないと思い、彼らはおとめ心に安きまどろみについたのであろう。

しかるに、夜半声あり、いわく、「花婿帰り来たる」と。これを聞いて、かねてかくあるべしと信じ、用意怠らざりし少女らは、燈火を携えしまま花婿花嫁を迎えた。しかるに、かくあらざるべしと思いて眠りし少女らは、声を聞いて覚(さ)め、あわて、ふためき、燈火を取りて出迎えんとせしも、油はすでに尽きて光なく、その間に花婿の一行は家に入り、戸は閉ざされて、饗筵は内に開かれしも、あさはかなる少女らは内に入るあたわずして、戸外に立ちて、おのが浅慮を悔いたりとの話である。

このたとえ話において、いうまでもなく花婿はキリストである。花嫁は記載されざるも、彼に選まれたる信者の一団すなわちエクレージヤ（教会）である。花婿とその一行を迎うべく選まれし十人の少女は、一定の数に達してこの世にのこれる信者である。その内のある者は賢く、ある者は愚かである、賢き者はキリストの再臨を信じて疑わず、常にこれを迎うるの準備をなした。愚かなる者は、一たびは聞いて信ぜしも、久しからずしてこれを忘れ、今は再来は無きものと思い、あると信ずるはユダヤ的思想である、信ぜざるが合理的であると唱えて、再臨の事については安き眠りについた。されどもキリストは彼が約束したまいしがごとくに来たりたまいて、賢き者は喜び迎え、愚かなる者はあわて、ふためき、天国の饗筵につらなるの幸福を失ったとのことである。意味はまことに明瞭である。再臨を信ずる者にとりて、一言一句、ことごとく警告に満ちたる福音たらざるはない。

このたとえ話において、意味あるがごとくに見ゆるは、燈火とこれを維持する油とである。油とはオリブ製の油であって、日本の菜種油のごとくに燈火用に使われしものである。そして信者はおとめのごとくに、各自燈火を掲ぐる者である。

なんじらは世の光なり。山の上に建てられたる城は隠るることを得ず。燈火をともして桝の下に置く者なし。燭台の上に置きて、家にあるすべての物を照らさん。かくのごとく、人々の前になんじらの光を輝かせよ。されば人々、なんじらの善行を見て、天にいますなんじらの父をあがめん（マタイ伝五・一四―一六）

とイエスが教えたまいしがごとくである。そして燈火を維持するに油が必要である。油が絶えて燈火は消滅するのである。そしてキリスト信者の生涯において、油は何に当たるかというに、信仰に当たる。信者にとり、燈火は善行であって、これを養うものは信仰である。信仰が絶えて善行はやむのである。そして信仰の油は、あるいは神のたまものとして賜わり、あるいは自己の実験として獲(う)るのである。信者にとり、信仰は恩恵の実験であって、これによりて彼の霊的生命は維持せらるるのである。そして賢き信者は常に信仰の油の尽きざらんことを努め、他の物においては乏しきも信仰の油においてだけは豊かならんと欲す。ゆえに、あるが上にもたくわえて、万一の用に備えんと努む。愚かなる信者はしからず。彼らは光は欲するも、油をたくわえんとしない。彼らは輝かんと欲するに急にして、油の貯藏を顧みるひまがない。ゆえに油が常に欠乏して、その放つ光が常に弱くなる。ことにキリスト再臨を忘れし結果として、その霊的生命は緊張を欠き、万事に怠慢多くして、信仰の油をたくわえんと欲するの熱心も欲求も起こらない。ゆえに、いざ再臨という場合には周章狼狽して、なすところを知らないのである。信者の場合においては、賢きとは、もちろん信仰的に賢きであって、愚かとは、信仰的に愚かである。しかるに、この世の知恵にとらわれたる愚かなる信者は、キリストの再臨を信ずるが愚かであり、信ぜざるが賢くあると思うのである。ゆえに、信仰の油をたくおうるがごときは、彼らの目には愚かなるわざと見えるのである。

かく説明したところで、人はいうであろう、再臨なるもの、はたしてあるかと。再臨は初代の信者が思うたごとくに無かったではないか、再臨のために準備するというは、無き事のために準備すると同然で、無益この上なしではないか、それよりも実際の善行を努めて、再臨あるも無きも、ただひとえに人に仕え神を喜ばしまつるべきでないかと。まことに道理ある申し分のごとくに聞こえる。

キリストの再臨ははたしてないか？　なるほど大再臨すなわち最後の再臨は今日までなかった。されども、大再臨の前兆たる小再臨は、今日までですでに幾たびもあった。エルサレムの覆滅がその最も著しきものであった。その他、ローマ帝国の倒壊、仏国革命、近くは世界大戦争、これらはみなキリストの再臨ではなかったか？　すなわちこの世の知恵がさばかれ、神の道が義とせらるる出来事ではなかったか。また大正十二年来、わが国に続発せる不幸災難は、これをキリストの再臨として見ることができないか？　有島事件と虎の門事件とは、日本道徳の破壊を示す大なる事実ではなかったか？　大震災はその間にはさまりて、強く邦人の良心をついたではないか？　そしてその後の社会状態、経済状態は、悔い改めざる日本人に向かい覚醒を促すための痛きむちではないか。日本には日本の道徳がある、外教のキリスト教のごとき、これを信ずるの必要少しもなしと唱えし日本の道徳は、今やいかなる権威をふるいつつあるか？　日本は今や道徳的破滅に瀕しているではないか？　ヤソを迎うるの必要なしといいて侮辱を加えてイエスをしりぞけし国に、今やイエスは帰り来たりたまいつつあるではないか？　日々の新聞紙が明らかにこの事を示すではないか？　そして日本人の間に信仰の油が欠乏して、この再臨に応ずることができないではないか？　万事が行きづまりであると、たれもいう。しかしながらこれを打開する道をだれが知っているか？　日本人は今や愚かなる少女のごとくに、信仰の油なきがゆえに、あわて、ふためいているではないか？。

しかしてまた、キリスト再臨の信仰をあざけりしわが国キリスト教会の現状いかに？　これまた行きづまりの状態においてあるではないか？　大会堂は建築されしも、これに集まりて教えを聞かんと欲する人は少なく、教壇はむなしくして、これを満たすの教師はないではないか？　彼らは倍加運動、教化運動と称して走り廻れども、効果は少しも挙がらないではないか？　これに反して、キリスト再臨の信仰によって立つ少数のキリスト教団体は少しも衰退することなく、信仰は常に燃え、会堂は常に満ちて、歓喜と希望に満ちてこの暗黒の世にあることができるではないか？　キリスト再臨なしというは誤りである。最後の大再臨は今なお未来の出来事として存するといえども、これに達するための小再臨は明らかにわれらの目前におこなわれつつある。

そして、われら各自にキリスト再臨はおこなわれんとしつつある。死はいつわれらに臨むかわからない。死は盗人が来たるがごとく、思わざる時に来たる。その時に臨んで信仰の油の欠乏を歎くも、そもそも遅くある。「なんじら、これを知るべし。もし家の主人、盗人いずれの時に来たるかを知らば、その家を守りて破らせまじ。さればなんじらもあらかじめ備えせよ。思わざる時に人の子来たらんとすればなり」と(ルカ伝一二・三九―四〇)。主のこのご警告を用なしといい得る者はどこにあるか。

キリスト教の信仰はキリスト再臨の信仰である。彼の来たりたもうを待ち望む信仰である。ゆえに信仰と称するよりもむしろ警戒と称すべきものである。信者に平安はあるが、この世の人の求むる安楽はない。キリスト信者の平安は、キリスト再臨に会うて驚かざる平安である。キリスト教道徳は実は再臨に備うるための道徳である。この世はいつ終わるか知らないというその危機を前に見ておこのうべき道徳である。

一七　タラントのたとえ話

マタイ伝二五章一四――三〇節
ルカ伝一九章一一――二七節参照

「主は再び来たりたもう」。キリスト最後の説教の主題はこれであった。前の、十人のおとめのたとえ話が、その一面を語るものであった。すなわち信者各自は再臨に備えて怠るなかれとの教訓であった。タラントのたとえがその二であり、羊とやぎとのたとえがその三であった。マタイ伝によれば、キリストはこれらの三つのたとえをもって、ご自身の再臨に関する三大真理を述べたもうたのである。

再臨はある、いつあるかわからない、ゆえに常に備えて怠るなかれとは、第一のたとえの示すところである。再臨はある、されどもただちにおこなわれず、そのおこなわるるまでに時間がある、これを有益に用うべし、空費すべからずとは、第二のたとえの教うるところである。再臨を望んでの警戒と勤勉、警戒を教うるものが十人のおとめのたとえ、勤勉を教うるものがタラントのたとえである。

「ある人、遠く旅立ちせんとして、そのしもべどもを呼び……」(一四)とあり、「久しゅうして後、このしもべどもの主人来たりて……」(一九)とある。旅行は遠く、時間は長しというのである。再臨は切迫せりといいて心さわぎて無為に年月を送ってはならない。再臨は無しといいてこれがために備えざるはまちがいであるが、さりとて目前に迫れりとて、万事を抛擲(ほうてき)してただ天を望んで待つは、これ再臨に備うる道にあらずというのである。かくして、再臨の見方に二つある。「主人、思わぬ日、知らぬ時に来たる」というのがその一である。「久しゅうして後、主人来たる」というのがその二である。矛盾のごとくに見えて、矛盾でない。「待つ人遅し」というたとえがある。働いて待つが、真の待ち方である。ただ安閑として待つのではない。神と共に働いて、再臨を早めんと欲するのではない。騒いで再臨の条件を満たして、その時期を早めるのである。同じ事が、早くも見え、遅くも見える。再臨にあこがれてなすところを知らざる状態においてある信者に、これに備うるの道を教えしものが、このタラントのたとえである。

銀一タラントはその百十七ポンド弱であって、英貨およそ二百四十ポンドに当たるという。そして主人は旅立ちせんとするにあたり、そのしもべどもを呼び出し、各自の能力にしたがい、ある者には五タラント、ある者には二タラント、またある者には一タラントを預けて出発せりという。そしてその結果はいかなりしかというに、五タラントを預けられし者と二タラントを預けられし者とは、これを働かせて、他に同額の銀を得て、これを、帰り来たりし主人に渡せるに対し、一タラントを預けられし者は、地を掘り、銀を蔵(かく)して、そのままこれを主人に返したりという。しかして主人は前の二人をほめたりしに反し、後の一人を責め、その行為を怒り、ついに彼を外の暗黒(くらき)に追い出したれば、そこにて嘆き、歯がみしたりという。

主人はキリスト、彼、遠き国の天父のもとにまで旅立ちたもうにあたり、信者なる彼のしもべ、しもめらに、各自の能力にしたがい、タラントを預けたもうた。そのタラントは、たとえにいえるがごとくに、あるいはこの世の富であろう。あるいは英語でタレントは才能を意味するがごとくに、天才、才能、知恵であろう。いずれも能力の資本であって、主は一たびこの世を去るに臨み、そのしもべどもに、各自の分に応じ、これを預けたもうた。しかり、預けたもうたのである、与えたもうたのではない。そして信者は主の不在中いかにこれを使用するか、それが問題である。主のものをわがものと思い、これを私用濫費する者は問うまでもない。かかる者は、名は信者でも実は不信者である。信者にわがものと称すべきものはない。ないはずである。すべてが神よりの聖き委託物である。その使用の道については神に復命するの義務がある。そして自分のものにあらずして神のものなるゆえに、最も有利的に使用し、利に利を加えてこれを神に返上する者が、「善かつ忠なるしもべ」である。しかして自分のものならずして神のものなるがゆえに、これを損失して詰責せられんことを恐れて、地を掘りてこれを蔵し、預けられしままのものを主に返上する者が、「悪しく、かつ怠れるしもべ」である。ゆだねられしタラント、すなわち財貨または才能の使用法いかんによりて、しもべはあるいは受けられ、あるいはしりぞけらるるのである。

ここに注意すべきは、ゆだねられしタラントの使用法を誤りし者の、最少額をゆだねられし者であったことである。五タラントをゆだねられし者と二タラントをゆだねられし者とは、よくその委託の任務を果たせしといえども、一タラントをゆだねられし者はこれを怠りて、主の怒りたもうところとなった。すなわち少額なりと思うてこれを軽んじ、その使用の道を誤ったのである。大財産または大才能は天のたまものとして神聖にこれを使用するも、無一物にひとしき所有、または万人通有の凡夫の才をゆだねられし者は、これを見ること軽く、これを有利的に使用せざればとて神も社会も何の失うところなしと思い、これを蔵して働かせず、受けしままを神に返上するが、最も安全なる策、また心配を要せざる最も平易なる道であると思う。されども、義務を怠りし点より見て、彼は確かに「悪しきしもべ」である。すなわち「なまけもの」である「怠れる」しもべである。勤勉ならざる者はより大なる責任をゆだねらるるの資格なき者である。主の喜びに入りて彼と共に永遠のさいわいにあずかり得ざる者である。才能の多少は問うところでない。ただこれを正当に使用すれば足る。一タラントといえども、神聖にこれを使用すれば、五タラントと同様、「よいかな、善かつ忠なるしもべ、なんじはわずかなる物に忠なりき。われ、なんじに多くの物をつかさどらせん。なんじの主人の喜びに入れ」との、主のおほめ言葉に接するのである。

さらにまた注意すべきは、一タラントの所有者の、神に関する思想である。

主よ、われは、なんじのきびしき人にて、まかぬ所より刈り、散らさぬ所より集むるを知る。ゆえに恐れて行き、なんじのタラントを地に蔵し置けり。見

よ、なんじはなんじの物を得たり

と。神に関するこの誤りたる思想を持ちたるがゆえに、かの誤りたるタラントの使用法がおこなわれたのである。「神はきびしき主人」、そう見て見えないことはない。神はまことに厳格である。徹底的に義（ただ）しいからである。しかしながら、きびしいその裏に無限の愛がある。その愛が見えずしてそのきびしさのみが見える。凡夫の悲しさはここにある。神を恐れて彼より隠れんと欲す。なるべく彼に近よらざらんと欲す。いわく、「さわらぬ神にたたりなし」と。神より普通の恩恵を受くるのほかに彼と深き親密の関係に入らざらんと欲す。かかる者が神のものをたいせつに思わず、彼との関係を普通の一般の関係にとどめ、当たらず、さわらず、ただ遠くより彼を拝せんとするは、少しも怪しむに足りない。そしてかくのごとくに彼を敬遠する者を、神もまた敬遠したもう。神を他人扱いにする者を、彼もまた他人扱いになしたもう。

彼のタラントを取りて、十タラントを持てる人に与えよ。すべて持てる人は与えられていよいよ豊かならん。されど持たぬ者は、その持てる物をも取らるべし。
しかしてこの無益なるしもべを……

これは無慈悲ではない。神のみ心であって、天然の法則である。天の宝も地の宝も同じく、「持てる人は与えられて、いよいよ豊かならん。されど持たぬ者は、その持たざる物をも取らるべし」である。信仰の上に信仰を加えよ。信仰はいよいよ豊かならん。愛の上に愛を加えよ。愛はいよいよ強くならん。神を疑い、彼を単にきびしき主人とのみ見て、持てるわずかばかりの愛の消ゆるは、少しもふしぎでない。近代人はかかる愛を称して真の愛にあらずというであろう。されども真か偽かは論ずるに及ばない。かくあるをいかにせん。ダビデがエホバをたたえしことばにいわく、

なんじ、あわれみある者にはあわれみある者となり
全き者には全き者となり
清き者には清き者となり
ひがむ者には、ひがむ者となりたもう（詩篇一八・二五—二六）

とある。同じ歌を載せたるサムエル記下二十二章二十七節には、

曲がれる者には、なんじ、きびしき者のごとくなしたもう

とある。西洋のことわざにいわく、「神は、人が彼について思うがごとくになる」と。愛の神といえども、ひがむ者には愛の神として現われあたわないのである。

信者の生涯は、待望の生涯であると同時に活動奉仕の生涯である。彼はこの世にありては、再来の主を待ちつつある間に働く。働くは義務であり、また最大の快楽である。しかして再臨ありて彼の働きはやむのでない。「なんじはわずかなる物に忠なりき。われなんじに多くの物をつかさどらせん」とありて、小なる責任を善く果たせし報賞(むくい)として、さらに大なる責任が授けられる。天国は休息所ではなくして活動場(はたらきば)である。「なんじの主人の休息に入れよ」といいたまわずして、「なんじの主人の喜びに入れよ」といいたもう。神の喜びは、人を助け導くの喜びである。信者はキリストの国に入りて、この聖き喜びに入るのである。愛の働きが無窮におこなわるる所、そこが天国である。そしてこの世において善く働きし報賞として、父と共に永久に働く愛の国に移さるるというのである。うるわしきものにしてキリスト教の天国観のごときはない。なまけ者の行く所にあらず、活動家の行く所である。さらに大なる責任をにないて神と人とのために働く所である。

キリストの再臨はいつあるかわからない。しかし再臨のあるまでにわれら各自のなすべき仕事がある。われらはこれにいそしみつつ再臨を待つべきである。われらはゆだねられし物の少なきがゆえに職務を怠ってはならない。物の多少ではない。心の善悪である。神を愛の父として受くるか、またはきびしき主人として受くるかである。そして小なる責任を忠実に果たして、大なる責任をゆだねらるるのである。楽しき活動はこの世に始まって、かの世において継続せらる。キリストの再臨は信者の最大希望である。されども、その時までに大なる任務の果たすべきものあれば、信者は特別にその早からんことを願わない。患難はげしき時は、「主イエスよ、来たりたまえ」と祈る。されども職務を怠らない。われらの主は国を得んとて遠き国へと旅立ちしたもうたのである。信者は再臨の遅きを見て失望しない。主はそのすみやかに、すなわち不意に起こるを示したまいしと同時に、その長き年月を要することをも預言したもうた。タ

ラントのたとえは、再臨遅延に対する信者の焦慮を矯(た)めるための教えである。イエスの弟子たちが、再臨の遅きに失望してついに再臨の信仰をまで抛棄(ほうき)するに至れりとの、近代の聖書学者の説は立たない。使徒らは最後までキリストの再臨を信じて疑わなかった。

一八　やぎと羊のたとえ

マタイ伝二五章三一――四六節

キリストは再び来たりて人をさばきたもう。信者をさばきたもう。不信者をさばきたもう。「神、キリスト・イエスによりて、人々の隠れたることをさばきたもう」(ロマ書二・一六)とあるがごとし。彼がいかに信者をさばきたもうか、その事を示したものが、十人のおとめのたとえとタラントのたとえ話である。彼がいかに不信の世をさばきたもうか、その事を示したものが、やぎと羊のたとえである。最後のたとえは、たとえの境を越えて、事実の叙述である。事のあまりに厳粛なるがゆえに、たとえは転じて写実となったのである。

「その前に、もろもろの国人、集められん」とある。異邦の国民である。「しもべ」というがごとき、王の従属ではない。シナ人、インド人、トルコ人というがごとき、キリストを信ぜざる異教の民である。神はキリストをもって不信者をもさばきたもうとは、聖書の明らかに示すところである。そして異教の民はことごとく滅ぼさるるのではない。ある者は助かり、ある者は滅ぶという。さらば審判の標準は何かというに、神の子キリストに対する各自の態度である。キリストを受くる者は助かり、受けざる者は滅ぶという。事ははなはだ明白である。その事業を問わるるにあらず、またその宗教を糺(ただ)さるるにあらず。キリストをいかに扱いしか、それによりて運命が定まるのである。

されども異教の民はキリストのたれなるかを知らない。その名さえも知らない。いかにして彼に対する態度を定むるを得んや。ゆえに彼らのある者が、審判の主にその善行を認められ、賞賛の辞にあずかるや、彼らは驚いていう、

主よ、いつ、なんじの飢えしを見て食らわせ、かわきしを見て飲ませし? いつ、なんじの旅人なりし

を見て宿らせ、裸なりしを見て着せし？　いつ、なんじの病み、また獄（ひとや）にありしを見てなんじに至りし？

と。彼らはキリストに対し何の善き事をなせしか、その事に思い当たらないであろう。その時、王なるキリストは答えていいたもうであろう、

まことになんじらに告ぐ。わが兄弟なるこれらのいと小さき者の一人になしたるは、すなわちわれになしたるなり

と。この世に卑しめられ、しりぞけられ、しいたげらるるわが兄弟、すなわち弟子、この世にありては最も小なる者として、ちり、あくたのごとくに扱わるる真のクリスチャン、すなわち政府はもちろん教会にまで認められざる、いと小さき者、この者を受けし者はキリストを受けしのであって、かかる者は報賞（むくい）を失わずとのことである。キリストはここにご自分を信者と同一視したもうのである。ここにいう「いと小さき者」とは、小児をさしていうのではない。また貧者をさしていうのではない。児童を救い貧者を助けし者が特に審判の主に受けられるというのではない。児童教育、貧民救助の必要はいうまでもないが、それによりて人が義とせらるというのではない。キリストと同一視せらるる者は真のクリスチャンである。この世にありては何の価値をも認められざる者である。パウロのいわゆる「世のあくた、またよろずの物のあか」である。真の信者は実にかくのごとき者としてこの世にあるのである。大教師として政府や社会に尊まれ、大博士、大監督として教会にあがめらる者はキリストの兄弟ではない。今日のキリスト教国の使節や教師を迎えたればとて、その事は少しもキリストに受けらるる功徳（くどく）とはならない。真の信者は昔も今も、この世の勢力には認められざる者である。彼らは飢え、かわき、宿るに家なく、着るに衣なき者である。この世の流浪者である。国家にも、社会にも、教会にも、その存在を認められざる者である。中古時代のアルビゼンシスまたワルデンシスの徒のごとくに、政府と教会とに狩り立てられて、わずかにその生存を続け来たりし者である。そして、かかる者を受けし者が助かり、受けざる者は滅ぶとのことである。まことに正確なるテストである。信者不信者というて、教会に入りし者が信者であり、入らざる者が不信者であると思うは、大なる

まちがいである。キリストのごとき者がクリスチャンである。そしてキリストは、この世にありし間は、飢えし者、かわきし者、枕するに所なかりし者、政府と教会とにしいたげられて、彼らによりて十字架につけられし者であった。

キリストを受けて救わる。しりぞけて滅ぶ。そしてキリストを受くるは、彼の兄弟なるこの世のいと小さき者を受くることである。そして真のクリスチャンがそれである。救わるると救われざるとはこの一事によりて定まるというのが、やぎと羊のたとえの教えである。まことに簡単なる教えである。しかしながら、簡単であって深遠である。今日のキリスト信者といえども、いまだこの簡単なる教えを解しない。彼らの多数は、人の救わるるは、バプテスマを受け、教会に入り、その制定せる儀式にあずかるによると信ずる。彼らはまた、いわゆる信者とならずして死する者は永久に滅ぼさると唱う。しかしながらイエスはかかる不合理なる条件を設けたまわなかった。この世のいと小さき者をもって代表せらるる者を受くるか、受けざるか、救わるると、いなとはこの一事によりて定まる。しかり、この一事である。いかなる儀式にあずかるか、いかなる教義を信ずるか、それではない。キリストの代表者を受くるか、この一事である。キリストを受くるか、受けざるか。そしてキリストは、多くの貧しき者、弱き者、勢力なき者として、常にこの世に宿りたもう。そしてアブラハムが知らずして天の使者をもてなしたるがごとくに、われらは時に知らずしてキリストを接待するのである。また多くの場合において、キリストをわが門より追い払うのである。願う、聖霊常にわれらと共にいまし、われらのもとをおとずれたもうキリストを見のがすことなからんことを。

キリストを受けざる者に対して彼が発したまいしことばは峻刻をきわむ。

のろわれたる者よ、われを離れて、悪魔とその使たちとのために備えられたる永久の火に入れ……（四

二

と。永久の刑罰に附せらるべしとのことである。永久の火とは、必ずしも永久の苦しみではあるまい。されども永久に消えざる火であって、すべての叛逆者を焼き尽くす火であることは明らかである。しかして愛なる神がかかる火を備えたもう理なしというは当たらない。ここに

キリストがたしかに発したまいしことばとしてこのことばがある。すなわち「なんじ、永久の火に入れ」と。われらは謹んでこのことばを受け、これを信じ、自身その火に入らざるよう警戒すべきである。そしてキリストに会うてこれを受けざる者の、かかる刑罰を値するその理由を知るに難（かた）くない。キリストを受けないというは、教会に反対し、監督、牧師、宣教師に従わないということではない。慈悲の心を断つことである。キリストはいいたもうた、「われ、あわれみを好みて、いけにえを好まず」と。神が好みたもうものにして、あわれみのごときはない。彼はまことに慈悲の神である。その反対に、彼が憎みたもうものにして、無慈悲の心のごときはない。その点において、エホバの心と武士の心と、よく似ている。弱者を見てこれをあわれまず、かえってこれを苦しむるをもって喜びとなすがごときは、武士の堪ゆるあたわざるところであるがごとくに、また神のゆるしたまわざるところである。世に真のクリスチャンほど弱い者はない。彼に、政府または教会の保護はない。彼は愛を唱え無抵抗主義を標榜（ひょうぼう）する。イエスご自身がかくありたもうた。彼の真の弟子すなわち兄弟がすべてかくあるのである。そしてかかる者を苦しめて喜ぶ者は、いかなる刑罰に処せらるるも、いいのがるべき道がない。世に罪悪多しといえども、キリストを苦しめるにまさる罪悪はない。そはこれ小児を苦しめる罪悪と同じであるからである。神の最もきらいたもうはこの罪悪である。これを犯したる者に対して、「のろわれたる者よ、われを離れて、悪魔とその使たちのために備えられたる永久の火に入れよ」といいたればとて、少しもふしぎはない。

「かくて、これらの者は去りて永久の刑罰に入り、正しき者は永遠の生命に入らん」と、主は終わりにいいたもうた。審判（さばき）は判別である。善悪を裁き別つことである。麦と毒麦と、羊とやぎとが判然と別たることである。そして人はキリストと相対して、おのずからさばかるるのである。彼を受くる時に神のものとして現われ、彼をしりぞくる時に神の敵として定めらる。そしてキリストの弟子は、いたる所に、この意味においての裁判官の役を務むるのである。

一九　大悲劇の序幕

マタイ伝二六章一―五節
マルコ伝一四章一―二節
使徒行伝二章二三節

マタイ伝にありては、十字架の大悲劇は第二十六章をもって始まる。悲劇といいて、劇作ではない。あった事であって、事実である。されども事実のあまりに劇的なるがゆえに、仮りに劇というのである。これに仕組（しくみ）があって、万事が終局の目的を達成するところは全然劇的である。ことわざに「事実にまさる小説なし」というがごとくに、歴史にまさる劇作はない。そして世界歴史の頂点と称すべきキリストの十字架の出来事が最大の劇たるは当然である。沙翁の『ハムレット』も、ゲーテの『ファウスト』も、とうていこれには及ばないのである。

マタイ伝二十六章一節に、「さてイエス、このすべてのことばをいいおわりて、その弟子にいいけるは」とある。前章をもってイエスのことばは終わったのである。イエスはすでにことばをもって教うべきはすでに教えたもうた。すなわち、ことばをもってする教訓は終わりを告げた。されども彼の聖業（みわざ）は説教をもって終わらなかった。彼にまだなすべき大事業が残っていた。彼は今より贖罪の死を遂ぐべくあった。彼の伝えたまいし教訓に、彼のおん血をもって署名すべくあった。イエスの死は、彼のご生涯において最も肝要なる出来事であった。彼の教訓は彼の死を離れて考うることができない。山上の垂訓は尊しといえども、十字架の死はさらに貴い。もし福音の中心を探らんと欲せば、これをマタイ伝五章以下の三章においてせずして、二十六章以下の三章においなすべきである。近代の神学者は、イエスの教訓に重きを置いて、彼の死を顧みること少なきがゆえに、彼を解すること浅いのである。「さてイエス、これらのすべてのことばをいいおわりて」である。しかり、すべての教えを伝え終わりて後に、なすべきの大事業があった。マタイ伝二十六章以下が、キリスト教の中心であり、頂点であり、焦点である。ここに福音の聖劇はその最後の幕を開いたのである。

第二節の意味は左のごとくであると思う。

今より二日の後は、なんじらの知るがごとくに過越節である。その時に諸国のユダヤ人はエルサレムにつどい来たる。その時に、衆人注視の前に、われ人の子は、十字架につけられんために、その弟子に売られるであろう

イエスは聖書により、ご自身の死の意味とその方法とをよく知りたもうた。ゆえに確信をもってその事について預言したもうた。しかしながら、これ弟子たちの意外とするところであった。イエスの死が公然におこなわれ、しかしてその原因が弟子の裏切りというがごとき意外の事柄においてあるとは、彼らのとうてい受けいるるあたわざるところであった。イエスはこの時までに幾回も、ご自身の死について予告したもうた。

彼らガリラヤにおる時に、イエス、彼らにいいけるは、「人の子は人の手に渡され、人々は彼を殺さん。しかして後、三日目によみがえるべし」と。弟子これを聞いて、はなはだ悲しめり(マタイ伝一七・二二)

とある。彼はその後、さらに明確に、彼らに告げていいたもうた、

われら、エルサレムに上り、人の子は、祭司の長と学者たちに渡されん。彼らは彼を死罪に定め、またはずかしめ、むち打ち、十字架につけんために異邦人に渡すべし(同二〇・一八―一九)

と。されども弟子たちは何回これを聞かさるるも、怪しんでこれを信じなかった。彼らはその師たる聖なるイエスにかかる事は決して臨まざるべしと信じた。

イエスが弟子たちに、ご自身の死についてかく明白に告げたまいつつありし間に、他の所において、彼の敵は彼の死について謀議をこらしつつあった。

ちょうどこの時、祭司の長ならびに民の長老たち、カヤパといえる祭司の長の邸の中庭に集まり、詭計(たばかり)をもてイエスを捕え、ひそかに殺さんと計れり。されども彼らはいえり、「祭の間におこのうべからず。おそらくは民の中に騒乱起こらん」と(同二六・三―四)

とある。ここに教職と長老とは、イエスが預言したまいしとは全然異なりたる死の方法を計画しつつあった。彼らは彼をひそかに捕え、ひそかに殺さんとした。彼らは民の騒乱を恐れて祭の日を避けんとした。ヘロデがバ

プテスマのヨハネを殺せしがごとくに、人に知られざる所において、ひそかにイエスを殺さんとした。

ここに神のご計画と人の計画とが提示された。二者いずれが成るのであろうか。イエスお一人のことばが成るのであろうか。あるいは祭司の長と民の長老たちのことばが成るのであろうか。イエスはいなかの一平信徒、彼に対して首都(みやこ)の教権政権が一致して、彼の死に方について議決したのである。ここに教会の議決は神の人の預言をくつがえすがごとくに見えた。イエスは単にいなか人の教師として終わらんとしつつあった。彼の死は最も公的のものであって、これによりて万民の罪があがなわるるというがごときは、痴漢一場の夢として消え去らんとしつつあった。

しかるに事実はいかにというに、イエスの預言が文字どおりにおこなわれて、人の計画は一つもおこなわれなかった。イエスはやはり「人の子はおのれについてしるさるるごとくに逝(ゆ)かん」(二四)と後にいいたまいしがごとくに逝いた。すなわちイエスの死は境遇上やむを得ずして彼に臨んだものでない。彼は明らかにこれを予知し、みずから選んでこれを受けたもうたのである。すなわちヨハネ伝十章十八節にしるさるるがごとし。

われよりこれ(わが生命)を奪う者なし。われみずからこれを捨つるなり。われ、これを捨つるの力あり。またよくこれを得るの力あり。わが父より、われこの命令を受けたり

と。イエスは、彼にかかわる神の聖旨が成らんがために、神の定めたまいし方法に従いて、彼の敵をしてご自身を殺さしめたもうたのである。すなわち信仰の立場より見て、イエスの死は、人が彼に課せし死にあらずして、神が彼に負わせたまいし苦難である。悪人によりて彼に加えられし苦難なりといえども、しかも神の聖旨より出でて、彼の定めたまいし方法によりておこなわれし死である。すなわち後日に至り、ペテロが使徒団を代表してイスラエルの人々に告げしことばが、この事を説明して余りあるのである。

この人は(イエスをさしていう)、神の定めたまいし旨と、あらかじめ知りたもうところにかないて渡さる。しかして彼らは不法の手をもてこれを捕え、十字架につけて殺せり(使徒行伝二・二三)

と。イエスを殺せし者はイスラエルにして、彼らはみず

からその罪をになわざるを得ずといえども、神は彼らによりてその聖旨をおこないたもうた。世に「自然の成り行き」と称するものありといえども、その上にまたこれを通して神の聖旨がおこなわる。人の自由と神の聖意とにかかわる大問題であって、これを論理的に説明するは難(かた)しといえども、事実は明らかにしておおうべからずである。「人の怒りは神の義をおこなわず」(ヤコブ書一・二〇)というは、一面の真理であると同時にまた局限されたる真理である。神は人の怒りをもって、その(神の)義をおこないたもう場合がある。十字架の悲劇がその最も著しきものである。この場合においても、他の多くの場合におけるがごとくに、知らず知らずの間に、神の聖旨が人の行為を通しておこなわれたのである。人類の歴史は神の摂理であるというはこの事である。

マタイ伝二十六章一―五節の要点は左のごとし。

第一節　イエスの教訓は終わり、彼は今より贖罪の行為に入りたもう。

第二節　イエス、その死の順序を預言したもう。

第三―五節　祭司と民の長老たち、イエスの死を計画す。すなわち、たばかりて彼を捕え、ひそかに彼を殺さんと謀る。

第五節以下　イエスの預言に現われたる神の聖旨は順を追うて開展し、らい病のシモンの家における受膏をもって始まり、ユダの裏切り、ゲッセマネの苦闘を経て、ゴルゴタ丘上の十字架にいたり、復活、昇天に達して完成せらる。かくして、人の計画はことごとく破れて神のご計画が完全に成ったというのが、第二十章以下、巻末にいたるまでの筋書である。

われらはこれによりて何を学ぶかというに、われらにもまた神のご計画が成るのであって人の計画が成るのでないことを学ぶ。神の善き聖旨は、日常の人事においておこなわれつつある。われら各自にもまた同情者のマリヤもあれば反逆者のユダもある。されども「すべての事は、神の旨によりて召されたる神を愛する者のために、ことごとく働きて益をなす」とあるがごとくに、われらにもまた、味方も敵もことごとく働きて益をなすのである。われらは神を信じて少しも恐るるに及ばないのである。

二〇　離叛の第一歩

マタイ伝二六章六―一三節
マルコ伝一四章三―九節
ヨハネ伝一二章一―一一節

マタイ、マルコ両伝の記事は、ヨハネ伝の記事とあわせ読むべきである。ヨハネ伝によれば、らい病人シモンの家におけるイエスの招待会において、マルタ、マリヤ、ラザロの兄弟姉妹のあった事、またイエスに油を注ぎし者のマリヤでありし事、またこの事に関しイエスに対する弟子たちの不平の主唱者がイスカリオテのユダでありし事が明らかである。また香油は三百デナリの価値あるものであったとのことであって、今日の時価（一九二五年現在―編者注）に積りて三百円ほどの品であったろう。婦人の嫁入り支度としてその両親より受けし最大価額の品であって、これをこの際マリヤがイエスに注ぎしは、彼女としてなし得る最大の奉仕であったのである。まことに、あった事実のありのままの記事であって、これに疑いをさしはさむの余地がない。

ここに注意すべきは、イエスに対する不平をもらせしはユダ一人にあらずして、弟子たちの多数または全体であった事である。不平はユダによりてかもされしものならんも、これを感ぜし者は彼一人にとどまらなかった。イエスはここに弟子たち全体の不平を受けたのであって、その不平は彼の死ぬる時まで続いた。その意味において、イエスにそむきし者はユダ一人にとどまらなかった。弟子全体が反逆者であった。「弟子たち、これを見て、怒りを含み」とある。彼らはマリヤの行為について憤慨した。しかしながら、実はマリヤの行為を憤ったのではなくして、彼女にこれなさしめしイエスの行為を憤ったのである。弟子たちは、イエスに対する不平を、弱きマリヤに向かって発したのである。

しかして憤慨の理由はまことにもっともらしくあった。「もしこれを売らば、多くの金を得て、貧者に施すことを得ん」というのであった。自分らが得んと欲するのではない、貧者に施さんと欲するのであると。彼らが貧者を思うの情はまことに切なりというべしである。しかしながら、これイエスに対する大なる侮辱であった。

イエスは貧者のためを思いたまわざりしか。彼はこの時までに幾たびか貧者を顧みたもうたではないか。貧民救助の事について、彼は弟子たちの教えを受くるの必要は少しもなかった。しかるにその心においてすでにその師より遠ざかりし弟子たちは、ここにこの事に関しイエスに欠点ありと思うた。あわれむべし、彼らは福音の真理を解せざりしがゆえに、名はイエスの弟子たりといえども、実は彼の教師となり、その批評家となった。イエスは高い、きびしい道徳を説きたまいしといえども、道徳の教師でなかった。彼が聖い道徳を説きたまいしは、罪のゆるしの福音を説くがためであった。弟子たちはイエスに従う三年にして、この事を充分に解し得たはずである。しかるに悪魔はまずユダの心に入りて彼を欺き、彼を通して弟子全体を欺いた。福音の信者たるべき弟子たちは道徳家になった。これ彼らにとり明白なる堕落であった。そして道徳家になった彼らの目にはイエスの欠点が見え出した。しかり、欠点ならざるものが欠点として見ゆるに至った。道徳は善きものであるが、福音は道徳よりも善きものである。福音信者が道徳家になりし時に、彼は堕落の第一階段をくだったのである。そして多くの場合において、これを第一歩として堕落のどん底にまでくだるのである。ユダの場合がそれである。私は私の生涯において、同じ実例を、多くのわが国のキリスト信者において見た。恐るべきはこの堕落の第一歩である。イエスの十字架を仰ぐをやめて、道徳倫理、貧民救助、社会改良に重きを置くに至って、信者は堕落を始めて、その底止するところを知らないのである。主はいいたもうた、

われ、あわれみを好みて、祭を好まず(マタイ伝九・一三)

と。あわれみは福音である。祭は律法であり、道徳である。神の好みたもうところのものは罪のゆるしの福音である。人としては、自己の罪をゆるされん事にあわせて他(ひと)の罪をゆるさんと欲する意志気分である。しかるに今や弟子たちにこの気分が失せて、彼らは律法の人、すなわち、さばく人、批評家となったのである。この事を見て取りたまいしイエスは、いかばかり心に歎きたまいしことであろう。彼らは彼を離れし前にすでに福音を離れたのである。

しかるに、ここに弟子たちの内に、一人の、イエスを解せし者があった。それはヨハネでもなく、ペテロでも

なく、婦人のマリヤであった。彼女に、婦人特有の、人の心を読む本能があった。彼女はかすかながらもイエスのたれなるかを知った。また今や彼は何をなさんとしたまいつつあるかを知った。彼女は貧民に施すよりも主イエスを愛するの大事なるを知った。ゆえに、ここに彼に対する彼女の聖愛の極を表わさんために、油注ぎの行為に出たのである。これ婦人として彼女がなし得る最大の奉仕であった。彼女は親ゆずりの貴きナルド油の一びんを持ち来たりて、その口を割りて、内容の全部を彼の体に注いだ。その高き香は室に満ち、何びとも快感を覚えざるを得なかった。イエスはいたく彼女のこの愛の奉仕を喜びたもうた。同時に、これに深き意味あるを認めたもうた。「わが葬儀は近づけり」と、彼はひとり心に念じたもうた。いずれにしろ、たとえ一人たりとも彼を真に了解する者あるを知りて喜びたもうた。十二弟子らは全部彼を離れしといえども、ただ一人、マリヤが彼の真の弟子であるを知りたもうた。マリヤの名誉である。婦人の名誉である。同情推察の技術においては、男子はとうてい女子に及ばない。

　ここにおいてか、イエスは、彼が何びとについても発したまいしことなきことばをマリヤについて発したもうた、

　われ、まことになんじらに告げん。世界いずこにても、この福音の宣べ伝えらるる所に、この婦人のなしし事は、その記念のために、いい伝えらるべし

と。イエスはかくのごときありがたきことばを、ペテロについてもヨハネについても発したまわなかった。他の弟子たちがことごとくイエスを離れし時に、マリヤ一人は彼にすがった。男子の感謝の涙はかかる場合に注がるるのであった。われらと情を同じゅうしたまいしイエスは、この場合、この婦人の行為に対し、感謝の涙を禁じ得なかったであろう。

　もちろん、この場合におけるマリヤに対するイエスの好感は個人的のものでなかった。彼と彼女との間に恋愛関係があったという者は、いまだ神の子の喜びの何たるかを知らざる者である。喜びは公的であって、私的でなかった。神の国のための喜びであって、われかれの喜びでなかった。イエスのこの場合における喜びは、彼が前にかつて現わしたまいし喜びと同じ性質のものであった。

その時、イエス答えていいけるは、天地の主なる父よ、この事を、賢き者、慧(さと)き者に隠して、赤子にあらわしたもうを感謝す。父よ、しかり、かくのごときは聖旨にかなえるなり(マタイ伝一一・二五―二六)

とあるがごとし。マリヤを愛してのことばではない。彼女がなせしおこないを愛してのことばである。もしイスカリオテのユダが同じ行為に出でしならば、イエスは同じことばを発したまいしに相違ない。

福音か、慈善か。イエスと貧民といずれを先に愛すべきか。問題はこれである。弟子たちは貧民をイエスの前に置いた。マリヤはイエス第一の行為に出た。そしてイエスご自身は、マリヤの行為を是とし、弟子たちの態度を非としたもうた。マリヤは福音の真髄を解したるに対し(少なくとも感知したるに対し)、弟子たちはいまだ普通道徳の範囲を脱し得なかった。このゆえに彼らは彼についてつまずいた。問題は小なるがごとくに見えて実は重大である。福音か非福音かの問題である。イエスはここにマリヤに賛成し弟子たちに反対して、未来永劫に至るまで福音の真理を証明したもうたのである。

イエスがマリヤを賞賛したまいしを見て、弟子たちの不平はいっそう高まったのである。不平の主唱者ユダはここに裏切りを決心し、祭司の長のもとへと走った。小事が大事を起こすの原因となった。されども人世の事は常にかくのごとくにして起こる。十字架の大悲劇は、らい病人シモンの家におけるマリヤの油注ぎをもって始まったのである。

信仰か、社会事業か。マリヤか、ユダか。今日のキリスト信者は二者いずれを選びつつあるか。米国流のキリスト教は後者を選んで前者を卑しめつつあるではないか。今やキリスト教といえば、主として社会事業をいうではないか。教会の事業、青年会の事業といえば、主として社会事業ではないか。「もし香油を売らば、銀三百デナリを得て、貧しき者に施すことを得ん」と。今日の教会と青年会とは、ユダのこの主唱に対し大賛成を表するではあるまいか。私はそう思う。今やマリヤは教会の内にはなはだまれであると思う。そして今も昔と異なることなく、彼女ならびに彼女と信仰を共にする者は、教会のあざけり、うとんずるところとなると思う。キリスト教の社会化を喜ぶ今日のキリスト教会は、ユダの道を取っているに気附かねばならぬ。

　私のこの所説に対し、教会とユダのやからとはいうであろう、「もし、しからば、信者は貧者を顧みずともよいのか。信者はただイエスをさえ仰いでおらばそれでよいのか」と。しかり、しからずである。社会事業を第一事業となす者は、社会事業に厭(あ)き、これを怠り、ついにこれを廃するに至る。貧者は貧者のために愛するあたわず、キリストのためにのみ愛することができる。イエスを愛する愛より出でたる貧民救助にあらざれば、救助の目的を達しない。これこの世の多くの慈善事業が害をなすこと多くして益をなすこと少なき理由である。まず第一にイエスを愛し、その愛に励まされておのずからおこなう慈善事業のみが、永久に人を救う慈善事業である。「貧者は常になんじらと共にあり」とイエスがいいたまいしがごとくに、世に貧者の絶ゆる時とてはない。社会事業によりて社会は改まらず、貧困は絶えない。ただ神の子イエス・キリストを信ずるによりて、人のすべて思うところに過ぎる平安が人の心に臨む。マリヤはこの場合においてもまた「善き業(かた)を選」(ルカ伝一〇・四二)んだ。これは彼女より奪うべからざるものであった。主イエスに対するこの愛があって、彼女はまた貧者に対し、終生熱い深い愛を表し得たに相違ない。聖書は別にしるさざれども、マリヤの生涯は、貧者に対し終生かわらざる善行連続の生涯であったことを疑うことはできない。

　福音書のこの個所におけるイエスのマリヤ賞賛の辞のごとき、明らかにイエスとパウロとの一致を示すものである。イエスは善行を唱道しパウロは信仰を高調したりといいて二者の相違を唱うる人は、福音の根本精神を解せざる者であるといわざるを得ない。

二一　最後の晩餐

マタイ伝二六章一七―二九節
マルコ伝一四章一二―二五節
ルカ伝二二章七―二三節
ヨハネ伝一三章一―三〇節
コリント前書一一章二三―二六節

以上が、キリストの最後の晩餐にかかわる、おもなる記事である。キリスト教会においておこなわるる聖餐式の聖書的基礎であるがゆえに、その解釈ははなはだ困難である。各教会がその解釈を異にする。教会の分離は主として以上の記事に関する解釈の相違による。イエスはここに聖餐式を制定したまえりというが、教会全体の意見である。教会にとり、聖餐式のないキリスト教はないのである。ことにローマ天主教会、英国聖公会、ドイツ、ルーテル教会においては、聖餐式は彼らの奉ずるキリスト教の基礎であり、中心であり、極致である。彼らにとり、われら無教会信者のごとき、もちろんキリスト信者でない。聖餐式につらならざる者、これによりて供せらるるパンとぶどう酒とを摂取せざる者が、いかでキリスト信者であり得んやとは、彼らがはばからずして唱うるところである。そして聖餐式をおこなわざる無教会信者を排斥する彼ら教会信者が聖餐式の事について一致するかというに、決してそうではない。新教全体は天主教会の聖餐式を嘲笑してやまない。彼らはこれは迷信の極であるという。そして天主教に似てしかもおのが独尊を唱えて譲らざる英国聖公会もまたその独特の聖餐式を守ること厳密である。聖公会は他教会の信者がその聖餐式につらなることを許さない。ルーテル教会もまた、ローマ天主教会にそむきながら、聖餐式の事については、カルビン教会またはツイングリ教会と合わず、おのが意見を厳守することにおいては、ローマ、英国の両教会に譲らない。聖餐式のパンはパンにあらず、キリストの聖体そのものであるというのが、ローマ教会の信仰である。聖体そのものにはあらずといえども、キリストご自身がその内にいましたもうというのが、英国教会の意見である。パンとぶどう酒とはキリストの肉にも血にもあらず、そのシンボル（表号）なりというのが、新教多数の意見である。聖餐式はこれを守るに及ばず、三度の食事がこれ聖餐なりと唱うるのが、フレンド教会の主張である。まことに種々さまざまである。いずれが是、いずれが非と定むることができない。

かかるしだいであれば、私の解釈が教会の人々を説服し、また彼らに満足を与えようとは思わない。しかしながら私もまた私の解釈を試むる権利を持つと信ずる。そして私の解釈は教会の論争を離れての解釈である。私はイエスの最後の晩餐を単なる会食と解する。ある特別の儀式を制定するための晩餐でなかったと信ずる。イエスはここに弟子たちと共に最後の訣別の会食を試みたもうたのである。「イエス、彼らにいいけるは、われ苦難（くるしみ）を受くる先に、なんじらと共にこの過越（すぎこし）を食することを大いに願えり」（ルカ伝二二・一五）とあるがごとし。普通の会食であった。しかしながらイエスによりて設けられし会食であった。ゆえに普通が普通でなかったのである。イエスのご生涯の最後において、彼がその弟子たちと共になしたまいし会食であった。ゆえに、これに何か深い意味のあったことは当然である。その意味は何であったか。それを探るが最も肝要である。

ヨハネ伝第十三章二節に、「過越の祭の前に、イエス、この世を去りて父に帰るべき時いたりしを知り、世にありしおのれの民をすでに愛し、終わりに至るまでこれを愛せり」とある。愛はイエスの特性であった。そして彼いま世を去らんとして、彼は最大の愛を現わしたもうたのである。そして彼の愛はおのれを愛する者に対して現われた。またおのれに敵する者に対して現われた。愛餐(Love-feast)たりしこの最後の晩餐において、イエスの愛は最も著しく現われた。そして何びとに対してよりも、最も著しく、今やご自分を敵に売らんとしつつありしところのイスカリオテのユダに対して現われたのである。

イエスはもちろんご自分を売る者のたれなるかをよく知りたもうた。しかしながら、あからさまに彼をさしていいたまわなかった。「われ、まことになんじらに告げん。なんじらの内一人、われを売るなり」と。またいいたもうた、「われと共に手を皿につくる者は、すなわちわれを売る者なり」と。そしてまたユダ自身が彼にむかい、「先生、私ですか」と問いし時に、「しかり」とは答えたまわずして、「なんじはいえり」といいたもうた。それはそもそもどういうわけであったか。謀叛人のたれなるかを明白に知りながらも、何ゆえにこれを打ち明けたまわざりしか。この時ユダを除けば、身の危険は去ったではないか。解しがたいのは、この場合におけるユダに対するイエスの態度である。

イエスはご自身の運命を知りたもうた。「人の子はおのれについてしるされたるごとく逝（ゆ）かん。されど人の子を売る者はわざわいなるかな。その人生まれざりしならばかえってさいわいなりしならん」といいたもうた。ユダの叛逆によりて人の子は十字架につけらるべくあった。ユダの運命もまた定まっていた。しかしながら運命は宿命にあらず。ユダはみずから改めてこの運命を避くることができる。イエスの眼中に、神の摂理の器（うつわ）として定められしユダと、自由意志をそなえたる人なるユダとの区別があった。彼は彼が一人の人として見たまいしユダに対し、憐憫の情の禁じがたきものがあった。イエスは今やご自分の危険を忘れて、ご自分を敵に売らんとするユダの危険を思いたもうた。いかにもして彼を救わんと努力したもうた。今や残るは暫時である。その時にして過ぎんか、ユダは永遠の滅びに行かねばならぬ。これを思うてイエスは堪えられなかった。ゆえに幾回もあいまいの言葉を発して、ユダに悔い改めを促したもうたのである。すべてがユダ一人に聞かれんがための言葉であった。イエスのご心中はほぼ左のごとくであったと推測しまつる。

ユダよ、われはなんじが今われにつき何をたくらみつつあるかをよく知っている。なんじは今やまさに地獄に落ちんとしている。なんじのその手、皿の内にてわが手に触れしなんじのその手、その手は今やなんじを大罪悪へと導かんとしている。ああユダよ、なんじ、悔い改めよ。今！ 今！

しかるにあわれむべし、ユダにはイエスのこのみ心がわからなかった。彼はすでに叛逆を決心していた。これを知りたまいしイエスのみ心は張り裂けんとした。彼はついに叛逆者に向かい、「なんじがなさんとする事はすみやかになせ」（ヨハネ伝一三・二七）といいたまわざるを得なかった。ここに神の愛の失敗が演ぜられた。ユダの叛逆を食い止めんとの神の子の努力……世にかかる愛のまたとあるべきや。

イエスのこの行為に対して、人はいうであろう、「神の摂理を信じながら摂理の実現を食い止めんとす。矛盾もまたはなはだしからずや」と。しかり、矛盾である。しかし愛の矛盾であって、最も尊き矛盾である。矛盾せざる愛はどこにあるか。親はその子に対し毎日矛盾を演じつつあるではないか。人の罪を定めつつもこれをゆるさんと欲す。それが真の愛であって、矛盾である。この矛盾は神にある矛盾であって、それが人に現われて、あるいは親心となり、あるいはキリストの心となるのである。この場合にもしユダが悔い改めたならば神はいかにして人の罪をあがないたもうたであろうとは、問う必要のなき問題である。医師に見放されたる子を親は最後まで見放さないのである。そのごとくに、哲学者その他のこの世の論者が矛盾と見なす事を、神とキリストとクリスチャンとはなすのである。イエスは最後の晩餐において、ユダを救わんと努力したまいて、彼が神の子たるの栄光を現わしたまえりと信ずる。

ユダ去りて後に、イエスが残りの十一人に対し、その愛を現わしたまえるはいうまでもない。これは徹頭徹尾、愛の会食であった。そしてイエスはかかる会食の、弟子たちによりて、彼の死後において繰り返されんことを欲したもうた。彼が彼らに「われをおぼえんためにこれをなせ」といいたまえりとは、命令にも希望にも解し得られる。「なすべし」といえば命令である。「なさんことを欲す」といえば希望である。そして命令動詞は二者いずれにも解することができる。そして愛は命令を避けて希望を述ぶ。そして愛する者の希望に命令以上の効力がある。イエスがここに「聖餐式を制定したまえり」というは、彼を立法者として見てのいい方である。しかも彼はここに特別に愛の表現者として現われたもうた。「式」とか「制定」とかいうことばは、この愛餐の場合には最も不適当である。いずれにせよ、聖餐の事について争う者は、その真意を全然没却する者である。イエスはこの時、最後までユダを救わんとて努力したもうた。聖餐につらなる者はこの愛をいだくべきである。

二二　ゲッセマネの苦禱

マタイ伝二六章三六—四六節
ヘブル書五章七—九節

晩餐の座を離れ、オリブ山に行かんとする途中に、イエスは弟子たちにいいたもうた、「今夜、なんじらみな、われについてつまずかん」と。その時ペテロは答えていうた、「たとえ、みな、なんじについてつまずくとも、われはつまずかじ」と。イエスはペテロのこの自信を打ち消していいたもうた。「われ、まことになんじに告げん。今夜、にわとり鳴かざる前に、なんじは三たびわれを知らずといわん」と。しかるにペテロはさらにおのが自信を確証していうた、「よしわれはなんじと共に死ぬるとも、なんじを知らずといわじ」と。そして「弟子みな、かくいえり」とある（マタイ伝二六・三〇―三五節）。

自信。決心。確信。世に当てにならぬものとて人の決心のごときはない。ペテロとその兄弟弟子たちのこの固き決心はたちまちにして裏切られたのである。人は自己にたよる時に必ず失敗する。わが決心は鉄よりも堅しといいたればとて、その決心は軽石よりももろくある。「心はすべてのものよりも偽るものなり」とエレミヤがいうたとおりである。そして注意すべきは、弟子たちの自信強きに対してイエスの自信弱きことである。イエスは自信を示さずして祈禱におもむきたもうた。彼ご自身が自己の弱きを知りたもうた。ゆえに、死に臨んで神に強められんがためにゲッセマネの園に入りたもうた。「われは死すともなんじを去らず」と誓いし弟子たちと、「わが心いたく憂えて、死ぬるばかりなり」と嘆きたまいしイエスと、その間に天地の差がある。しかし誓いし者はそむき、泣きし者は立った。自己にたよりし者は敗れて、神にたよりし者は勝つた。死は恐怖の王である。これを恐れるが当然である。死を恐れざるは、勇気のごとくに見えてしからず。死に勝つの能力はひとり生命の源なる神より来たる。

ゲッセマネの園におけるイエスの実験を、最も簡潔に、また最も切実にいいあらわしたものは、ヘブル書五章七―九節である。「彼、肉体にありし時、悲しみ叫び、涙を流して、死よりおのれを救い得る者に祈り、かつ願えり」とある。いうまでもなく、イエスはここに死を恐れ、これを眼前に見て、ふるえたもうたのである。何が彼をしてかくも死を恐れしめたか、他人はこれを知りつくすことはできない。しかしイエスの場合においては、死に伴う普通の恐怖のほかに、人類の代表者として世の罪をになうその任務に属する恐怖があったに相違ない。「罪の価は死なり」（ロマ書六・二三）である。イエスはここに万人に代わりて死なんとしたまいつつあるのである。ゆえにこれに伴う苦痛は非常であって、恐怖もまた非常であった。「わが心いたく（非常に）憂えて、死ぬるばかりなり」といいたまいしは、さもあるべきである。神は、人類の罪に対する大いなる怒りをもって、その代表者に臨みたもうた。この怒りに触れて、人の子は戦慄（ふる）えたもうたのである。「父よ、もし聖意（みこころ）にかなわば、この杯をわれより離（はな）ちたまえ」と。これこの際、人の子としてイエスよりおこるべき当然の祈りである。これあるがゆえに彼はわれらの兄弟である。「そは、われらの弱きを思いやることあたわざる祭司の長はわれらにあらず。彼はすべての事においてわれらのごとくに誘われたまえり。されども罪を犯さず」（ヘブル書四・一五）とあるがごとし。彼は苦杯を避けんと欲するの願いをいだきたもうた。しかし「もし聖意にかなわば」の条件を附してである。彼はさらにこの条件を強めていいたもうた、「わが心のままをなさんと欲するにあらず。聖意にまかせたまえ」と。まことにかかる場合における完全の祈りである。祈願に服従を交じえたる祈りである。

以上は第一の祈りであった。しばらくたって後に、イエスは再び祈りたもうた、「父よ、もしわれにこの杯を飲まさで離つ事あたわずば、聖意にまかせたまえ」と。これはさらに進歩せる祈りであった。「この杯をわれより離ちたまえ」というにあらずして、「この杯を飲まざるを得ずとのことならば」というのである。第一の祈りに対して、「なんじはこれを飲まざるべからず」との応答（こたえ）が、父より彼に達したのである。これに対してイエスは不満をいだくことなく、服従して、第二の祈りを発したもうたのである。そして第三の祈りは第二と同じであった。この場合において、繰り返しは、従順の度のさらに進めるを示し、彼はここに父の聖意に全然服従するの意を表したもうたのである。イエスにありては、反抗拒絶は全然なかった。ただ従順の程度において少しく不足するところがあった。しかもこの不足すらもたちまち補われて、彼は全然服従するに至った。ゲッセマネの苦禱は、イエスにとりては、従順性の完成であった。この消息をもらせるものが、ヘブル書記者のことばである。

> 彼、肉体にありし時、悲しみ叫び、涙を流して、死よりおのれを救い得る者に祈れり。しかしてその恭敬（うやうや）しきによりて聞かれたまえり。彼、子たれども、受けしところの苦難によりて従順を学び、すでに全うせられたれば、すべて彼に従う者の永遠の救いの源となれり（ヘブル書五・七―九）

すなわちイエスはその祈りを聞かれたりとのことである。「この杯をわれより離ちたまえ」との祈りは聞かれなかった。されども祈りはその目的を達して、彼は従順を学び、かつその従順性を完成せられたもうた。「その恭敬しきによりて聞かれたまえり」とあるはこの事である。そして彼、神の子の場合においても、彼は苦難によりて従順を学びたもうたのである。苦難の用はここにある。これによりて信者は完成せらるるのである。彼の意志が神の聖意と合致するに至る。これが幸福の極である。ここに至るが、人生終極の目的である。人は何びともここに達して完成せらるるのである。イエスはかくのごとくにして、苦難によりて完成せられたれば　すべて従う者の永遠の救いの源となれりという。救いは、人の方面より考うれば、完全なる従順の状態に入ることである。「われ」なるものがその痕跡だもなきに至って、彼は完全の域に達して、神の救いにあずかるのである。イエスは苦難によりて完全に従順を会得（えとく）したまいて、すべて彼にならいて父の聖意に従う者の救いの源となりたもうたのである。

かくのごとくに完成せられたまいしイエスに、今や恐怖は絶えた。完全なる従順と共に完全なる平静と歓喜と勇気とが彼に臨んだ。今や十字架は恐るるに足らず。それがかえって喜びに化した。

彼はその前に置かれしところの喜びのゆえに、恥をもいとわず、十字架を忍びて、神のみ座の右に坐しぬ（ヘブル書一二・二）

とあるはこのことである。イエスの完全なる服従によりて、苦禱は完全なる勝利に終わった。彼に今や弟子たちの同情に訴うるの必要はなく、ユダの裏切りもかえってこれを歓迎するに至りたもうた。彼は三たび、眠れる弟子たちの所に来たりて、いいたもうた、

今や、いねて休むべし。さめてわが祈りを助くるの必要なし。受難の時は近づけり。人の子は罪人の手に渡されんとす。起きよ。われら行くべし。われれを裏切る者近づけり

ここに主イエスは全然死の恐怖を脱して、死を歓迎する勇者となりたもうた。

ゲッセマネの苦禱は、その一面においては、神の子が人類の代表者としてその罪をにないたまいし苦き経験であった。他の一面においては、彼の完全なる従順によりてまずご自身を完成せられ、その結果として人類が彼によりて救わるるその資格を作りたもう機会であった。これは実にイエスのご生涯においてその危機とも称すべく、またその絶頂ともいうべきである。詩人ミルトン

は、「楽園の回復」は「野の試み」においておこなわれたというたが、私は、これはゲッセマネの園の苦禱をもっておこなわれたという。彼の精神上の十字架はここにあったのであって、これにくらべて、カルバリー山上の十字架は肉体の十字架にすぎなかったのである。イエスはその私欲をゲッセマネにおいて殺し、その肉体をカルバリーにおいて殺したもうたのである。ゲッセマネを経過したまいて後に、カルバリーは、彼にとり、いたって容易であったのである。

　われらにもまた各自相応のゲッセマネがある。われらもまたわれらに供えられし杯のわれらより離れんことを祈る。そして信仰の薄きわれらは、その離れざるを見て、神の存在を疑い、あるいは彼を恨みまつる。しかしながら、かかる場合において、われらもまた主と同じく、より高き意味においてわれらの祈りの聞かれんことを祈るべきである。わが意志の、神の聖意に合致せんこと、人生実はこれにまさるの幸福はないのである。そしてよし第一の祈りは聞かれざるも、第二の祈りは聞かれて、われらもまた主と共に喜んで十字架をにない得るのである。目ざすところ完全なる服従にありである。この獲物(えもの)を得て、他は顧みるに足りない。「聖意をしてならしめたまえ。全地において、われ自身において」……信者に実はこれ以外の祈りがあってはならない。ゲッセマネは信者の生涯の縮図であって、またその頂点である。

付　言

　イエスは何ゆえに、この祈禱にペテロ、ヤコブ、ヨハネの三人を伴いしかと考うるに、これはこの場合に彼らの同情を求めてのゆえであると思う。彼の人たるの弱さが、彼をしてこれをなさしめたのであって、かくあるのが当然である。彼は喜びの時にも悲しみの時にも、彼の弟子を伴いたもうた。カナの婚姻の筵(むしろ)にも、変貌の山の栄化の時にも、彼らを伴いたもうた。ことにこれらの三人を伴いたもうた。彼の人たるの情性が、彼をしてこの事をなさしめた。この事に何のふしぎもないのである。しかしながら、いずれの場合においても、得る者は弟子たちであって失う者は主であった。変貌の山におけるがごとく、ゲッセマネの園においても、弟子たちは主の栄光を示された。そしてこれを後世のわれらに伝えて、われらを益すること甚大である。しかし彼らは主に、その求めたもう慰安同情を供うることができなかった。彼らが「いねたり」とは、たぶん快眠をむさぼったというのではあるまい。マルコ伝十四章四十節にいえるがごとくに、「彼らの目、疲れたるなり。イエスに何を答うべきやを知らざりき」とあるが事実であろう。主は彼らより同情を求めたまいしといえども、主の行動のあまりに意外なりしがゆえに、彼らは彼に同情せんと欲せしもあたわなかった。人の師たるの苦痛はここにある。彼は弟子たる者の同情を要求してこれを得ることができない。弟子が師の跡に従い得ざるはやむを得ずといえども、師たる者の単独寂寥は察するにあまりがある。

共観三福音書中、ゲッセマネに関する記事の最も精細なるはマルコ伝であり、深刻なるはルカ伝であり、平凡なるがごとくに見えてよく真意をつくせるはマタイ伝である。ルカ伝は、天使が現われて主に能力を添えし事、また彼、祈りたまいし時に、その汗は血のしたたりのごとく地に落ちたりとの感動的事実を伝う。されどもイエスの祈禱に進歩ありしこと、また彼が服従によりて完全に苦難に打ち勝ちたまいしことを、最も明瞭にしるしたるものはマタイ伝である。僅々十節をもってこの霊的大実験を遺漏なく述べつくせし記者の手腕は驚くに堪えたりというべし。これぞまことにこの書の神の啓示（しめし）たる証拠なれ。

二三　イエスの逮捕

マタイ伝二六章四七―五六節
マルコ節一四章四三―五二節
ルカ伝二二章四七―五三節
ヨハネ伝一八章一―一一節

イスカリオテのユダが最後にその師イエスに対してなした事は残忍冷酷をきわめた。ユダはイエスの祈禱の場所を知って、そこにイエスの敵を案内して、彼を逮捕せしめたのである。「わが接吻するものはそれなり」と叛逆者はいうた。接吻をもつてその師を敵に売ったのである。背叛もここに至ってその極に達せりというべし。ユダの離反は悪意に出でたるにあらず、善意に出でたりとの説は立たない。ユダはここに極悪の人となったのである。彼の行動が明らかにその事を示す。彼は自己を欺き、友を偽り、冷血的に彼の師をその敵に売ったのである。

ここに問題が起こるのである。ユダのごとくに、少なくとも三年間、イエスの直接の指導を受けし者が、かくまで堕落することができるか、義人の感化は深遠である、ユダはイエスに随従してその感化に浴せし者である、彼いかでここまで堕落せんやとは、人のいわんと欲するところである。されども事実はしからず。堕落は、高きだけ、それだけはなはだしくある。ユダはイエスに接近せしがゆえに、彼、堕落せしや、絶下にまで堕落したのである。すべての登昇にこの危険が伴う。山に登る者、位の高き者、富を増す者、学に秀（ひい）ずる者、徳に進む者、いずれも落つるの危険がある。そして高ければ高きほど、堕落の程度がはなはだしいのである。キリストに接したことのない者はユダのごとくに堕落しない。世に最悪最醜の者は堕落信者である。ユダは堕落信者の最も好き模型（タイプ）である。今日といえども、イエス・キリストを最も激烈に憎む者は、日本のごとき非キリスト教国においてあらずして、英国米国のごときキリスト教国においてある。キリスト教国において、ことにキリスト教会において、あまたのユダは、偽りの接吻をもって、キリストをその敵に売りつつある。

かくしてユダの離反は彼一人に限ったことでない。すべての信者がユダの堕落におちいるの危険がある。信者は、登りつめるだけ登らざれば、ユダのごとくに落つるの危険がある。ユダはもう少しという所まで達して、それ以上に登らざりしがゆえに、落ちたのである。すなわち律法の途程を卒（お）えて、今一歩にして福音に達せんとして、達せざりしがゆえに落ちたのである。律法がきらうものにして福音のごときはない。ユダのキリストに対する離反は、律法の福音に対する離反である。ユダの離れ得ざりし律法の立場より見て、イエスはつまらない卑しき者として見えた。こんな者はどう扱ってもよいと思うに至った。ゆえに、でき得るだけの侮辱を彼に加え、教会が異端論者を扱うと同様に、偽るも欺くも可なりと信じて、福音の実現者なるイエスを、祭司の長および民の長老ら、すなわち律法の代表者に渡したのである。

私は私の生涯においてユダのごとき人を見た。彼は全体に義（ただ）しき人であった。彼が私について教えを受けんとしたのは、さらに義しき人となりて大いに邦家のために尽くさんがためであった。しかるに、ある事より、彼は急に私の敵に変じた。その時まで彼の目に理想の人として映ぜし私は、その時より、最もつまらない人のごとくに見え出した。ゆえに彼は私を扱うに手段を選ばざるに至った。彼は私を欺いた。嘲笑した。唾棄した。そして私の秘密を私の敵にあばいて、私が苦しむのを見て、大なる満足を感じた。私にはどうしても彼のなす事がわからなかった。彼のごとくに義を慕う人が、何ゆえにかくも無慈悲に私を取り扱うのか、わからなかった。もちろん私の場合においては、イエスの場合と異なり、多くの欠点があった。されども、一たび師として仕えし者をかくも冷酷に取り扱うは、不信者の間にありてもないことである。私は彼が私に対して取りし態度に迷わざるを得なかった。

しかしながら、事はキリスト教の歴史においてしばしば起こることである。律法が福音に当たって起こる失望である。律法の義すなわち道徳を求めて得ざる場合に、使徒ユダは叛逆者ユダになるのである。福音の宣伝者のまぬかれがたき災難である。人世の最大悲劇はこの場合に演ぜらるるのである。すなわち正義の追求者が、おのが求むる義にあらずして、神の義すなわち福音を提供せらるるに起こるのである。ユダは失望家であった。失恋者であった。ナザレのイエスにおのが理想を求めて得るあたわざりしがゆえに、失望の結果、師にそむき、彼をはずかしめ、敵に渡したのである。そしてイエスより福音を求めざる者はすべて彼についてつまずくのである。イエスを理想の義人と見る者はすべてユダと共にそむくのである。パウロいわく、

義を追い求めしイスラエル人は、義の律法に追い及ばざりき。こはいかなるゆえぞ。彼らは信仰によらず、おこないによりて追い求めしがゆえに、つまずく石につまずきたるなり。

見よ、われ、つまずく石またさまたぐる岩をシオンに置かん。おおよそこれを信ずる者ははずかしめられず

としるされたるがごとし（ロマ書九・三一―三三）

と。ユダは不信のイスラエルを代表して、イエスをその敵に渡したのである。福音の宣伝者にとり、危険なる者

とて、正義を求めて罪のゆるしの福音を求めざるいわゆる信者または求道者のごときはない。彼らはいつユダに化するかわからない。そして彼らが一たびあからさまに福音にそむくや、彼らの行為は残忍酷薄をきわむ。実に恐ろしいことである。

そしてそむけるユダと、祭司、長老らに対するイエスの態度はまことに神らしくあった。彼に寸毫の恐怖はなかった。ヨハネ伝十八章の記事がよくその事を示す。彼はここに完全に無抵抗主義を現わしたもうた。そして彼の無抵抗は、抵抗するの能力なきを見て取りての無抵抗でなかった。抵抗するの充分の能力ありての無抵抗であった。これがほんとうの無抵抗である。イエスがこの際ペテロを戒めてのことばにいわく、

> なんじの劔をさやに収めよ。すべて剣をとる者は劔にて滅ぶべし。われ今、十二軍団余の天使をわが父に請うて、受くるあたわずとなんじら思うや

と。イエスはこの時より少し前に逃げることもできた。また弟子たちと共に防ぎ戦うこともできた。されども、この際自己を敵に渡すが神の聖意なりと信ぜしがゆえに、静かに渡したもうたのである。これはほんとうの勇者にあらざればなすあたわざるところである。

イエスはこの場合においてもユダを忘れたまわなかった。ご自分を接吻して敵に渡さんとせし彼に対していいたもうた、「友よ、何とて来たる」(大正訳)と。友(仲間)と呼びて、敵と呼びたまわなかった。「何とて来たる」。「何の目的をもって来たりしか」。「この悪事をなさんとて世に生まれ出でしか。あわれむべきなんじよ」との意義であると思う。言葉は簡単であった。しかし意味は深遠である。

> つまずく事は必ず来たらん。されど、つまずきを来たらす者はわざわいなるかな。かかる者は、ひきうすをその首にかけられて海の深みに沈められん方、なお益なるべし(マタイ伝一八・七)

と彼がかつていいたまいしことばをつづめたるものであると思う。イエスはこの場合においてすら、ご自身を忘れて、叛逆者ユダの不幸をあわれみたもうた。かくまで愛したまいし師をかくまで悩ましまつりしユダの罪は深いかな。

ヨハネ伝によれば、イエスはご自分を捕えんとして来たりし者らに向かい、「もしわれを尋ぬるならば、この

ともがらをゆるして去らしめよ」といいたもうたとのことである。「このともがら」とは、弟子たちをさしていいたまえるにて、「われを捕うるも、手をわが弟子に触るるなかれ」との意である。敵を愛してその傷を癒やし、叛逆者の不幸をあわれみ、弟子たちの安全を計りたもうた。死に面して余裕綽々たりとはこの事である。ご自身の安全は少しも問題でない。敵と従者との安全が唯一の気がかりであった。かくのごとき人がまたと再び世にあり得ようか。

ユダは堕落の絶下を示し、イエスは向上の最高を現わす。イエス逮捕の場面において、地獄と天国とが相対して現われた。暗黒は光明をその敵に渡した。されども光明の前に暗黒は目くらんだ。ユダの悔恨はこの時に始まったのであろう。しかし、あわれむべし、律法観念に強くとらわれしユダはイエスの愛を解し得なかった。ゆえに彼の行く先は、罪の悔い改めにあらずして自殺であった。ユダは福音の岩に当たって破滅したのである。

二四 祭司の前に立てるイエス

マタイ伝二六章五七—六八節
マルコ伝一四章五三—六八節
ルカ伝二二章五四—六五節
ヨハネ伝一八章一九—二四節

イエスは敵に捕えられてより、三人の権者の前に引き立てられたもうた。その第一はカヤパである。第二はピラトであり、第三はヘロデ・アンチパスであった。カヤパは当時の祭司の長であって、ユダヤ教会の首長であった。ピラトはローマ政府よりおくられしユダヤの総督であった。ヘロデはガリラヤの分封の君であって、イエスにとりては国主であった。イエスはかわるがわる、これら三人の、この世の権者の前に引き立てられたもうた。そしてこの場合において彼がいかにふるまいたまいしか、それがわれらの研究せんと欲するところである。

以上三人は、いずれも侮辱嘲弄をもってイエスを迎えた。されどもその内にありて最も深く彼を憎みし者は、祭司の長とその同僚とであった。「学者」とは、今日でいう神学者であり、「長老」は、教会の長老、「議員」は、サンヘードロンすなわち教会議会の議員であった。そしてイエスは初めにかかる人たちの前に引き立てられたもうたのである。そして世に宗教家を憎むものにして宗教家のごときはない。世に商売がたきということがあるが、その内で最も醜悪なるものは、宗教家が宗教家に対する敵意、憎悪、悪感である。宗教家はだれを許しても宗教家を許さない。彼はその宗敵であって、最もきらい憎むべき、唾棄してもなお足らざる仇敵である。もし世に宗敵心にくらぶべきものがあれば、それは婦人がその恋がたきに対していだく敵意である。婦人がその恋がたきをゆるさないように、宗教家はその宗敵をゆるさない。敵人に対して執念深きことにおいて、宗教家は婦人と同一である。祭司アマジヤが預言者アモスに対せし時、また同じく祭司のパシュールがエレミヤに対せし時、この宗敵心が現われた。その他、西洋にありてはネストリュース、クリソストム、アタナシュースの諸聖、わが国にありては親鸞、法然、日蓮、いずれもこの災厄に会うた。カルビンのごとき、他の事においては寛大謙遜、ほとんど理想的キリスト信者であったが、彼の宗敵セルヴェートスに対してだけは、彼の低き人間性の発露を禁じ得なかった。カルビンのセルヴェートス焼殺承認は、彼の生涯のぬぐうべからざる汚点である。カルビンのいかなる弁護者といえども、この点だけは弁護することができない。さすがのカルビンすら、その宗敵だけはゆるし得なかった。実に惜しむべきことである。その他、旧教徒は新教徒を憎み、新教徒は旧教徒を憎んだ。しかしてまた新教徒は相互を憎んだ。今の組合教会の祖先たる新英州の清教徒までが、自己の教権を認めざる者を追窮迫害した例は決して少なくない。実ににがにがしきしだいである。われら、福音を信じても、宗教家になりたくない。そして真に宗教を信じて、宗教家を敵に持つことをまぬかるることができない。イエスにたくさんの敵があったが、彼を最も強くかつ深く憎みし者は、祭司の長カヤパをもって代表されたる、当時のユダヤ教会の学者、長老、議員らであった。

そしてイエスはかかる人たちの前に引き立てられたのである。彼らは初めより彼を殺さんとした。「祭司の長および長老、すべての議員、共にイエスを殺さんとして、偽りの証を求むれども得ず」(マタイ伝二六・五九)とあるがごとし。すでに死を決議した教会裁判であれば、イエスのゆるされようはずがなかった。しかしながら、いかに無法なる教会裁判なればとて、何の理由なしに彼に死を宣告することはできなかった。ゆえに彼らは証拠を求めた。しかしながら、得られなかった。ただ一つ、証拠らしきものがあった。それは左のごときものであった。

この人、さきにいえることあり。すなわち、われよく神の宮をこぼちて、三日の内にこれを建て得べしと(同二六・六一)

イエスはこれに類したることをいいたもうた。しかしながら、こうはいいたまわなかった。彼は神殿の破毀(はき)を預言したまいしも、ご自身これをこぼちたもうとはいいたまわなかった。また三日にてこれを建て得べしといいたまいしは、別に意味のあったことであるは、ヨハネ伝が伝うるごとくである(二・一九)。ゆえに、これは曲解である。妄証である。これによりてイエスを死に定むることはできない。そして妄証に対して彼は全然沈黙を守りたもうた。ことに、すでに死を決議せる裁判に対して弁明は全然不用である。沈黙は、この場合に取るべき唯一の道であった。ここにおいてか、裁判長のカヤパは他の道を取った。彼はイエスに問いを設けていうた、

なんじはキリスト、神の子なるか。われ、なんじを生ける神に誓わせて、これをいわしめんと。この問いに対して、イエスは沈黙を守ることはできなかった。これは彼にとり死活の問題であった。彼の唱えたまいし福音の根本問題であった。マルコ伝に従えば、彼は左のごとくに答えたまえりという。

われはそれなり。なんじら、人の子の、全能者(大権)の右に坐し、天の雲の中にありて(雲と共に)来たるを見ん(マルコ伝一四・六二)と。

この場合、マルコ伝の伝うるところが、マタイ伝のそれよりも正確であったと思う。

もちろんカヤパにはイエスのこのことばの意味はわからなかった。イエスは彼の敵にわかられんためにこのことばを発したもうたのではない。後世のために、ことに後世彼を信ずる者のために発したもうたのである。しかしながら、不信のカヤパにはその表面の意味だけがわか

った。イエスはみずから神の子であるといいたる以上、彼は褻瀆(せっとく)の罪を犯したのである。そして自己を神とひとしき者というは死刑に価すべき罪であるとは、モーセの律法の明記するところである。そして会衆一同、イエスの口よりこのことばを聞きたる以上は、もはや遅疑するに及ばない。彼らがすでに議決せしとおりに、彼を死刑に処すべきである。ここに彼らは死刑宣告に関する律法上の理由をとらえて喜んだことであろう。ゆえに祭司の長は形式に従い、彼の衣の端(はし)を裂いて、イエスの褻瀆罪に対する彼の戦慄を表わした。まことに見せかけ裁判であって、笑うに絶えたりといえども、されどもここに裁判は律法の文面どおりに成立して、イエスは死刑囚として定められたのである。

　ナザレの預言者はここに褻瀆の罪のゆえをもって、ユダヤ教会の有司らに死刑を宣告せられた。聖者が罪人! こんなおもしろいことはない。今は、打つも、たたくも、勝手である。聖人とて少しも恐るるに足りない。その顔につばきし、こぶしにて撃つ。なんとおもしろいことよ。ああ先生、どうです。なんとあなたは人を教えながら今のざまはどうです。ああ愉快! 聖人の化けの皮がはがれた。こんな者を聖人と思いしわが愚かさよ。チョット先生、失敬、今アナタに目かくししてアナタを撃ちます。アナタは預言者ですから、今だれがアナタを撃ったか当ててごらんなさい。ああ愉快、これで胸がさがった。ナザレの偽善者、またにせ預言者! ああ自分の方がはるかに彼以上の人物である。預言者とは実はこんな者だ。おもしろいナー、実は世に聖人とか預言者とかいう者はないのである。……かくいいて、会衆と衆愚とは喜んだのである。教会万歳! ナザレ党全滅である!

　かかることは決してあり得ないことでない。多くの神の人が、イエスがユダヤ教会にさばかれたまいしようにさばかれた。もしイエスの場合が単独であったならば、われらは容易にこの記事を信じないであろう。しかしながらイエスのこの場合は多くの他の場合において繰り返された。教権にある宗教家が真の信仰家をさばく時は常にかくのごとしである。イエスはここに彼の随従者に、実行をもって、かかる場合に処すべき道を示したもうたのである。すなわち沈黙である。無抵抗である。されども信仰の根本を問われたる時は臆せず明白に答うべきである。教権者の手に渡されたる時に、信者は侮辱、嘲弄、虐待をまぬかるることはできない。信者はその場合に主イエスを思うべきである。そして主がおこないたまいしようにおこのうべきである。

教会裁判！　実は世にこんな当てにならぬものはない。すべての大信仰、大思想は、教会に死刑を宣告せられて始まったものである。カヤパはいずれの世にもある。彼は神の人にある意味の死刑を宣告し、神の聖業（みしごと）をたすけまつる。カヤパなくして、神の子の贖罪の犠牲はおこなわれなかった。ありがたいことである。

二五　ピラトの前のキリスト

マタイ伝二七章一一―二六節
マルコ伝一五章一―一五節
ルカ伝二三章一―二五節
ヨハネ伝一八章二八―四〇節
同一九章一―一六節

祭司の長と民の長老らはイエスを死刑に定め、彼を縛りて、ローマの代官ポンテオ・ピラトの所に引いて行いた。そは、彼らは死刑執行の権を有せず、これを代官に求めずばならなかったからである（ヨハネ伝一八・三一参照）。そしてイエスはピラトの前に立ちて、祭司の長カヤパの前に立ちし時よりもはるかに慰安を感じたもうた。彼と祭司らとの間に、悪意のほかに何もなかった。祭司らは始めよりイエスを殺さんと欲した。ゆえに、イエスは彼らに対し自己を弁明するの全然無益なるを知りたもうた。されどもピラトに対してはしからずであった。二者の間に了解または同情はなかった。同時にまた悪意はなかった。カヤパはイエスの讐敵でありしに対して、ピラトはただに無頓着であった。カヤパは宗教家、ピラトは政治家であった。そして信仰家を憎む点において、宗教家ははるかに政治家以上である。信仰家は政治家より了解同情を望むことはできないが、しかし宗教家が彼に対していだくがごとき悪意仇恨は、これを政治家において見ない。カヤパにくらべて見て、ピラトは、イエスに対し、はるかに寛大であった。

イエスはピラトの前に立った。ピラト、イエスに問うていいけるは、「なんじがユダヤ人の王なるか」と。すなわち「なんじが、うわさに聞きしユダヤ人の王キリストなるか」と。ピラトは初めてイエスに会うて驚いたのである。ユダヤ人の王といえば、王たるの風采威厳をそなえたる者であると思いしに、会うて見ればガリラヤの一平民、彼に王たるのなんらの徴候がなかった。これがうわさに聞く、いわゆる「ユダヤ人の王」であるかと思うて、彼は安心し、また一笑を禁じ得なかったのであろう。そして彼ピラトに即座に起こりし感覚は、この人の決して死に当たるべき罪人にあらざることであった。ゆえに、いかにもして彼をゆるさんと計った。彼にただちにわかったことは、ユダヤ人が「ねたみによりてイエスを渡したり」(マタイ伝二七・一八)とのことであった。ゆえに政治家の立場として、いかにしてもイエスを死刑に処することはできなかった。ゆえに、第一に、過越祭に代官より民の願いにまかせて一人の囚人をゆるすの例を利用してイエスをゆるさんと計った。しかるに民衆は祭司の教唆(きょうさ)に従い、殺人犯のバラバのゆるされんことを欲し、イエスはこれを十字架につけよと叫びたれば、代官のこの提議は無効に終わった。ここにおいてかピラトは第二の方法を試みた。イエスがガリラヤ人なりしを知りしがゆえに、彼を、当時あだかもエルサレムに滞在中なりしガリラヤ分封(わけもち)の君なるヘロデのもとに送った。これヘロデをしてその管内の民の一人なるナザレのイエスを処分せしめんと欲してである。しかるにヘロデにイエスを見るの明なく、イエスが奇跡をおこなわんことを求めたりしも応ぜざりしがゆえに、ただちに再びピラトのもとへ帰した(ルカ伝二三・一一)。ここにおいてかピラトは、第三、すなわち最後の策として、水を取り群衆の前に手を洗いていうた、「この義人の前にわれは罪なし。なんじらみずからこれに当たれ」と。かくなして、彼は明白にイエスの無罪を宣告し、群衆をして自己に省みて暴挙に出づることなからしめんとした。されどもかかる微弱なる手段の成功しようはずはなく、群衆はますます声を励ましていうた、

> 彼を十字架につけよ。十字架につけよ。その血はわれらとわれらの子孫にかかわるべし

と。ここにおいてか策の施すべきなくして、代官ピラトは群衆の意をいれて、イエスをむち打ちてこれを十字架につくべく命じ、群衆の手に彼を渡した。あわれむべし、薄志弱行の政治家ピラトに、無辜(むこ)を最後まで

保護するの勇気がなかった。

ピラトの態度たるや、責むべきと同時にあわれむべきである。彼はローマ政府の普通の官吏であった。そして官吏の常として、普通一般の凡人であった。彼にイエスの神聖を見るの明のありようはずなく、また正義のためにおのが身を捨てんと欲するがごとき勇気も誠実もなかった。彼が第一に欲せしものはおのが身の安全であった。そしておのが安全を保証するための長官の信任と群衆の人望とであった。彼は公平ならんと欲するも、その公平は、おのが地位の安全を危うせざる範囲においての公平であった。ピラトは明らかにイエスの無罪を認めたが、しかし群衆の人望を賭してまでこれを主張するの勇気を持たなかった。また群衆に「もしこれをゆるさば皇帝（カイザル）に忠ならず。すべて自己を王となす者は皇帝にそむく者なり」（ヨハネ伝一九・一二）といわれて、彼はおのが地位の危きに気がついた。たかが一人のいなか者である、その生命を犠牲に供したればとて、民の間に乱が起こりて秩序の乱るるの害にくらぶべくもないと。かく見て取りしピラトは、おのが良心にそむきながらも、罪なきイエスに死刑を宣告して、これをその敵の手に渡したのである。

そして寛大なるイエスは、この場合においてもまた、ご自身を忘れてピラトに同情したもうた。彼は祭司らに対して絶対的沈黙を守りたまいしに代えて、ピラトに対しては大いに語るところがありたもうた。ヨハネ傳十八章二十八節以下、同十九章十四節までにおいて、われらはイエス対ピラトの対話を示さるるのである。ピラトが「われ、なんじを十字架につくる権あり。またなんじをゆるす権あり」といいしに対し、イエスは答えていいたもうた、

なんじ、上（神）より権を賜わらずば、われに向かいて権あるなし。このゆえに、われをなんじに渡しし者の罪、最も大いなり

と。ここにイエスはおのが死に関するピラトの責任を明らかにしたもうた。彼に責任なきにあらずといえども、祭司らに彼以上の責任ありと宣べたもうた。自己に死刑を宣告せし人たりとも、彼はこれに責任以上の責任を帰（き）したまわなかった。ピラトが自己を弁護する前に、イエスは彼のために弁護したもうた。されどもイエスは政治家ピラトより何も期待したまわなかった。おのが身

の安全を第一とする政治家である。これより完全なる公平を望むを得ざることを彼はよく知りたもうた。政治家は政治家、全然無用の人物にあらずといえども、神の事、義の事につき頼むに足らざる人物であることは、古今東西変わりなしである。政府が任命せし公吏であるとのゆえをもって、正義の事において政治家を信頼することの誤れるは、世界周知の事実である。

まことにピラトは幸福の政治家でありまた不幸の政治家であった。広きローマ帝国内に彼ほどの政治家は何人もあった。されども彼らの名はことごとく忘れられて、彼ピラトの名のみ長く歴史に存して忘れられない。その意味において、彼は幸福の人であった。しかしながら、彼は不幸の政治家であった。神の子に死刑を宣告するの立場に置かれた。これ、大政治家といえども、さばくに最も難(かた)き事件であった。いかなる明判事といえどもピラトの立場に置かれて、その職責を全うするは実に困難である。実に千九百二十四年、米国議会が排日法案を通過せし時の大統領クーリッジの立場のごときものであって、署名するは罪悪、署名せざれば自己ならびに国民の目前の不利は明らかであって、判決について迷い、ついに難きを捨てて易きについたのである。薄志弱行を責むれば責むるものの、また彼らに対し一片の同情なきあたわずである。まことにピラトは政治家の好き模範である。政治家といえば、総理大臣より代議士まで、また下々の官吏公職に至るまで、千中九百九十九まではピラトの類である。彼らは神を知らず、キリストを解せず、正義公平はこれを口にするも、その実行の勇気に至っては、小児のそれだけも持たざる者である。ここにおいてか、政治家にたよりて福音の宣伝を計り教勢の拡張を企つることのいかに愚かなるかがわかる。キリストに死刑を宣告せしピラトに頼みて伝道の便宜を計らんと欲して、政治家のもとに走り、その援助を借りて教勢を張らんとせし宗教界の多数の人たちは、大いにおのれに省みるところがあるであろう。

ピラトの前のキリストにあらず、キリストの前のピラトである。ピラトはキリストをさばかずして、キリストはピラトをさばきたもうた。歴史は明らかに、ここにピラトはすべての政治家を代表してキリストにさばかれしことを示す。この事を最も如実にえがきしものが有名なるムンカッキーの大作である。いかなる注解といえども、これ以上にこの事を説明するものはない。

二六　神の子の受難

哀歌一章一二節
マタイ伝七章二六―五〇節
マルコ伝一五章一―四一節
ルカ伝二三章二四―四九節
ヨハネ伝一九章一五―三〇節

人の死は何びとのそれも厳粛である。これに超自然的なる、神秘的なるところがある。人は死に臨んで、ただの動物でない。また知能的機械でない。いかに冷静なる人といえども、死に面しては霊的である。感情的たらざるを得ない。人は死に臨んで無限の世界に直面する。自己は死して死せざる者なるを直感する。人の死ほど、厳粛なる、おそれ多きものはない。われら、愛する者の死の床にはべりて、霊の世界にありて神の前に立てるがごとくに感ずる。「人のまさに死なんとする、そのいうや善し」にとどまらない。そのさまや聖しである。人の息の絶ゆる所に、神はその天使を率いて臨在したもう。浮薄きわまる人の世も、死が見舞う所だけは厳粛である。神聖である。

すべての人の死がそうである。義人の死はことにそうである。義人が死する時に、天は開け地は輝くのである。クロンウェルの死は実に壮大であった。預言者エリヤが火の車に乗って天にのぼるがごとくであった。ドクトル・ジョンソンの死は哀切であった。かの正直なる人が、何よりも地獄に落ちんことを恐れたと聞いて、彼に対し友愛の情の禁じがたきものがある。そして人類の歴史において、偉大なる死として二つが数えらる。その一つはギリシャの哲人ソクラテスの死である。その詳細が、彼の弟子の一人なるプラトーによりて、「クリトー篇」をもって伝えられた。これを読みて感激せられない人とてはない。ソクラテスに死の恐怖は少しもなかった。彼は正義に立ち、国法を重んじ、最後まで、人としてまたアテネ人としての義務を尽くして死んだ。彼の死はまことに真理探究者の模範的の死であった。人はすべてソクラテスのように死んでほしい。学者はことにしかりである。最後の一瞬間まで、人に未来生命の在るや無きやの問題を攻究したというのである。同じギリシャ人のアルキメデスが、おのが首に当てられし刃（やいば）の下においてすら物理問題を考えたというと相似て、勇ましくもあり慕わしくもある。これを読みて、われもまた人として生まれし以上、ここまで達せねばならぬとの感を起こさしめらる。

されどもキリストの死ははるかにソクラテスの死以上である。実にナポレオンがいいたりと伝えらるるごとくに、「もしソクラテスは人として死にしならば、キリストは神として死にたもうた」のである。四福音書にしるされたるキリストの死のさまは、これは他に類のなきものであって、これを「神の子の死」と称するよりほかにことばがない。この人のごとく語りし人あらず（ヨハネ伝七・四六）と、ある人がイエスを評していうたが、同じように、われらは「この人のごとくに死せし人あらず」ということができる。Never a man died like this man. キリストのごとくに死んだ人はない。四福音書にしるされたる彼の死のさまを謹読精読して見て、ここにたしかに神が人として現われたまいしことを疑うことはできない。

記事は明細である。明瞭である。これを解するにほとんど注解を要しない。これを説明して、かえってその意義を逸するのおそれがある。かかる神聖なる記事は、説明せざるがこれを正解するの道である。この事に関しては、哲学的詩人のゲーテが真理を伝えている。彼はいうた、「キリスト受難の記事は、身みずから悲哀を味わいし者が、悲哀の聖殿にありてのみ、これを解することができる」と実にそのとおりである。キリストの十字架は、みずから十字架を負いし経験のある者のみ解することができる。これは神学者輩の取り扱うべき問題でない。ことに今日のいわゆるキリスト教国の監督、牧師、伝道師ら、また彼らの補給を受けて伝道の職にあるわが国の教師ら、いまだかつて迫害の血の一滴だも流したことのなきものは、その神学上の知識はいかに該博（がいはく）なるも、神の子の死に関するこの記事を解するの能力もなければ資格もない。この事に関しては、彼らはよろしく沈黙を守るべきである。悲哀の殿堂にありて悲哀の人のみが読むべきこの記事……ああ、人よ、なんじに臨みし苦難について感謝せよ。そはこの神聖なる記事の一節を味解し得る栄光は、教会の大監督または大神学博士たるに数等まざるの大栄光であるからである。

十字架の処刑は、ローマ人が自己以外の民に加えしものであった。わが国の磔刑（はりつけ）に似て、残忍酷薄をきわめたる刑であった。イエスは十字架につけられて、異邦人がその奴隷におこなう刑に処せられたもうたのである。磔刑の場合においては、罪人はやりをもって突き殺されたのであるが、十字架の場合においては、彼はそのまま木の上にさらされたのであって、死するに数日かかったのである。手は釘にて横木に打ちつけられ、傷の痛みと、刻々と加わるかわきと、灼（や）く日光と、わし、たかの襲来とに悩まされて、ついに悶死するが常であった。そしてイエスはこの刑に処せられたのであって、人として死するに最も苦しい死に方であった。弟子に裏切られ、友に捨てられ、教会にしりぞけられ、政府に罪に定められて、ついに最も重き刑に処せられたもうたのである。

しかしながら、神の子は十字架につけられても神の子であった。彼は没薬をぶどう酒にまじえたるものを与えられしも、拒んでこれを飲みたまわなかった（マルコ伝一五・二三）。これは当時の麻痺薬であって、罪人にこれを飲ましめて、幾分なりとも死の苦痛を減ぜんとしたのである。そしてイエスが拒んでこれを飲みたまわざりしに深き理由があった。彼は十字架上になおなすべきの事があった。彼はこの時といえども正気であらねばならぬ。精神を麻痺して意識を失ってはならぬ。彼になお尽くすべきの義務が残っていた。救うべきの人があった。苦痛を減ずるための麻痺薬は、この場合、彼には妨害であった。

イエスは、おのが体を十字架に釘もて打ち附けつつありし兵卒どものために祈りていいたもうた、

父よ、彼らをゆるしたまえ。彼らはそのなすところを知らざるがゆえなり（ルカ伝二三・三四）

と。イエスは死刑の下手人たるローマの兵卒らに罪なきを知りたもうた。ゆえに彼らのためにこの祈りを発せざるを得たまわなかった。また彼と共に十字架につけられし殺人犯の罪人の一人が、死に際して悔い改めを表していうた、「主よ、み国に来たらん時、われを憶（おも）いたまえ」（同二三・四三）と。この喜びのおとずれに接して、同じく死に瀕せし神の子は慰めの声を発せざるを得なかった。

まことにわれ、なんじに告げん。今日、なんじはわれと共にパラダイスにあるべし（同二三・四三）

と。イエスの伝道は十字架の上にまで継続せられた。彼は死のまぎわまで救いのわざに従事したもうた。しかしてさらになお一つの義務が残っていた。それは彼の生みの母の処分であった。彼女の身の安全を確かむるまで、彼は死ぬることができなかった。十字架の近くに彼の臨終をながめつつありし彼の母と愛する弟子の一人（たぶん使徒ヨハネなりしならん）とに声を掛けていいたもうた、

これはなんじの子なり……これはなんじの母なり（ヨハネ伝一九・二六―二七）

と。母を弟子にゆだね、彼が彼女の手を引きて十字架の側を立ち去るを見て、イエスはおのがかわけるを自覚したまい、海綿にひたされたる酢をすすりて後にいいたもうた、「事、終わりぬ」と。これで万事がすんだのである。キリスト教に孝道なしという者はたれであるか。神の子の心に最後に残りし事はその母の安全であった。彼女を弟子に託し終わって後に、彼の「事、終わりぬ」であった。イエスは孝子の模範でありしことをだれが疑うことができるか。

イエスは十字架につけられてより六時間にて息が絶えた。これは普通の場合にくらべてあまりに早く死が臨んだのではないか。やりにて刺されしにあらず、ただ、さらされただけである。苦痛はいかにはげしかりしといえども、六時間は、死に至るまでにはあまりに短くある。これによりて見るに、イエスはたぶん過度の心痛の結果、心臓破裂にて絶息したもうたのであろう。その事は、彼の死を確実ならしむるために、兵卒の一人が、彼の絶息後に「やりにてそのわきを刺しければ、ただちに血と水と流れ出でたり」（ヨハネ伝一九・三四）としるされたるによりてわかる。神の子は人の子の無情を悲しみて、心臓破裂（ハート・ブレーキ）にて死んだのである。

二七　エリ、エリ、レマ、サバクタニ

詩篇二二篇
マタイ伝二七章四五―五〇節
マルコ伝一五章三三―三七節

エリ、エリ、レマ、サバクタニ。これはアラミ語である。イエスが息絶えんとしてこの語を発したまいしによりて、アラミ語が彼の母語でありしことがわかる。人がまさに死なんとするにあたりて、彼が母のふところにありて学びし語をもって語るは自然である。イエスは当時のシリヤ地方の通用語たりし新ギリシャ語を解したもうたであろう。また教会において古いヘブライ語をもって読まるる聖書を解したもうたであろう。しかしながら彼の日常の使用語はアラミ語であった。ゆえに、感謝が自然と彼のくちびるよりもるる時は、彼はアラミ語を用いたもうたのである。ヤイロの娘を癒やせし時に彼が発したまいし「タリタ、クミ」(マルコ伝五・四二)は、同じアラミ語であった。イエスは彼の母の口よりおぼえたまいしアラミ語の詩篇第二十二篇一節をそらんじつつ瞑目(めいもく)したもうたのである。まことに人間らしき死に方である。

「エリ、エリ、レマ、サバクタニ。これを訳(と)けば、わが神、わが神、何ゆえにわれを捨てたもうや」とある。神の子は死に際して何ゆえにかかる言を発したもうたのであるか。神が彼を捨てたもうわけはない。しかるに「何ゆえにわれを捨てたもうや」というは、これ神を疑うのであって、無神論に近き懐疑である。たとえ苦痛はその極に達したりといえども、神を信ずること非常に厚かりしイエスのことばとしては最も不似合であるということができる。イエスは死に臨んでついに神の愛を疑うたのであろうか。彼の生涯は信仰に始まって懐疑をもって終わったのであろうか。エリ、エリ、レマ、サバクタニ。これがイエスの最後のことばであるとすれば、彼もまた無神論者の一人として数えらるべきではあるまいか。イエスもまた多くの義人とひとしく、人生の事実のあまりに悲惨なるを体験して、ついに無神論者としてその一生を終わりたもうたのであろうか。そう解し得ないことはない。

イエスのこの最後の一言に関し、多くの聖書学者によりて多くの注解が試みられた。その一にいわく、イエスはここにご自身の不信を語りたもうたのでない。人類を代表して、その罪に苦しむ苦痛（くるしみ）を表現したもうたのである。すなわち、彼のこの叫びもまた贖罪の代価の一部分であって、神の子が神の愛を疑わざるを得ざるほどの苦痛をなむるにあらざれば、人の罪をあがない得なかったのであると。これたしかに説明の一であるに相違ない。その二にいわく、イエスはここにこの声を発して、われら信仰弱き者が神の愛を疑うことあるも神より離れざるの道を設けたもうたのである。イエスはその全生涯を通してただの一回この言を発したまいしにとどまるといえども、われらは数回これを発するのである。われらの祈りが聞かれずして苦痛がわれらに臨むたびごとに、われらは「わが神、わが神、何ゆえにわれを捨てたもうや」との悲鳴を挙ぐるのである。人生の苦き経験は、しばしばわれらを懐疑者、またはさらに進んで無神論者になすのである。これは実に信仰の危機であって、これに会うて、われらはややともすれば、もとの神の敵に化するのである。しかるにわれらの救いの君の、すでにこの試練に会うてこれに勝ちたまいし実例あるを知りて、われらはたやすくこの危機よりまぬかるることができる。イエスご自身が、神に捨てられしにはあらざるかとの感を起こすほどの苦痛をなめたもうた。しかるに神に捨てられしにあらずして、かえって、そのあがむるところとなった。われらといえどもまた同様であらねばならぬ。われら、もし懐疑の友を求めんと欲するならば、主イエスがその人である。われ、よし神を離るとも、イエスを離れることはできない。そしてイエスと共にある間は、彼はわれを再び神につれ帰りたもう。イエスは不信の時のわれの同情者である。彼はみずから懐疑におちいりて、おちいりやすきわれらを救い出したもう。神の子のエリ、エリ、レマ、サバクタニは、われら薄信の徒を懐疑の穴より救い出す能力（ちから）であると、かく解することもできる。

以上は、二つながら慰藉に富む解釈であるが、しかし完全なる解釈であるということはできない。そして最も明白なる解釈が他にあると私は思う。それは詩篇第二十二篇全篇である。エリ、エリ、レマ、サバクタニはその第一節である。イエスはこれをそらんじて、その全篇をそらんぜんと欲したもうたのであると思う。彼は幾度となくこの篇をそらんじたもうたに相違ない。これは彼の特愛の詩であって、彼はこれに彼のご生涯の預言を読み、幾度となくこれについて沈思黙考したもうたであろう。そして今やその預言の大部分が文字どおりに彼の実験として実現するを見て、彼はここにこれを復誦せざるを得なかったのであろう。もし通常の場合であったならば、彼はいいたもうたであろう。

　詩篇第二十二篇、これはわが生涯を語るものである。わが一生はそのことばに現わる。われに臨みしこの苦しみはすべてその預言にかないてである。またこれにかないて栄光われに現わるべし。わが友よ、これを読みて慰むべし。わが敵よ、これを読んで、おそれよ。詩篇第二十二篇、第二十二篇！

と。されども今はかかることばを発すべき場合でない。今はただその第一節、またはその半分をいえば充分である。すなわち

　エリ、エリ、レマ、サバクタニ

と。すなわち、イエスは詩篇第二十二篇を心に念じつつ、彼の友と敵とに、そしてまた彼らを通して全世界に、彼の遺言としてこれを残して、世を去りたもうたのである。

今試みに、はなはだ不完全なる日本訳をもってこの篇を読んで見るならば、その全篇が、十字架上における神の子のみ心の状態としていかに適切なりしかがわかるであろう。詩篇そのものが、イエスのこのことばに対する最も完全なる注釈である。

　わが神(エリ)、わが神(エリ)、なんぞ(レマ)、われを(サバ)、捨てたもうや(クタニ)。
　いかなれば遠く離れてわれを救わず、わが歎きの声を聞きたまわざるや。

以上ならびに第二節は、彼の目下の悲歎を語る。第三節より第五節までは、選民の歴史を顧みて希望を語る。第七節より第十八節までが、彼の目前の苦痛の詳細を語る。

　犬、われをめぐり、悪しき者の群れ、われを囲み
　わが手およびわが足を刺し貫けり
　彼ら互いにわが衣を分かち、わが下着をくじにす

数百年前にしるされし預言が、今や事実となりてその詳細に至るまで現われたのである。第十九節より二十一

節までが祈禱である。そして祈禱は感謝に終わったのである。第二十一節が、全篇の転句とも称すべきものである。

われを、ししの口、また野牛の角より救い出だし
たまえ……なんじ、われにこたえたまえり

と。すなわち祈禱は聞かれたりというのである。「何ゆえにわれを捨てたもうや。何ゆえにわが歎きの声を聞きたまわざるや」との、懐疑にひとしき声をもって始まりしこの哀訴は、「なんじわれにこたえたまえり」との感謝のことばをもって終わったのである。そして、以下が感謝の連続である。

われ、なんじのみ名をわが兄弟に宣べ伝え
なんじを集会（つどい）の中にてほめつたえん
エホバをおそるる者よ、エホバをほめたたえよ
ヤコブのもろもろの裔（すえ）よ、エホバをあがめよ
イスラエルのもろもろの裔よ、エホバをかしこめ

と。これは大賛美である。その内に悲調は痕跡だもない。すべては勝利と感謝に終わった。「神、われを捨てたまえり」ではない。その正反対に、「彼、われを助けたまえり。われを高く揚げたまえり」である。

二十二節より二十六節までが感謝と賛美である。第二十七節以下が、後世に及ぼす感化の預言である。受難は受難者にとり勝利に終わりしにとどまらず、後世を善導感化するに至るとの預言である。無意味、無益の苦難ではない。意味深長、効果無窮の苦難であるということである。

地の果てはみな思い出だしてエホバに帰り
もろもろの国のやからはみな前に伏し拝むべし
国はエホバのものなればなり
エホバはもろもろの国人を統べ治めたもう
……………………………………………
彼ら来たりて、「こはエホバのみわざなり」といいて、その義を、後に生まるる民に宣べ伝えん

実に偉大なる歌である。そしてイエスはこの歌を口にしつつ世を逝（さ）りたもうたのである。その最初の一句のみをもって彼の最後のご心中をそんたくすることはできない。最初の一句は全篇を紹介するのことばであった。詩篇第二十二篇が、十字架上における彼の実験また慰藉であった。彼は神の愛を疑うて死につきたもうたのではない。

二八　死して葬られ

マタイ伝二七章五〇—六一節
ヨハネ伝一九章三一—四二節
ヘブル書二章八—一八節

イエスは詩篇第二十二篇の第一節を口にしつつ息絶えたもうた。それと同時に三つの異象が現われたという。「神殿の幕、上より下まで裂けて、二つとなり」というがその一である。「地震い岩裂け」というがその二である。「墓開けて、多くの聖徒よみがえりたり」というがその三である。いずれも洪大なる奇跡であって、かかる事はとうていあり得べからずといえばそれまでである。しかしながら信者はこの事ありしを信じ得るのである。これは単に人を驚かすための奇跡ではない。信者を教え導くための異象である。いずれも意味ある、イエスの死の意義を表明せる奇跡である。万物を支配したもう全能の神が、このせつなにおいて特におこないたまいし奇跡である。

「神殿の幕、上より、下まで裂けて、二つとなりたり」という。聖所と至聖所とを分かつこの幕が裂けて、二所の区別がなくなったのである。すなわち聖所が至聖所だけ、それだけ聖くなったのである。祭司の長が年に一回、贖罪（しょくざい）の小羊の血をもたらして入ることを得し至聖所の幕が裂けて、何びとも今やただちに神に近づき得るに至ったのである（ヘブル書九章参照）。そしてこれ主イエス・キリストが彼の贖罪の死によりて実際に成就したまえる事である。キリストの死によりて、神殿の幕は裂けて、信者はだれでも、人なる祭司、すなわち法王、監督、牧師というがごとき、人の定めし教職によらずして、ただちに神の宝座（みくらい）に近づき得るに至ったのである。信者の自由は髑髏山上におけるキリストの死によりて獲得せられたのである。この事を表号するに最も適切なる出来事は、聖所と至聖所とを区分する神殿の幕の分断されし事である。この事をよく説明するものが、ヘブル書の九章と十章とである。その十章十九節以下にいわく、

このゆえに、兄弟よ、われら、イエスの血により、その肉体たる幕を経てわれに開きたまえる、新しき

生ける道より、はばからずして至聖所に入ることを得、かつ神の家を治むる大いなる祭司を得たれば、心はすすがれて良心のとがめを去り、身は清き水にて洗われ、真の心と全き信仰とをもて神に近づくべし（大正訳）

と。キリストの十字架上の死によりて、神殿と教職と儀式とは無用に帰したのである。信者はみずから求めて自由をほしいままにするのではない。神がその子の死をもって彼に与えたまいし自由を拝受して喜ぶのである。神はご自身の手をもって神殿の幕を裂きたまいて、われらを招いていいたもうのである、「わがなんじらのために備えし小羊の血により、はばからずしてわが膝下に近づけ。われ、ただちになんじらを恵まん」と。

この他に、大地震と死者の復活があったという。これは、世の終わりにおいて現わるべきキリストの十字架の死の結果を示すのである。十字架によりて、世はさばかれ信者は救わるるのである。そして地震は審判を表し復活は救いを示す。「われらみな、ラッパの鳴らん時、たちまち瞬間（またたくま）に化せん。そはラッパ鳴らん時、死にし人よみがえりて朽ちず、われらもまた化すべければなり」（コリント前一五・五二）とパウロがいいしがごとくになるのである。この事を予表せしこの二つの奇跡である。小奇跡をもってせる大奇跡の予表であった。すなわちキリストの死は宇宙的意義のある出来事であるとの事を示した奇跡であった。そして事実そうなくてはならないのである。これは単に一人の義人が主義を守って死んだという事ではない。万有の主なる聖き神が、罪をさばき死を滅ぼしたもうたという事である。ゆえに、その結果たるや実に無限大である。これによりて、造化の根本に変化が来たのである。新造化が始まったのである。神の子が、エルサレム城外、髑髏カ丘に、罪人の刺せしやりに息絶えし時に、全地がゆるぎ死者がよみがえりたりとて少しもふしぎはないのである。かくあるのが当然である。人の心がその肉体に現わるるがごとくに、神のみ心が万物に現わるるのである。

おおよそ十二時ごろより三時に至るまで、あまねく地の上、暗黒となり、日光くらみ、神殿の内の幕、真中より裂けたり（ルカ伝二三・四四—四五）

神のみ心はかくのごとくに事物に現われたのである。すごくある。また尊くある。

キリストは確かに死したもうた。彼の死は想像ではなかった。また神の子は死をなめずして昇天し、人なるイエスだけが死したりとの、一派の人たちの説は立たない(キリスト幻影説)。キリストの死に関しては確実なる証人がある。ガリラヤより彼に従い仕えし者たちの内に、マグダラのマリヤとヤコブとヨセフとの母マリヤ、およびゼベダイの子らの母などは、はるかに離れてキリストの死を目撃した。ヨハネ伝の記者もまたその目撃者の一人であった。彼は力をこめてしるしていうた、

一人の兵卒、やりにてそのわきを突きたれば、ただちに血と水と流れ出づ。これを見し者、証をなす。その証は真なり。彼はそのいうところの真なるを知る。これなんじらにも信ぜしめんためなり(ヨハネ伝一九・三四―三五)

と。キリストの死を確かむるは、その一面においては贖罪を確かむるために必要である。他の一面においては復活を確かむるために必要である。キリストは死なねばならぬ。彼の確実なる死がなくして確実なる救いはない。キリストの死は福音の基礎をなすものである。

キリストは死んだ。死して墓に葬られた。葬りは死を証明する。ユダヤ人にしてアリマタヤのヨセフという人があった。彼は最高裁判所(サンヘードリン)の議員であって、富者でありまた貴人であった。彼はニコデモと同じく、世評をはばかりてひそかにイエスの弟子となれる者であった。彼は彼の権威を利用してピラトに行き、イエスのしかばねを乞い、これを受け取りて、布にて包み、いまだ人を葬りしことなき、新たに岩石にほりし墓の内に納めた(ルカ伝二三・五〇―五三、ヨハネ伝一九・三八)。かくして、イエスは罪人として殺されしも富者の墓に葬られたもうた。ここにおいてか、神のしもべにかかわる預言者のことばが文字どおりに実現したのである。

その墓は悪しき者と共に設けられたれど
死ぬる時は富める者と共になれり(イザヤ書五三・九)

とある。悪人と共に死し、彼らと共に同じ墓に葬らるべかりしに、貴人の墓に葬られたもうた。境遇がしからしめたのであった。されども神が境遇をつかさどりて預言を実現せしめたもうたと見ることができる。事は瑣細(ささい)のように見えるが瑣細でない。その内に深い意味がこもっている。富者必ずしも悪人でない。イエスは貧者の友でありたまいしが、さりとてまた富者の敵でなか

った。彼は人類の救い主であって、王侯貴族もまた彼によりて救わるべくあった。そしてアリマタヤのヨセフはいわゆる上流社会を代表して、ここにイエスのしかばねに対し丁重なる葬儀をたてまつったのである。まことに適当なる奉仕であって、神はこれをよみしたまいしに相違ない。またいうまでもなくイエスご自身が貴人である。彼は彼の地上の生活を貧者として送りたまいしといえども、彼のしかばねだけなりとも貴人として扱わるるは最もふさわしきことである。神の子は肉体をもって地上に現われ、ただの一回、しかも死後に、そのしかばねだけが貴人としての礼遇を受けたりという。何たる諷刺ぞ。されども人生はかくのごときものである。

使徒信条の一節にいわく、「彼はポンテオ・ピラトの下に苦難（くるしみ）を受け、死して葬られ」と。これは初代教会の重要なる信仰個条であった。しかしここにとどまらなかった。これに次いでいうた、「第三日によみがえり」と。彼らがキリストの死を確かめしは、彼のよみがえりを確かめんためであった。「死して葬られ」と。普通の人についてこの事を確かむるの必要はない。人は必ず死するもの、死したりとも何もふしぎはない。しかしながらキリストは死すべからざる者であった。しかるに彼が確かに死したりという。そこに福音があるのである。世に宗教多しといえども、その祖師の死を信仰個条となすものはない。試みに釈迦は死したりと唱えてその証拠を挙げんか、何びともこれを怪しまざるを得ない。死は何びとにも当然である。されどもキリストには当然でなかった。神は「その聖者を朽ち果てしめず」とありて、彼のみは死を味わうべき者でなかった。キリストはただ義人とし聖者としてのみその一生を終わったのであろうか。われらは彼の聖き生涯においてのみ神の子を仰ぎ見るのであろうか。もし、しからば、キリスト教は道徳たるにとどまって、福音でない。キリストの死に、われらの永遠の生命に関し深い意味がなくてはならない。キリストもし死にたまわずば、罪の除かるる希望はないのである。

二九　キリストの復活

マタイ伝二八章
マルコ伝一六章一―八節
ルカ伝二四章一―四九節
ヨハネ伝二〇章
コリント前書一五章一―一一節

キリストは死して第三日によみがえりたりというのがキリスト信者の信仰である。彼は貴人アリマタヤのヨセフの墓に葬られしが、一週のはじめの日、すなわち日曜日の夜明けに、彼のしかばねは見えずなり、墓は空虚になりたりというが、キリスト教の唱道である。もしこの事が虚偽であったならば、キリスト教は立たず、福音は失（う）するというのである。実に重大なる問題である。

そしてこれ近代人が信ずるに最も難（かた）しとするところなるはいうまでもない。「死にし者、いかによみがえるや。いかなる体にて来たるか」（コリント前書一五・三五）とは、昔も今も学者が問うてやまざるところである。科学はその絶対的不可能なるを唱道する。真に死にし者がよみがえりようはずがない。これ迷信にあらざれば誤伝である。キリストは真に死んだのではない。半死の状態にあった者が癒えて姿を隠したのである。復活というがごときは、科学的知識の範囲より取り去らるべきものである。もしキリスト教はキリストの復活の上に立つというならば、これをまじめの真理として受け取らざるまでであると。

この他になお批評的困難と称すべきものがある。四福音書の記事を比較するに、その間に大なる相違がある。マタイ伝によれば、復活せるイエスは弟子たちにガリラヤにおいて現われたりといい、ルカ伝によれば、エルサレムならびにその付近において現われたりという。二者いずれが真であるか。また初めにマグダラのマリヤ一人に現われたりといい、あるいは彼女のほかに二、三の同伴の婦人があって、彼らに同時に現われたりという。その他、墓に現われし天使の数ならびに位置等についても記事はまちまちである。これ復活の事実の信頼すべからざる証拠として見るべきであるか。信じがたき事実をしるすに齟齬錯雑（そごさくざつ）せる記事をもってす。キリストの復活を信ずるの困難はますます大なりといわざるを得ない。

もし、しいて説明を試みんと欲するならば、左のごとくに弁明し得ないでもない。

第一。生者必ず死し、死者また帰らずとは、すべての生物についていうことのできる真理であるが、しかしながら、罪を知らず罪を犯したことなき人に当てはまるべき真理であるやいなやは未決問題に属する。罪の価は死なりというのであって、罪のなき所に死はないというのが聖書の唱道である。そしてすべての人が死するは、すべての人が罪を犯すがゆえである。しかるに、ここに罪を犯したことのない人があった。その人は死のまぎわまで、しかも人の嘲弄譏謗の内に死せりといえども、まだかつて一回も怨嗟(えんさ)の声を発せず、終わりまで憎まれて終わりまで愛して死んだ。死はかかる人にも臨まねばならぬか、これ疑問として存するに充分の理由がある。キリストの復活は、ただの人が復活したというのではない。絶対的に完全なる人が復活したというのである。事はピリピ書二章六―十一節においてパウロがいうたとおりである。復活昇天は、完全なる謙遜従順に対する報いであるという。そして精神と物質との間に、何かわれら未知の深い関係があるとすれば、キリストの復活もまた理知的に解釈し得ないではない。

第二。記事の齟齬はその性質によると見ることができる。いかなる記事にも不合はまぬかれない。百人百種であって、百人が百人、そろうて同一の事を同一に伝えた例はいまだかつてない。普通一般の事でも、その報告は区々である。そして事柄が普通と異なれば異なるほど、その報告に相違が多くなる。そして復活というがごとき、人類の経験においてただ一回あったばかりの事柄について、その報告に相違多きは、少しも怪しむに足りない。そうあるのがむしろ当然である。復活せるイエスに会うて、弟子たちはだれも冷静なることはできなかった。彼らはいずれも大なる感動の内に彼を迎えた。そしてその感動せる実験を伝えし記事はおのずからまちまちであった。もちろんこの心理学的見解をもって場所の相違を説明することはできない。注解者らはこの点につき種々の解釈を試みた。今ここにこれを挙ぐることはできない。注解書について見るべしである。

以上は、復活の説明にすぎない。そして説明によりて信仰は起こらない。信仰を起こさんために試みられし説明はすべて無効に終わった。「なんじ、われを見しによりて信ずる者はさいわいなり」(ヨハネ伝二〇・二九)と。信ずる者は説明なくして信じ、信ぜざる者は説明あるも信ぜず。説明は信仰を助ける。されども説明は信仰を作らない。そしてキリストの復活は、神とその義を信ずるより起こる信仰である。ゆえに、これはむしろ道徳論に属する問題であって、科学または批判学に属する問題でない。キリストの復活は、人が神にその罪をゆるされて義とせらるるために必要である。ロマ書四章二十五節ならびにその注解を見るべし。

信者がキリストの復活を了解せんとするにあたりて、これを考究する時の心の状態が肝要である。これはいつ読んでもわかる記事ではない。これをわかるに適当なる時機がある。それは信者が死に直面せる時である。彼が彼の愛する者を葬りし時に、ことにその愛する者が清き義(ただ)しき者でありし場合に、この時に復活を思いて、彼は大いに思い当たるところがあるのである。死はすべての生物には自然であるが、人にだけは不自然であるように思われる。ロングフェローの詩にいえるがごとくに、

Life is real! Life is earnest!
And the grave is not its goal.
人生は真(まこと)なり。人生はまじめなり
墓はその終極にあらざるなり

である。またテニソンがいえるがごとくに、

すべてが墓に終わるとならば
人の世にある、何ゆえか

である。科学は絶対に否定するも、人の霊は科学に逆らいて立ちて、復活を要求するのである。そしてキリストが復活したまえりと聞いて、おどり立って喜ぶのである。キリスト復活の記事は、愛する者を墓に納めて淋しく家に帰るその途上に読んでわかるのである。冷静なる頭脳(あたま)のみが真理を知るの器(うつわ)ではない。深き真理に達せんと欲して、特殊の心理的状態が必要である。新たに作られし愛する者の墓のかたわらにたたずんで考えて、復活は、慰藉に富める深い真理であるので

ある。

人は霊だけで人でない。人が完全なる人たらんがためには、霊のほかに体が必要である。霊は体をもって外に現われて、相互に交通する。ゆえに体なき霊は、表現の器を奪われ交通機関を絶たれたる霊であって、その生命を営むことができない。パウロが死を恐れて復活を要望したる理由はここにある。コリント後書五章二節以下にいえるがごとし。

> われら、この幕屋におりて歎き、天より賜うわれらが家を衣のごとく着んことを深く願えり。まことに着ることを得ば裸になることなからん。われら、この幕屋におり、重荷を負いて歎くなり。これを衣のごとくぬがんことを願わず、衣のごとく着んことを願う。これ生命に死が呑(の)まれんためなり

と。不死の希望はその内に体の復活の希望を含む。朽ちざる新たなる体を与えらるるの希望なくして、永生不死の希望はむなしき希望である。霊は肉を古き衣のごとくにぬぎ捨てて、欣然去って天上へのぼり行くにあらず、再び霊化されたる体としてこれを賜わるの希望をもって、暫時これと別るるのである。この意味において「キリストは死を滅ぼし、福音をもて、生命と朽ちざる事(不死)とを明らかにせり」(テモテ後書一・一〇)である。キリスト教は唯物論に反対するが、それと同時に唯霊論に反対する。キリストの復活により、完全なる生命観が世に提供されたのである。すなわち神の子の生命を受くるにより、人は完全なる霊を賜わると共に、これに相当したる体を賜わりて、永久に生くるを得べしとのことである。霊にとどまらず体までが救われて、完全なる救いにあずかるのである。

キリスト復活の記事の内で、最も生き生きしたる、写実的なるは、ルカ伝記載にかかる、エマオにおけるキリスト顕現の記事である。記事そのものがその作り話にあらざるを保証する。実際にあった事をしるすにあらずして、かくも真をうがちたる記事をつづることはできない。そしてこの場合において、キリストが名ある使徒たちに現われしにあらずして、名なき平信徒に現われたまいしことがことになつかしくある。主は最もはっきりと、平信徒に現われたもうたのである。

三〇　罪のゆるしの福音

イエスは、おのれを十字架につけて目のあたりに自己をあざけり、ののしる人たちのために祈っていいたもうた、

父よ、彼らをゆるしたまえ。そのなすところを知らざるがゆえなり（ルカ伝二三・三四）

と。かつてペテロが彼のもとに来たりて、「幾たびまで、人のわれに罪を犯すをゆるすべきか。七たびまでか」と問いし時に、彼は答えていいたもうた、「なんじに七たびとはいわず。七たびを七十倍せよ」と。すなわち無限にゆるすべしとのことであった。そしてパウロが異邦の信者にキリスト教の大意を述ぶるにあたって、彼は左のごとくにいうた、

なんじら、すべての無慈悲、憤り、怒り、さわぎ、そしり、またすべての悪を、おのれより去るべし。互いに慈愛とあわれみあるべし。キリストにありて、神、なんじらをゆるしたまえるごとく、なんじらも互いにゆるすべし（エペソ書四・三一以下）

と。使徒らは福音を特に「罪のゆるしの福音」と呼んだ。人の罪をゆるすのが、キリスト降世のおもなる目的であった。信者は毎日「われらに罪を犯す者をわれらがゆるすごとくに、われらの罪をゆるしたまえ」と祈りつつある。

神に罪をゆるされざるべからず。罪をゆるされずして、神の恩恵はくだらない。われらは恩恵の世界に棲息（せいそく）するのである。それにもかかわらず、われらは悲歎憂愁の間に一生を送るのである。何がゆえにしかるかというに、われらの犯せし罪が恩恵下賜を妨ぐるからである。聖き義（ただ）しき神は、おのが罪を認めずしてその内にひたる人を恵まんと欲するもあたわず。罪をそのままに存して恩恵を施すは、神たるの資格にそむくのである。ゆえに、いかにかして人の罪を除かざるべからず。そして人はおのが罪を除くあたわざるがゆえに、神ご自身がその芟除（せんじょ）の任に当たりたもうたのである。キリスト教他なし、罪の芟除である。わが罪を神にゆるされ、その結果として、人のわれに犯せしすべての罪をゆるす事、この事がなくしてキリスト教はない。キ

リスト信者たるの証拠はここにある。神に罪をゆるされしの実験なく、また人の罪をゆるし得るの能力なくして、他に何があっても、その人はキリスト信者にあらず。罪のゆるしは、キリスト信者たる唯一のしるしである。

しかるに事実はいかに。いわゆる教会歴史は罪のゆるしの歴史であったかというに、決してしからずである。使徒時代が終わって後に、教会内に異端征伐が始まった。教会はいくつかの党派に分かれて、相互の異端を攻めた。彼らはだれをゆるしても異端論者だけはゆるさなかった。キリストは神と一体なりと唱うる一派と、同体なりと唱うる一派とは、数十年にわたりてしのぎをけずりて戦った。モンタヌスの歴史、クリソストムの歴史、ネストリュースの歴史はことごとく罪をゆるさざるの歴史であった。そしてかかる恥ずべき歴史が、使徒以後三百年または四百年をもって終わったかというに、決してしからずである。キリスト教会千九百年の歴史は、その最初の百年を除いては、大体において異端征伐の歴史であった。旧教は新教を攻め、新教は旧教を攻め、新教諸教会はまた相互を攻めて今日に至った。ドイツのルーテル信者がスイスのカルビン信者を忌みきらうことは、彼らが二者共同の教敵なるローマ天主教信者を憎むよりもはるかにはなはだしくある。そしてカルビン信者もまた相互を攻むることははなはだしく、彼らの間に罪のゆるしの福音は実際におこなわれないのである。英米の聖公会のごとき、その聖壇を守るにおいては熱心を失わずといえども、自己と主義信仰を異にする信者に対しては、彼らは不信者を扱う以下の行為に出づるも、あえて自己をとがめないのである。彼らは教会者（Churchmen）なるをもって無上の栄光、特権なりと信じ、われら無教会信者に対しては、いかなる不信非礼をおこのうとも、悪事なりとは思わないのである。彼らは不信者の罪はゆるすが、彼らの教会に反対する信者はゆるさない。彼らは使徒信経を維持するには熱心であるが、自身の罪を神にゆるされて他人の罪をゆるさんとはしない。彼らの信仰個条には罪のゆるしの要求はないのである。

かくて今日までのキリスト教会において、使徒パウロの要求、訓戒は全然無視されたのである。「なんじら、すべての無慈悲、憤り、怒り、さわぎ、そしりを、おのれより去るべし」との教えは、教会においては全く顧みられない。読者がもし私のこのことばを疑うならば、教会の年会に出席してその実況をうかごうべきである。彼らが兄弟相互をそしり、憤り、怒り、さわぐ状態は、パウロのこの訓戒を全然裏切るものである。「互いに慈愛とあわれみあるべし」。今のキリスト教会にこれがあるとはだれも信じない。「キリストにありて、神、なんじらをゆるしたまえるごとく、なんじらも互いにゆるすべし」。これは、今日のキリスト信者の間にありては、無きにひとしき戒めである。私のごとき、ほとんど半百年間、不つつかながらも信仰の生活を続け来たりし者は、教会、ことにその教師より、寛大忍恕というがごとき美徳を求めようとは毛頭思わない。しかし、この世のどこかに私の罪、欠点を書き留めておく所があるならば、それは教会であると私は知っている。もし私の悪事をいいふらして喜ぶ人があるならば、それは教会の牧師その他の役人であると私は知っている。キリストの教会は人の罪をゆるすべき所であるが、今のキリスト教会は罪をゆるさない所であることを、私はよく知っている。他人の罪の摘指(てきし)は、これらの人たちの食物である。彼らはこれなくして一日も生存することができない。罪のゆるしの福音の恩恵にあずかりし者の堪ゆるあたわざるところのものは、兄弟の誹謗(ひぼう)に甚大の快楽をむさぼるこれら教師たちの会合の席である。私は私の実験により、偽らずしてこの事をしるす。

私はかくいいて、教会の人たちに対し私の不平をもらすのではないと思う。これはたれかれの欠点ではなくして、教会全体の欠点である。第二十世紀において見ることの欠点を、第三世紀において見るのである。教会は、クリソストムやネストリュースを苦しめし同じ手段方法をもって、今なお相互を苦しめるのである。これには何か根本的の欠陥がなくてはならぬ。それはキリスト教根本の事実の見落としであらねばならぬ。キリスト教は理論でない、実験である。キリストをいかに説明するかの、理論上の問題でない。われははたしてわが罪を神にゆるされしかとの、実験上の問題である。そして神にゆるされし何よりも明らかなる証拠は、人の罪をゆるし得ることである。神におのが罪をゆるされし者は、人の罪をゆるさずしてはやまない。兄弟の欠点を挙げて喜ぶ人は、みずから罪をゆるされざる何よりも好き証拠を挙げつつあるのである。

キリストの降世、生誕、受難、十字架の死は、すべて人類の罪のゆるされんがためであった。私の罪のゆるされんがためであった。私の罪のゆるされんがためには、神の側（がわ）にありてはこれほどの努力また苦痛が必要であったのである。そしてかくのごとくにして私の罪をゆるしていただいて、私は人の罪をゆるさずしてよかろうか。問題はいたって簡単である。キリスト伝研究の目的は主としてここにある。単に高き道徳を学ぶためではない。神と宇宙と人生とに関し深き思想に接せんためではない。わが罪をゆるされて、神とわれとの間に横たわる障壁が取り除かれ、宇宙人生に充溢する神の恩恵が何の故障もなくしてわれに注がれんがためである。この目的を遂せずして、キリスト伝の研究は、実際上われに何の益あるなしである。キリスト教に関しすべてがわかっても、自己の罪が取り除かれずして、キリスト教がわかったのでない。パウロが「キリストにありて、神、なんじらをゆるしたまいしがごとく、なんじら互いにゆるすべし」といいて、彼は実際的にキリスト教の何であるかを表明したのである。罪のゆるしのない所にキリスト教はない。

「罪のゆるし」、これのある所にのみ神の国はある。罪のゆるしのおこなわるる教会にのみキリストはいましたもう。罪のゆるしがおこなわれて初めて国際的戦争はやむ。罪のゆるしをおこなわざる者にバプテスマを施して、これを教会に収容するがゆえに、教会はたちまち腐敗するのである。敵国を憎んでやまざる国は、他にいかに善き事があっても、その国はキリスト教国でない。その点において、ドイツも英国も米国も、キリスト教国たるの資格を完全に放棄したのである。交戦国の間に燃えしかの熾烈（しれつ）なる憎みの心、これありて、他に何がありても、これらの諸国のキリスト教国でない何よりも好き証拠が挙がったのである。

だれが信者で、だれが不信者であるか。神におのれの罪をゆるされ、快く人の罪をゆるし得る者である。人にバプテスマを授くるにあたりて、これを第一の必要条件となすべきである。特別なる教義の信奉のごとき、これにくらべていたって軽きものである。信者たるに信仰の確証を要す。そして信仰の確証は罪のゆるしである。そして兄弟の罪をゆるし得ない者は、いまだ神のゆるしにあずからざる者である。

付録　イスカリオテのユダ

一　ユダ対イエス

マタイ伝二六章六―一六節
同　四七―五四節
同　二七章三―一〇節
ヨハネ伝一二章一―八節等

イスカリオテのユダとは、カリオテ人なるユダの意である。カリオテはユダヤ南方の一邑(いちゆう)であった。ゆえに、ユダは十二弟子の内にてただ一人、ガリラヤ人にあらずしてユダヤ人であった。その事もまた彼のひととなりを知る上においてたいせつである。

キリスト伝の研究において、イスカリオテのユダの経歴は特殊の地位を占むるものである。弟子を知るは師を知るの道であって、その点において、ペテロ、ヨハネ、マタイ、ユダ等、何の異なるところはない。もしイエスを太陽にたとうるならば、弟子たちはこれを中心として廻転する遊星である。その各自の放つ光は異なれども、同じ太陽の光を放つのであって、これを総合すれば、またややもとの光になるのである。もちろんユダの場合は他の弟子たちの場合と性質を異にし、光を放つにあらずして、かえってこれをおおうなれども、されども、月が太陽の光をさえぎりて日食の現象を起こす場合に、われらが他の場合において見るあたわざる事を見るがごとくに、ユダの場合において、われらは主イエス・キリストにつき、他の弟子たちをもってしては知るあたわざる事を知るを得て感謝する。ユダの暗き生涯もまた神の子を現わす上において必要欠くべからざるものであった。

第一に起こる問題は、ユダは何ゆえにイエスに来たりしか、またはイエスは何ゆえに彼を十二弟子の内に加えたまいしか、それである。その内に、今日のわれらにはとうてい解しがたき理由があったとするも、ユダもまた他の弟子たちと同じく、ナザレのイエスにおいてユダヤ民族共通の理想的人物を見たと思うから彼の後に従うたに相違ない。アンデレがその兄弟ペテロに会うて、「われら、メシヤに会えり」(ヨハネ伝一・四一)と告げ、またピリポがその友ナタナエルに会うて、「われら、律法の中にモーセが載せたるところ、預言者たちのしるししところの者に会えり。すなわちヨセフの子ナザレのイエスなり」（同一・四五）といいたりとあるは、よく弟子たち全体の初めてイエスに来たりし時の心を語ることばであって、ユダが初めてイエスに来たりし時もまたこの心をもって来たりしことはたしかである。ユダヤ民族に自由を与え、彼らを率いて神の国を地上に建設するの資格と能力とをそなえたる人物、すなわちメシヤ、イエスはこの人であると思うたから、彼らはいずれも家を捨て友を去りて、彼の弟子となったのである。その点において、ユダにもまた愛すべきところがあった。イエスが彼を愛して随身の弟子の一となしたまいしことは無理からぬことである。

しかしてまた弟子全体が長らくの間イエスを誤解したことも明らかなる事実である。彼らはイエスを、彼らが思うごときメシヤとして見た。すなわち絶大の政治家また愛国者また改革者として見た。彼らもまた時代の子供であって、時代の目をもってイエスを評価した。その点において、ユダもヨハネも同じであった。マルコ伝十章三十五節以下の左の記事のごときが、よく彼らのこの心の状態を語るものである。

ゼベダイの子ヤコブとヨハネ、イエスに来たりていいけるは、師よ、願わくば、われらが求むる事をわれらになしたまえ。イエス、彼らにいいけるは、なんじら、わが何をなさんことを願うや。彼ら、いいけるは、なんじ栄えにつきたまわん時に、われらの一人をなんじの右に、一人を左に坐せしめよと……十人の弟子たち、これを聞きて、ヤコブとヨハネを憤れり

すなわち弟子たち全体がイエスを大なるダビデ王のごとき者なりと思い、彼が功成りて位につきたもう時は、その左大臣たりまた右大臣たることを夢想したのである。あわれといえばあわれである。マタイ伝二十章二十二節によれば、イエスが彼らに答えて、「なんじらはおのが求むるところを知らず」といいたまえりとあるとおり、イエスは彼らのこのあさましき心にいたく失望したもうたのである。十字架の悲劇が演ぜらるるまで、弟子たちは、師の心、弟子知らずであって、イエスの何たるかを解し得なかったのである。

かくして弟子たちの失望はイエスの失望に劣らなかった。しかしてユダの失望はことにはなはだしかったので

ある。彼は彼の理想がイエスによりてついに実現せられざるを見て、悲憤慷慨措（お）くあたわざるに至ったであろう。彼は時にはイエスに欺かれたように感じたであろう。また時にはイエスを刺激して彼が期待せし事業を遂げしめんと思うたであろう。時にはイエスを怒ったであろう。また時には彼を愛するのあまり、彼の逡巡怠慢を惜しんだであろう。彼は幾たびか、ひとりひそかに地だんだ踏んで泣いていうたであろう、「わが先生は何ゆえに立たざるか。彼はついにわれらの期待にそむき、イスラエルを救わずしてやむのであろうか」と。その心情や実に推察すべきものがある。しかしながら、イエスとしてはユダの望みに従うことはできなかった。彼は彼（ユダ）のうちに大危険の潜むを知りたもうた。しかし彼は天にいます彼の父の聖旨（みこころ）に従わねばならぬ。ユダの心のこの状態を見とおしたまいしイエスに、また堪えがたき悲哀があったに相違ない。

そしてイエスとユダとの分離がついに起こった。事はベタニヤのマリヤのイエスに対する行為をもって始まったのである。彼女が価高きナルドの香油をもってイエスの頭と足とを塗りしに対し、ユダは反対を唱え、「この香油をなんぞ銀三百に売り、貧者に施さざるか」というた。これに対してイエスは答えていいたもうた、「彼女にかかわるなかれ。わが葬りの日のためにこれをたくわえたり。貧しき者は常になんじらと共にあり。されどもわれはなんじらと共にあらず」（マルコ伝一四・三以下、ヨハネ伝一二・一以下参照）と。ここにイエスとユダとの間に思想上の大相違のあることが明らかに現われたのである。イエスは、ご自身の死に、世を救うが上に至要の意義の存するを認めたまいしに対して、ユダは、救いを世の常の意味に解し、貧者に施し社会の生活状態を改むる事と信じた。すなわち、イエスにとりては、救いは霊魂の事、主として未来の事、そしてその道は神の子の贖罪（しょくざい）の死を信ずる事であるに対して、ユダにとりては、肉体の事、社会国家の事、現在の事、そしてその道は神の国を地上に建設して世界万民を治むる事であった。二個の思想は実際的にとうてい両立し得べきものでない。ユダはここに自己にさめた。彼がイエスに望みし事は、イエス自身が遂げんとする事とは全く異なることが判明した。彼の失望はその極に達した。しかして堪えがたき悲憤はこれに伴うた。いかにしてこれを癒やさんかと、彼は千々（ちぢ）に彼の心を砕いたであろう。彼の立場に立ち、彼に対し深き同情なきあたわずである。

イエスにかかわるユダの大失望が、彼を駆ってかの大叛逆に追いやったのである。事は悲惨の極である。人類の歴史において演ぜられし最大悲劇はこの事である。悪人が善人を売ったのではない。善人が善人を売ったのである。イスカリオテのユダは、どう見ても、後世の教会が想像にえがいたような悪人ではなかった。ヨハネ伝十二章六節の「彼がかくいえるは、貧者を思うにあらず。盗人にて、かつ財布を預り、その中に入りたる物を奪う者なればなり」とのことばは、たぶん後世の記入であって、本文に属すべきものではあるまい。ユダは愛国者であって、人類の友であり、イスラエルの復興によりて世界の平和統一を期した者であったと思う。しかるにイエスがこの理想にそわざるに失望して、かの恐るべき過失（あやまち）におちいったのであろう。彼が必ずしも悪意をもって彼の師を売りたりとは思えない。彼はあるいは心の中にひとりいうたであろう、「われ、彼を彼の敵に渡して、あるいは彼の最後の決心を促すに至るやも知れず。彼はしばしば奇跡をおこないたれば、奇跡をもっておのが身を救うであろう。彼を危険に導くも、危険が彼の身をそこのうのおそれはない」と。彼はイエスに失望せしも、最後まで彼を信じたであろう。しかるに事の成り行きは彼の想像に反し、ついに髑髏山上に彼の先師の十字架にかかるを目撃して、彼は失望の上にさらに失望を重ね、イエスを売りし銀三十を宮に投げ捨てて、そこを去りて、みずからくびれ死んだのであろう（マタイ伝二七・五）。

さらばユダの罪はどこにあったか。それは彼があまりに強く自己を信ずる事にあった。彼は最後まで自己の思想を変え得なかった。その点において、彼は他の弟子たちと異なった。イエスを初めに誤解せし点において、十二弟子らはみな同じであったが、ユダを除くほかは、イエスの教訓に従い、徐々と自分たちの誤りおるを悟り、イエスの思想をもって自分らの思想となすに至った。しかるにユダ一人にはこの転換の能力がなかった。彼は自己を信ずる事あまりに強くして、最後まで自己の意見を押し通した。彼は「救いはかくあらねばならぬ。メシヤたる者はかくなさねばならぬ」と信じて、寸毫もその信仰を変えなかった。徹底といえば徹底である。されども頑固といえば頑固である。西洋のことわざに「知者は変わる」というが、ユダはその意味において知者でなかった。彼はイエスのもとに来たって、イエスに教えられんとせずして、イエスをもって自己の思想を実行せしめんとした。これ彼のおちいりし最大の誤りである。そして従順ならざる徹底は大なる罪悪である。徹底といえばりっぱに聞こえるが、その源は傲慢である。自己をさとしとすることである。そして人にこの心が残りて、彼はついに滅びに行かざるを得ない。人になくてならぬものは、教えられんと欲する心である。ユダにこの心がなかった。ゆえに彼は滅びた。他の弟子たちにこの心があった。ゆえに、誤りの中より救い出されて、永生の幸福にあずかることができた。

　近代人はいかに？　自己を信ずるの強きがその特徴ではないか。教えられんと欲して師を求めず、自己の思想の実現を期して彼にいたる。その点において、彼らはユダと同じである。そして彼らの最後もまたユダのそれと異ならない。彼らは自分の理想の実現を他において見んと欲して、失望悲憤の中にその一生を終わる。彼らは自分を信ずる事あまりに強くして、他人の思想の自由を重んずるの余裕さえない。万事を自分の思想によりておこなわんとする。ゆえに、事に当たって砕けるのである。われらすべてにダビデの謙遜がなくてはならぬ。いわく、「エホバよ、なんじの大路をわれに示し、なんじの道をわれに教えたまえ。われをなんじの真理（まこと）に導きたまえ。なんじはわが救いの神なり。われ、ひねもす、なんじを待ち望む」（詩篇二五・四―五）と。正直であり誠実であるばかりでは足りない。砕けたる心の人とならねばならぬ。ユダはイエスよりただちに教えを受けて、ついにコンボルション（心の改造）の経験を持たずして終わったのである。彼は信仰的流産の悲しむべき実例である。

二　イエス対ユダ

マタイ伝二六章
同　　二七章一―一〇節
ヨハネ伝一三章
その他、四福音書に散在するユダに関する記事参照

われらは前文において、ユダのイエスに対する態度に

ついて考えた。今回は、イエスのユダに対する態度について研究せんと欲する。われら何びともユダたりやすく、また何びともユダを持たせらる。われら、ユダたらざらんと欲して努めねばならぬと同時に、またユダを持たせられし場合には、主のみ足の跡に従いて、試みられて罪におちいらぬよう努めねばならぬ。この世は叛逆の世である。人は何びとも、叛逆に処するの道を学びおくべきである。

第一に注意すべきは、イエスがただの一回もユダに向かって怒りを発したまわざりし事である。その点において、ユダはペテロとちがう。ペテロもまたユダと同じく、イエスを誤解し、自分の考えをもってイエスに押し付けんとした。彼がイエスを引き止めて十字架の死を避けしめんとせし時に、イエスはふりかえりて、彼を責めていいたもうた、「サタンよ、わがうしろに退け。なんじは神のことを思わず、人のことを思えり」（マタイ伝一六・二三）と。イエスにサタンとまで呼ばれし者は、十二弟子の内ペテロ一人であった。されども真のサタンは別にいたのである。そして真のサタンはただの一回もサタンと明らさまに呼ばれなかったのである。イエスのユダに対する態度に、最後まで一種の遠慮があった。彼は幾回か忠告を彼に与えた。されどもその忠告はすべて一般的であり、また間接的であった。「つまずかさるる事必ず来たらん。そを来たらす者はわざわいなるかな。つまずかするよりは、ひきうすを首にかけられて海に投げ入れられんこと、その人のためによかるべし」（ルカ伝一七・二）とのことばのごとき、たしかにその一つであったろう。ガリラヤ巡回中に、いまだ死の影さえも彼の身に副（そ）うとは思われざりしころ、イエスは弟子たちに告げていいたもうた、「人の子、人の手に渡され、かつ殺されて、第三日によみがえるべし」（マタイ伝一七・二二）と。しかして彼の死に近づくにしたがいて、予告はますます明白になった。彼、弟子たちをつれてエルサレムに上る途中に、人を離れて、特に十二弟子らに告げていいたもうた、「われら、エルサレムに上り、人の子は祭司の長と学者たちに売られん。彼ら、これを死罪に定め……」（同二〇・一八）と。そして最後に、晩餐の夜に、彼ははっきりといいたもうた、「われまことになんじらに告げん。なんじらの内一人、われを渡すなり」（同二六・二一）と。されども渡す者はユダなりとは、終わりまで明言したまわなかった。そしてサタンすでにユダの心に入り、その決心の動かすべからざるを知りたもうや、彼はたぶん低声にて、他の何びとにも聞こえざるように、ほとんどユダ一人にささやくばかりにいいたもうたのであろう、「なんじがなさんとする事はすみやかになすべし」(ヨハネ伝一三・二七)と。

これははたして義(ただ)しき道であったろうか。愛の道であったろうか。イエスがユダに対し幾分なりと遠慮したまいし事が、彼がついに彼にそむくの原因となったのではあるまいか。もしイエスがペテロに対せし態度をもってユダに対し、サタンの彼をいざないし場合には明らさまに彼をサタンと呼び、明々白々、彼をしてイエスの前に自己を隠すことあたわざらしめしならば、彼は自己に恥じて罪を悔い、信仰の生涯を全うするを得たではあるまいか。こう思うて思えないことはない。されども事はイエスの内的生命に関する事であって、他人のことごとくこれをうかがい知るあたわざる事である。ただわれらの知る事は、信頼はすべての場合において信頼をよび起こさない事である。信頼すべき者を信頼して、彼の悔い改めを促し、信頼すべからざる者を信頼して、かえって彼を滅びに導く。サタンと呼ばれて、自己にさむる者があり、怒りて離れ去る者がある。ペテロは前者であって、ユダは後者であった。イエスの目的はもちろんユダに悔い改めを起こすにあった。ゆえにユダはユダとして扱わざるを得なかった。特にペテロを愛して特にユダをうとんじたというのではない。病人に従って薬を投ずるのであって、ユダを救うの道はペテロを救うの道と異なったのである。

悔い改めは自分より起こらねばならぬ。いかなる圧迫もこれに加えてはならぬ。神といえども、人を悔い改めに導くに決して圧迫を加えたまわない。イエスは神の子の権能をもってして、何ひとをも悔い改めに導かなかった。しかり、導き得ないのである。教える、忠告する、暗示する、すべての方法をもって悔い改めを助ける。されども人に代わって悔い改めを起こさない。しかり、起こし得ない。人に自由意志のある以上、これはやむを得ないことである。人の尊きはここにある。神さえも人の自由を重んじたもう。イエスは最後までユダに悔い改めの機会を供したもうた。「われ、一つまみの食物をひたして与うる人はその人なり」とまでいいて、「なんじはその人なり」といわんばかりにいいたもうた。されどもユダは悟らず、ついにイエスの思うところに従わずして、おのが思うところをおこなわんとした（ヨハネ伝一三・二六―二七）。イエスの努力、ユダの頑強、二つながら驚かざるを得ない。

ここにおいてか第二の問題が起こるのである。イエスは何ゆえに、早くユダの叛逆を看破し、彼をしりぞけて、ご自身と弟子たちの安全を計りたまわざりしか。救い得る者を救わんとして忍耐努力するは可なりといえども、とうてい救い得ざる者を終わりまでゆるして、彼は無益の災害（わざわい）におん身をゆだねたまわざりしか。忍耐にも程度があって、ご自身を滅ぼさしめてまでも反逆者を忍ぶの必要あるかと。そしてもし他人がイエスの立場に立ったならば、たぶんかくなしたであろう。先んずれば人を制し、おくるれば人に制せらる。日本は露国に敵意あるを看破したれば、開戦の宣告を待たずして旅順港に露国艦隊を撃破した。ドイツもまた同一の理由の下に、ベルギー国の中立を犯して仏国に侵入した。自分の権利も時にはこれを尊重せざるべからず。イエスのユダに対する態度は、この点から見て没常識ではあるまいか。

されども、天の地よりも高きがごとく、神の道は人の道よりも高くあるのである（イザヤ書五五・九）。人はそう思えども、神はそう思いたまわないのである。ユダ一人のためにかくも忍耐努力したまいしイエスは、これを最善の道と思いたもうたのである。ユダを退くるは易くあった。されどもこれは愛の道でなく、神の聖旨でない。人の子は悪人の手に売られ、十字架の苦難を味わわねばならぬ。そしてその飲む杯が苦くあり得るだけ苦からんがために、彼は敵ならずして友に売られねばならぬ。これは彼についてあらかじめ定められし事であって、彼は父のくだしたもう杯を辞してはならない。ユダは、人の子が贖罪の死を遂げんための神の器（うつわ）なるやも知るべからず。もし、しかりとすれば、彼を退くるは死を辞するにひとし。いずれにしろ、悪は拒むべからず。明白に悪として現わるるまで待つべし。神の人が人と争う時に、最後の打撃は敵をしてこれを加えしむべし。われより進んでこれを敵に加うべからず。これ蛇の頭を砕く唯一の道である。悪をもって悪に報ゆるは神の道にあらず。また蛇を絶やすの道にあらず。イエスは終わりまでユダを忍びて、彼が神のひとり子たるの道を全うしたもうたのである。

まことにイエスにとり、ユダは大なる心配の種であったに相違ない。友を扱うは易し、敵を扱うは難(かた)し。彼の最善を計らざるべからず。されども彼の意志に従うことはできない。憎んではならず、さればとて情において愛することはできない。ユダはまことにイエスを苦しむる身中の刺(とげ)であったに相違ない。されども心配はついに取れた。ユダの正体がおのずから明らかになって、彼は退けられざるに、みずからイエスのもとを去った。「さてユダは一つまみの食物を受けて、ただちに出で行けり。時はすでに夜なりき」(ヨハネ伝一三・三〇)とある。しかしてユダ去りて、弟子団は、清き、きずなきものとなった。イエスは今は心おきなくくつろぎて、彼の心中を弟子たちに明かすことができた。長く待たれし楽しき時はついに来たった。他人入らずの師弟のまどいである。今は何を語るも誤解せらるるのおそれはなかった。「思うどち、まどいせる夜は唐錦(からにしき)、断たまくおしきものにぞありける」である。「なんじら心に憂うることなかれ。神を信じまたわれを信ずべし。わが父の家には住まい多し、しからずば、われかねてなんじらにこれを告ぐべきなり。われ、なんじらのために所を備えに行く……」と。ユダが祭司の長、学者たちとイエス売り渡しの交渉を重ねつつありし間に、ここにイエスと弟子たちとの間に愛の筵(むしろ)は開かれて、神の子がその地上の生涯において発したまいし最もうるわしきことばが述べられたのである。されども楽しき時はわずかに半夜……ユダの共におらざりし半夜、イエスの口より愛のことばのほとばしりし半夜、ヨハネ伝十四章より十七章までが、与えられしこの半夜、実に貴い半夜である。ユダがいかにイエスの伝道を妨げしかは、彼、去りし後の半夜の出来事によりて推量することができる。しかし妨害ではなかった。成就であった。人の罪は神の聖旨を打ち消すことはできない。ユダの叛逆は、神の子が贖罪の血を流すの機会となった。されども罪は罪であって功績(いさおし)でない。ユダは責むべきであるか、あわれむべきであるか、われは知らずといえども、ただ彼を憎んではならない。イエスは終わりまで彼を愛したもうた。われらもまたわれらにそむく者を扱うに、イエスがユダを扱いたまいしがごとくになさねばならぬ。

ユダの生涯に一つ惜しむべき事がある。それは、彼が自己に対して取りし最後の所置である。彼、自己の非を悟りしや、祭司の長、長老たちの所にいたり、イエスを売りし銀三十枚を返し、その受けられざるを見るや、これを宮に投げ入れて、そこを去りて、みずから縊死（いし）した（マタイ伝二七・一―一〇）。これ彼がなすべからざる事であった。彼はここに彼に供せられし救いの最後の機会を失ったのである。彼はこの時、祭司の所に行かずして、髑髏山上のイエスの十字架の下に走るべきであった。そして彼に彼の罪のゆるしを乞うべきであった。その時、イエスはいかばかり喜びたもうたであろうか。彼はもちろんただちに彼をゆるしたもうたであろう。そしてユダの悔い改めをこの世の最後の喜びとして、彼の息を引き取りたもうたであろう。そしてユダは悔い改めてゆるされし罪人の模範として、再び十二使徒の仲間に入り、たぶんパウロの働きに異ならざる働きをなしたであろう。実に惜しいことであった。ユダはこの事をなし得なかったが、他のユダたちは勇んでこの事をなすべきである。悔い改むるにおそすぎる時はない。また悔い改めは大なる勇気を要する。神が喜びたもう事にして悔い改めのごときはない。悔い改めは傲慢の正反対である。ユダは傲慢のために最後まで悔い改め得なかったのである。

（本文一九二五年五月―一九二六年七月、付録一九二四年四月「聖書之研究」、一九二八年十二月「初版」）

本文および聖句書きかえ　内村美代子

解説

本巻は著者（内村鑑三）の著わした『ガリラヤの道』と『十字架の道』の二書をあわせて編集したものである。

これらの二書は、いずれも、著書が「キリスト伝研究」として日曜日ごとに行なった講演の草稿で、一九二二年（大正十一年、六十二才）十二月から一九二六年（大正十五年、六十六才）七月にわたって著者主筆の『聖書之研究』誌上に発表され、後それぞれの書名で一九二五年（大正十四年、六十五才）九月と一九二八年（昭和三年、六十八才）十二月とに発行されたものである。

本巻は著者のキリスト伝である。およそ聖書を講じ、キリスト教に筆をとるほどの者は、生涯に一度は四福音書を講じ、キリスト伝を著わしたいとの野望を、例外なくいだくものである。そして多くは、その初期の壮年時代にまずそれを試みるのである。著者もまた一九一〇年（明治三十三年、四十才）九月『聖書之研究』誌に拠って聖書の研究と伝道とに専念し始めてから間もなく、キリスト伝の著述を試みた。一九〇一年（明治三十四年、四十一才）十一月から翌年七月までの間に、九回にわたって発表された「わが主イエス・キリスト」（『内村鑑三信仰著作全集』第八巻「キリスト」）がそれである。これは

> アアわが主よ、わが神よ、われなんじに召されてよりここに二十有三年、しかもなんじを知ることいたって浅く、今ここになんじについて余の信仰を世に表白せんとするにあたって、余は余の不徳不信を感ずる切（せつ）なり。余は今日まで幾回となく、余の心にあらわれたまいしなんじを世に示さんと願えり。されども余の不浄なるとうていその器（うつわ）にあらざるを思えり……

という「喚求（Invocation）」をもって書き始められる、すこぶる感傷的なものである。著者が非常な意欲をもって筆をとったことがわかる。しかしこれはマタイ伝五章の講解までで終わってしまい、その後ついに続編があらわれなかった。もちろん著者は四福音書についてたくさんに講じ、キリストについてもたくさんに論じ、また伝記して

いるが、まとまったキリスト伝は本巻の二書まで、ついに物されなかったのである。すなわち本巻は最初の「わが主イエス・キリスト」から二十年の後に、聖書研究生活と伝道生活の最後に近く六十二―六十四歳となって、死を数年の後にひかえて、著わされたキリスト伝である。著書の信仰生涯と聖書研究と伝道生涯との、すべての総決算とも見うるキリスト伝である。

『ガリラヤの道』および『十字架の道』は東京大手町の大日本私立衛生会講堂における大手町講演の一つとしてして始められ（第四巻二五七頁、第七巻一八三―四頁参照）、関東大震災によって同講堂が焼失してからは東京柏木の今井館聖書講堂で、断続して行なわれたものである。その間の関係を見れば左のとおりである。

場所	年月	講演	摘要
大手町	一九一九年（大正八年、五十九才）九―一〇月	モーセの十戒	藤井武筆記、第二巻収録
	一九二〇年（大正九年、六十才）一―三月	ダニエル書	藤井武筆記、第七巻収録
	一九二〇年（大正九年、六十才）九―一二月	ヨブ記	畔上賢造筆記、第四巻収録
	一九二一年（大正一〇年、六十一才）一月―	ロマ書	畔上賢造筆記、第一六、一七巻収録
	一九二二年（大正一一年、六十二才）一〇月		
	一九二二年（大正一一年、六十二才）一〇月―	ガリラヤの道	著者自著、本巻収録
	一九二三年（大正一二年、六十三才）六月		
今井館	一九二四年（大正一三年、六十四才）二―六月		
	一九二四年（大正一三年、六十四才）一〇月―	ガラテヤ書	著者自著、第一二巻収録
	一九二五年（大正一四年、六十五才）一月		

十字架の道　著者自著、本巻収録
一九二五年（大正一四年、六十五才）二月ー一九二六年（大正一五年、六十六才）三月

これによって二、三の注意すべき点のあることがわかる。第一は、この二つの講演が、上述のとおり、著者の晩年に行なわれたこと、第二は、「モーセの十戒」以下のまとまった講演のほとんど最後のものとして行なわれたこと（この後に行なわれたもので比較的まとまったものとしては「パウロ伝の一部」（第一一巻）、イザヤ書に関するもの（第六巻）があるだけである）、第三は、この二つの講演が弟子の手によって筆記されずに著者自身の手でつづられたことである。

一九二二年（大正十一年、六十二才）十月二十二日にロマ書講演第六十講「ロマ書大観」を講じて一年半におよぶ畢生の大講演を終わった著者は、ただちに次の日曜日からキリスト伝の講演を始めた。

一九二二年十月二十九日（日）晴　菊花香ぐわしき秋晴の聖日であった。大手町は不相変盛会であった。マコ伝一章一節を講じて自分ながらその荘大に撃たれた。こんな麗わしい日に、こんな熱信なる聴衆に向かって、こんな大なる題目について語ることができて、感謝と歓喜この上なしである。

こうして三年半にわたるキリスト伝の講演が開始されたが、ここにはロマ書講演に見られるような気負い立った容子やはなばなしさは見られない。これはたぶん、著者がキリスト伝を講じることの重大さとむずかしさとをよく知っていたためであろう。しかしこうして生まれた『ガリラヤの道』および『十字架の道』の二書は、世にもめずらしいキリスト伝となり、名著『ロマ書の研究』にまさるとも決して劣らないほどの、著者の最も重要な著作の一つとなるに至ったのである。

著者はこのキリスト伝を講じるにあたって、『ガリラヤの道』の序詞で言っているように、福音書を講解（ある

いは注解）する方法をとった。

人は何びとといえどもキリスト伝を書くことはできない。キリストご自身のみよくキリスト伝を書くことができる。そして彼はすでに聖霊をくだしてこれを書かしめたもうた。マタイ伝、マルコ伝、ルカ伝、ヨハネ伝がそれである。後世に成りしいかなるキリスト伝といえどもこれらの最初の伝記に改良を加うることができない。われらは新たにキリスト伝を編まんと欲して、ただ単に最初のキリスト伝に注釈を加うるまでである。（七頁）

すなわち著者は福音書を講じることによってキリスト伝をつづるという、最も健実な、最も賢明な方法をとったのである。

したがって著者の用いた資料は福音書であるが、その中でももっぱらマタイ伝、マルコ伝、ルカ伝の共観福音書を用い、ヨハネ伝を用いることはきわめて少なく、ヨハネ伝独自の資料は一つも用いられない。共観福音書の中では、初めの十数講にはマルコ伝が主題聖句（テキスト）として用いられるが、以後は主としてマタイ伝が用いられ、ルカ伝が主題聖句（テキスト）として用いられることは、きわめて少なく、二書を通じてわずかに二回だけである。

共観福音書が主題聖句（テキスト）として用いられた講演回数は左のとおりである。

	ガリラヤの道	十字架の道	計
マタイ伝	三一	二八	五九
マルコ伝	一二	一	一三
ルカ伝	二	｜	二
計	四五	二九	七四

注　ガリラヤの道第二〇講および十字架の道第三〇講をのぞく

すなわち著者は主としてマタイ伝によってキリスト伝を講じたのであって、ヨハネ伝はもちろん、ルカ伝独自の資料（ルカ伝九五一―一九二七その他）さえ全く用いられない。ゆえにこのキリスト伝は「マタイ伝によるキリスト伝」と呼んでも、決して言いすぎではない。

さらに著者は共観福音書問題には一切ふれず、ただ聖書を注解することに専念する。福音書やキリスト伝を論じる場合に、だれでも当然にふれるところの共観福音書の諸問題――その原資料の問題、各書の成立の問題、その用語、文体などの問題、三書間相互の異同相関の問題などについては、著者も強い関心をいだき、深い注意を払っていた証拠があるが、しかし、この二書では、それらの問題についてほとんどふれるところがない。著者は聖書研究の基礎とされ、生命線とされる高等批評をも下等批評をも、一切無視しているかの感を与える。そしてこれは当然である。著書のように聖書を生ける神の生ける言と信じ、それに生きるために信仰と生命とをかける人にとっては、そのような「聖書道楽」にふけることはできなかったし、またそのいとまもなかったのである。もし本書に少しでも永遠的価値があるとすれば、ここに原因するのである。

著者は主としてマタイ伝を用い、その他のルカ伝、ヨハネ伝、マルコ伝などの独自の記事を用いなかったが、マタイ伝についてもその全部を用いない。すなわち一―二章、一二―二〇章が欠けているのは、その著しい例である。かくてこのキリスト伝には、キリストの系図、処女懐胎、降誕、幼時、宮詣でなどを初め、多くの重要な事跡、教訓、比喩などが省略される結果となる。これらの諸問題については第八、九、十の各巻にほとんど注解されてはいるが、本巻をキリストの生涯を伝える一つの伝記として見れば、これは致命的な欠陥である。

これらの諸点から明らかなように、著者はこのキリスト伝で、キリストの生涯を中心とした型にはまったいわゆる伝記を書こうとしたのではなく、キリストの教訓と業（わざ）とによって神の子として、また人の子としての救い主を明らかにしようとしたのである。著者は道徳的な、霊的なキリスト伝（inner biography）を書こうとしたのである。このことは山上の垂訓に関するものが一五講におよび、本巻全体の約五分の一を占めていることでも明らかである。これは聖書の福音書の特性でもある。そして著者は成功している。

以上の資料（聖書）にもとづいてキリストを語るにあたって、著者のとった態度と方法にはいくつかの特徴がある。第一に著者は五十年間のたぐいまれな信仰生活にもとづく、たぐいまれな忠信と熱愛と崇敬とをキリストにささげる。本書が読む者を圧倒せんばかりの気魄とみずみずしい迫力にあふれるのはこのためである。

第二に著者は、五十年間に学び究めた聖書知識を始め、科学、歴史その他のあらゆる知識をささげて、キリストの言と動とを解明しようとする。著者自身が言っているように、本書は信仰的に説かれるだけでなく、理解的に説かれる（一五一頁）。

第三に著者は、人生と社会と世界との事実と歴史とに即してキリストを説く。本書が稀れに見る高い、深い霊的の信仰を説きつつも、少しも現実から遊離した架空なものとならないのはこのためである。

第四に著者は、五十年の波瀾に富んだ、深刻な信仰生涯の体験のすべてをささげてキリストを説き、その奇跡さえ体験にもとづいて解決する（一四六頁）。著者自身の体験に裏打ちされない文字は、本書には一つもない。本書が磐（いわ）のような確信と、宇宙的な悲哀と歓喜と希望と、ゆたかな独創性とにあふれるのはこのためである。

このようにして説かれるキリスト伝がどんなものであるかについては、試みに「一、福音の始め」（七頁）以下「六、野の試み（下）」（二六頁）までの約二〇頁を読めば、ほぼその要諦を知ることができる。本書は世にもまれな忠信と勇気と、確信と気魄と、歓喜と希望とにあふれつつ、宇宙的な規模と、人類的な共感と、永遠的な洞察をもって語られる独創的なキリスト伝である。本書によって、神の子キリストはまことに神の子キリストらしく、人の子キリストはまことに人の子キリストらしく――すなわちキリストはもっともキリストらしくえがかれる。

本書では聖書と信仰に関するあらゆる問題が取り上げられる。すなわち神、キリスト、聖霊、奇跡、十字架、復活、天国などの諸問題、伝道、礼典、教義、教会などの諸問題、正義、愛、友誼、家庭などの人生の諸問題、あるいは社会、国家、世界、人類などの諸問題など、およそ信仰と信仰生活に関する諸問題は、ほとんどあますところなく解説される。しかもそれらが、深い信仰と強い確信とをもって、明快に、痛烈に語られる。本書は聖書問題と信仰問題との宝庫である。あらゆる重大問題が、毎回、毎頁、毎節に、きびすを接してあらわれ、応接にいとまがないほどである。内村鑑三の信仰とキリスト教は本書につきている。著者は絶えず「内村には神学がない」となげかれる。しかし本書は著者の神学全書である。組織と体系をこそ欠いているが、聖書に聖書神学があると同様に、本書に内村神学がある。本書は内村鑑三である。

本書の特徴として最後に注意すべきことは、本巻が全部著者自身の手で書かれていることである。「モーセの十戒」「ダニエル書の研究」「ヨブ記の研究」をはじめ「ロマ書の研究」に至るまで、すべて弟子が筆記したものであるが、本書は著者自身のペンによって書かれた。このことは、今日の読者にとり、実にこの上ない幸せである。

本書の文章はきわめて簡潔で力強い。これは著者の文の本来の面目であるが、本書では特にいちじるしく、極度にまで圧縮された想が、最大限度に節約された文字をもって、心にくいまでに簡潔に、力強く表現され、読む者をしっかととらえる。これは本書が著者の晩年の作であって、想もペンもいわゆる「枯れた」ものとなっていた結果であることももちろんであるが、上述の忠信と確信と歓喜とが当然にうんだ文体と文章であることは疑う余地がない。本書は、「確信を語る者は必ず彼に聞く者を得ん」「簡潔こそ文章の秘訣である」とのカーライルとニューマンの文章訓の模範例である。本書はこの意味でも著者の代表作である。むしろ傑作である。

本書は深刻な書であると同時に、そのあつかう問題は実に多岐多様である。それを説く著者は確信にあふれ、それをつづる文は簡潔をきわめる。従って読む者は往々にして諸問題の密林の中にふみ入り、迷宮にさまよい、時に矛盾と撞著に苦しむことさえある。それほどに本書は聖書的である。ゆえに聖書の福音書が、福音書以外の諸書簡をもって読まれ、その理解を助けられなければならないように、本書もまた本書に統一を与え、本書の理解を助けるものを必要とする。それは『十字架の道』の序文に明らかにされるキリストの十字架である。

キリストの十字架にキリスト教はある。十字架の道これキリスト教である。キリスト教に他に何があっても、もしキリストの十字架がないならば、キリスト教はないのである。キリスト教は道徳の道にあらずして贖罪の道である。そして贖罪は十字架の上におこなわれたのである。キリストは人に人道または天道を教えんために世に来たりたまいしにあらず。人類の罪を負いてこれを除かんために来たりたもうたのである。キリストの十字架に、この深い普遍的の意味がある。この意味において十字架を解して、聖書と人生とを解し得るのである。（一八三頁）

本書は十字架を説くために書かれたのである（二八八頁）。ゆえに本書はキリストの十字架を解し得て始めて解し得るのである。読者がそのために、第十六、十七巻の『ロマ書の研究』を本書とあわせ読まれることを切望する。この二巻によって本書はただに整然たる有機的統一の書となるだけでなく、くめどもつきぬ泉のように、永遠に真理と生命と、歓喜と希望の泉となるであろう。

本巻の本文および聖句の書きかえは既刊分同様内村美代子夫人の手になった。

山本泰次郎

内村鑑三聖書注解全集　第15巻
(オンデマンド版)

2005年12月1日　発行

著　者　　内村　鑑三
編　者　　山本泰次郎
発行者　　渡部　満
発行所　　株式会社 教文館
〒104-0061　東京都中央区銀座4-5-1
TEL 03(3561)5549　FAX 03(5250)5107
URL http://www.kyobunkwan.co.jp

印刷・製本　　株式会社 デジタルパブリッシングサービス
URL http://www.d-pub.co.jp/

配給元　　日キ販
〒162-0814　東京都新宿区新小川町9-1
TEL 03(3260)5670　FAX 03(3260)5637

AD150

ISBN4-7642-0247-6　　Printed in Japan